LES REPRÉSENTATIONS SOCIALES

N. Roussiau
Ch. Bonardi

Les représentations sociales

État des lieux et perspectives

MARDAGA

Les auteurs tiennent à remercier
Charlie Galibert (CIRCI-Université de la Réunion)
pour ses précieux conseils et sa patiente relecture.

2001, Pierre Mardaga éditeur
Hayen, 11 - B-4140 Sprimont (Belgique)
D. 2001-0024-12

A Janine Larrue.

Introduction

Quelques quarante années après l'introduction de la notion de représentation en psychologie sociale, son apologie n'est plus à faire : indéniablement, il s'agit d'un courant théorique capital. On appréciera mieux son importance si l'on prend pour point de référence les caractéristiques qui, selon Jodelet (1989a), marquent le développement de la notion.

– «Transversalité». Tout d'abord, la longue histoire des représentations (mentales, collectives, sociales) en sociologie — où elles sont utilisées pour étudier et comprendre les sociétés traditionnelles — en anthropologie, ou dans de nombreuses orientations issues de la psychologie sociale en fait une notion pluridisciplinaire. Interdisciplinarité ensuite car, il faut bien en convenir, la notion de représentation marque le pas en matière de collaboration, de co-construction, de coordination entre les disciplines, puisque seuls se distinguent aisément les emprunts et reconnaissances réciproques dans quelques travaux récents de la géographie humaine, dans certaines orientations de la sociologie, de l'anthropologie ou de la psychologie sociale. La transversalité se joue donc sur un temps long : construction lente et laborieuse de la notion en psychologie sociale, quasi abandon puis resurgie en sociologie, ou longue période «d'ignorance» puis adoption massive en géographie humaine.

– Succès et forte «vitalité» pourraient venir en seconde caractéristique des représentations sociales. A cette aune, la psychologie sociale semble tenir le premier rôle parmi les sciences humaines, si l'on entend par vitalité cette sorte de dynamisme apte à générer de nombreuses recherches sous des orientations diversifiées. Avec quelques 2.000 articles et ouvrages (*cf.* Vergès, 1996) en à peu près 35 ans, les représentations sociales se hissent largement au niveau de l'une des plus célèbres théories psychosociales (celle de la dissonance cognitive, Festinger, 1957) qui totalisait en 27 ans d'existence quelques 1.000 articles (*cf.* Cooper & Croyle, 1984). Certes, il est encore des ouvrages ou manuels français de psychologie sociale, aux titres pourtant évocateurs («A quoi sert aujourd'hui la psychologie sociale?», Guingouain & Le Poultier, 1994; «Manuel de psychologie sociale», Cerclé & Somat, 1999) qui omettent ce cadre théorique, mais la plupart des psychologues sociaux lui accordent désormais ses lettres de noblesse comme le signalent en effet Beauvois & Monteil : « On peut considérer que trois grandes thématiques structurent la recherche française en psychologie sociale : les représentations sociales, la communication et l'interlocution, la régulation sociale des fonctionnements cognitifs » (1991, p. 3). Par ailleurs son succès national mais également international peut, par exemple, s'apprécier en référence aux colloques internationaux (*Ravello*, 1992 ; *Rio de Janeiro*, 1994 ; *Aix-en-Provence*, 1996 ; *Mexico*, 1998 ; *Montréal*, 2000), aux revues qui lui sont dédiées (*Textes sur les représentations sociales* ; *Psychologie et société*), ou aux numéros spéciaux de revues (par exemple, *Cahiers de Psychologie Cognitive*, 1981 ; *Bulletin de Psychologie*, 1992 ; *Informations sur les Sciences Sociales*, 1994 ; *Cahiers Internationaux de Psychologie Sociale*, 1996 ; *Culture and Psychology*, 1998) exclusivement consacrés aux représentations sociales. A quoi s'ajoute un réseau Internet (*cf.* bibliographie) regroupant des chercheurs du monde entier (Amérique du Sud, Etats Unis, Japon, Inde, Russie...). Si l'on dit d'une bonne théorie que c'est aussi une théorie dont on parle, alors les représentations sociales sont « parlées », de cette communication qui les constitue et qui, d'une certaine manière, leur permet une promotion scientifique majeure.

– Transversalité et vitalité d'une notion génèrent une grande « complexité » qui se lit au mieux dans la diversité des prises de position intradisciplinaires. Pour en rester à la seule psychologie sociale, on relèvera :
1. Le développement de divers modes de théorisation des représentations, comme par exemple celui du noyau central, avec les travaux issus des universités d'Aix-en-Provence et de Montpellier ; celui des principes organisateurs impulsé par les recherches de Doise à l'université de Genève ; ou celui, au versant anthropologique et culturel nettement plus marqué, qui s'est développé à l'Ecole des Hautes Etudes en Sciences Sociales de Paris. A quoi s'ajoutent les travaux orientant les représentations vers la communication ou l'interaction et le langage (*cf.* Trognon & Larrue, 1988 ; Markova, 2000 ; Tyrlik & Macek, 2000), ainsi qu'un grand nombre d'études usant plus largement des préceptes développés à l'origine de la notion (un objet social, une structure en rendant compte et des populations concernées par la question, *cf.* par exemple Poncioni, 2000 ; Richard & Garnier, 2000).
2. Complexité aussi dans le croisement du domaine théorique des représentations sociales avec d'autres paradigmes psychosociaux (influence sociale, engagement, dissonance cognitive, catégorisation sociale, stéréotypes, attitudes, rumeurs, idéologie...). Ici toutefois, « L'étude des

représentations sociales n'a pas tant pour but d'ajouter un nouveau domaine à ceux que les psychologues sociaux explorent déjà, il s'agit plutôt de rechercher ce qu'il y a de commun dans différents domaines apparemment séparés et juxtaposés» (Palmonari & Doise, 1986, p. 12). L'élargissement attendu ou souhaité par ces auteurs se décline également en ambitions fédératrices («L'étude des représentations sociales devrait aboutir à une organisation d'ensemble des domaines étudiés par les psychologues sociaux», *id.*), qui donnent à la notion de représentation le statut de pivot de la psychologie sociale («elle devrait apporter à la psychologie sociale une notion qui jouerait le rôle que la notion de genèse ou de développement a joué pour la psychologie de l'enfant», *id.*). Si l'on prend pour référence l'évolution concomitante des paramètres théoriques et des recherches empiriques en matière de représentations sociales, ces objectifs ne sont cependant pas tous atteints.

3. On verra enfin la complexité au niveau d'une certaine maturation qui permet depuis peu aux représentations sociales de passer du statut d'outil de description à celui d'outil d'explication et de compréhension des mécanismes de mise en œuvre ou de transformation. Les travaux les plus récents, touchant à la dynamique des représentations sociales, y ont grandement contribué, de même que la diversification des méthodes d'approche et des outils techniques et statistiques associés au recueil et à la mise en évidence des aspects les plus discriminants ou les plus distinctifs d'une représentation sociale donnée : importation de certaines des techniques employées ailleurs en psychologie sociale — questionnaires, évocations ou cartes mentales pour les méthodes; analyses factorielles ou analyses de variance, pour les outils statistiques — adaptation ou création de techniques spécifiques — analyse de similitude, analyse prototypique et catégorielle, schèmes cognitifs de base...

En tout état de cause, le bilan du courant théorique des représentations sociales peut apparaître aujourd'hui sous des dehors flatteurs. Il n'en a certes pas toujours été ainsi : sortie du giron de la sociologie et amplement révisée par Moscovici (1961) pour le compte de la psychologie sociale, la notion de représentation manquait cependant d'un champ d'action spécifique. Des recouvrements avec des courants scientifiques alors en plein essor existaient, par exemple, avec le structuralisme, la linguistique, la sémiologie ou même la psychanalyse (Jodelet, 1991). Par ailleurs, les présupposés behavioristes, ainsi que les préceptes d'une certaine idéologie marxiste, dominant alors la pensée scientifique prônaient une grande méfiance à l'égard des phénomènes mentaux, lors même qu'avec les représentations sociales on revendiquait une place pour le «sujet connaissant» (Jodelet, 1991, p. 16). Pourtant, une dizaine d'années plus tard, la psychologie sociale s'orientait vers «... la dialectique entre production *par* le social et construction *du* social» (Jodelet, 1991, p. 18). La question des représentations sociales se trouvera alors «... au point de départ d'un nouveau regard sur le social et la pensée, avec en perspective le problème des transformations sociales» (Jodelet, 1991, p. 18). Le cadre était large puisqu'il fallait relier le monde physique et matériel au monde social, relationnel, normatif ou mental. Et c'est cette ampleur même du cadre de la notion qui sous-tend le paysage scientifique actuel, tout en confrontations et comparaisons théoriques et/ou méthodologiques, en apports nouveaux (recherches apparemment éphémères ou validant des connaissances antérieures assez stables), incessamment agité de grandes interrogations (qu'est-ce que le changement d'une représentation? Comment une représentation se transforme-t-elle? Quels outils statistiques sont les plus aptes à mesurer un changement structurel?, etc.).

Ces 40 années de travaux sur la notion de représentation sociale marquent son passage du statut d'insularité identitaire à celui d'archipel de savoirs; et ce constat même est à l'origine de cet ouvrage. Un nouveau bilan des évolutions en la matière s'imposait pour donner à voir l'importance prise actuellement par les représentations dans les sciences sociales, ainsi que la floraison et la multiplication, récentes, des orientations psychosociales oscillant tour à tour entre ouverture et fermeture, se dilatant ou se contractant au gré des impasses et nécessaires réorientations de problématiques. L'archipel des savoirs représentationnels a pourtant un centre, un point nodal, une source plutôt: le travail théorique réalisé par Moscovici dès 1961 et dont on trouve trace dans tous les ouvrages jusqu'ici consacrés à la notion. Cependant, si l'on se livre à un survol assez général du champ des représentations sociales, le mouvement théorique et méthodologique est celui d'une distanciation progressive d'avec la source qui, arrivée à son point maximum (en général expérimental puisque l'on recherche les micromécanismes régissant le fonctionnement des représentations sociales), ne peut que revenir vers cette même source puiser un complément ou un nouveau centre d'intérêt, avant de s'en éloigner à nouveau. Mouvement en boucle ininterrompu qui exigeait que l'on tente de décrire les diverses orientations prises par les représentations sociales au plus près de leur source comme à leur point d'éloignement maximal, sans toutefois s'insérer dans l'une ou l'autre de ces spirales afin de mieux percevoir le chemin parcouru et celui restant à parcourir.

Plus largement, il convenait de rendre à cette notion ancienne toute sa dimension au niveau des sciences dites sociales ou humaines. Un arrière-plan philosophique commun n'a pas empêché chaque discipline de suivre son propre chemin, de théoriser ou d'étudier concrètement les représentations sur un mode qui lui convienne plus particulièrement (et nous tenterons de retracer le parcours typique des représentations dans certaines de ces disciplines). Cependant, toutes ont conservé des liens entre elles ou des proximités que nous croyons capitales pour ce qui regarde la théorisation des représentations, notamment parce que, depuis une décennie environ, les préoccupations se rejoignent manifestement (et nous relèverons les proximités existantes ou potentielles entre les disciplines). Quant à la psychologie sociale, nous aborderons deux des principales orientations —théorie du noyau central et théorie des principes organisateurs — prises par les formalisations théoriques et les approches méthodologiques relatives à l'une ou l'autre des facettes du concept établi par Moscovici dans sa théorisation princeps. Les limites de cet ouvrage nous imposent de passer sous silence certaines des approches représentationnelles que nous évoquions précédemment. Nous avons donc choisi de ne pas traiter ici, d'une part, de l'orientation rattachée aux communications et aux interactions langagières dans la mesure où elle imposerait un travail méthodique et diversifié sur les modalités d'analyse des discours (y compris informatisées) et la manière dont celles-ci peuvent servir la recherche sur les représentations sociales; d'autre part, d'un pan de travaux plus appliqués dans lequel se lisent des préoccupations pour les problèmes sociaux inhérents à une société donnée. Un tel exposé aurait en effet ouvert la thématique des représentations sociales sur des horizons intra et interculturels trop variés pour que l'on puisse ici en donner une idée satisfaisante. Enfin, toujours pour les mêmes raisons, nous avons écarté les recherches relevant du domaine de l'économie et de l'histoire des mentalités, domaines actuellement porteurs. Le lecteur intéressé pourra trouver sans peine sur le réseau internet consacré aux représentations sociales de quoi nourrir une réflexion large sur les possibilités offertes par de telles recherches. Nous dessinerons, pour finir, le présent des recherches sous l'angle de la dynamique représentationnelle. C'est en effet là, dans la plus récente actualité, que l'on mesure au mieux la vacuité que créerait le choix d'une étude quasi cognitive de la notion hors de ses sources, sociale et sociétale. Aussi certains reviendront aux liens entre représentations et théorisations plus anciennes (attitudes ou idéologies par exemple); d'autres s'attacheront au registre de l'action sociale (comportements et pratiques) ou du discours (communications interpersonnelles ou sociétales); d'autres encore chercheront dans des théories ou préoccupations *a priori* éloignées, le moyen d'aborder les changements représentationnels, ou les mécanismes de fonctionnement et d'organisation des savoirs individuels et collectifs intra et inter représentationnels (influence sociale, dissonance cognitive, théorie des images, etc.); d'autres enfin, reprenant la conception initiale (Moscovici, 1961) qui faisait dépendre les représentations à la fois d'un niveau communicationnel et d'un niveau comportemental — que ce soit au titre de leur genèse, de leur consolidation ou de leur évolution — tenteront de recontextualiser les représentations, d'en référer à leur aspect normatif ou à leur autonomie (versus non autonomie), ou reverront sous un autre jour ce qui, d'un concept psychologique donné (attitudes, croyances, images), relève (et à quel titre) du contenu même d'une représentation sociale.

C'est en ces occasions que les préoccupations des psychologues sociaux rejoignent nettement celles d'autres disciplines des sciences humaines et sociales, et que des recouvrements ou des proximités de champs se dessinent. Il est par exemple manifeste que la notion de thêmata (Moscovici & Vignaux, 1994) pourrait être mise en regard des orientations sociologiques prises par les travaux de Boltanski & Thévenot (1991) sur les registres généraux de justification utilisés dans les activités quotidiennes ; que la contextualisation des représentations sociales s'enrichirait des apports d'une certaine microsociologie des tribus, bandes ou groupes (Maffesoli, 1988) ; enfin les images en tant que contenu représentationnel gagneraient à être rapprochées des images du territoire, des espaces investis et vécus chers à la géographie humaine.

Cependant, si ces ponts et convergences interdisciplinaires existent, il est manifestement trop tôt dans l'évolution de la notion pour que la psychologie sociale éprouve la nécessité de se rapprocher de ses consœurs : le poids cognitiviste ou plus justement socio-cognitif est encore considérable dans les recherches et amplement justifié dans la mesure où l'option expérimentaliste se fait jour depuis trop peu de temps pour que l'on en ait épuisé les ressources. Si l'interdisciplinarité, on le sait, a valeur de mythe ou d'idéal, la transdisciplinarité des représentations en revanche se manifestait dès les premiers travaux et nous soutenons qu'un certain retour à de telles pratiques est aujourd'hui en cours, que ce soit sous l'angle des proximités théoriques entre psychologie sociale et sociologie, sous l'appel à l'histoire ou à la culture, sous les approches socio-discursives ou sous les recherches plus immédiatement préoccupées par l'applicabilité à certains problèmes quotidiens concrets. Bilan des éléments existants, esquisse des possibles et ouvertures actuelles sont donc les maîtres-mots du travail que nous initions ici.

PREMIÈRE PARTIE

LES REPRÉSENTATIONS DANS LE CHAMP DES SCIENCES SOCIALES

Chapitre 1
Les représentations du point de vue de la psychologie sociale

1. QU'EST-CE QU'UNE REPRÉSENTATION SOCIALE ?

Cette question souvent énoncée, aussi bien par les détracteurs de la notion que par ses défenseurs, souligne par là même la complexité, la richesse et l'ambivalence d'une notion qui sert avant tout à analyser les phénomènes selon toutes leurs dimensions, c'est-à-dire permet de croiser différents niveaux d'analyse de la réalité sociale (Doise, 1984). De cette richesse découle bien souvent de la confusion dès lors qu'il s'agit de cerner à la fois les objets et les contours d'une représentation sociale.

Quand il est question du contenu d'une représentation sociale

Tel qu'il est étudié traditionnellement, le contenu des représentations sociales est varié puisque l'on y trouve aussi bien des opinions, des images ou des croyances que des stéréotypes voire des attitudes. Une définition récente («ensemble organisé et hiérarchisé des jugements, des attitudes et des informations qu'un groupe social donné élabore à propos d'un objet», Abric, 1996, p. 11) permet d'ancrer les représentations sociales sur les trois premiers piliers proposés par Moscovici (1961), promoteur de cette théorie : une dimension structurale (la représentation est un ensemble organisé); une dimension attitudinale (position évaluative vis-à-vis de l'objet de représentation) et un niveau d'information détenu par l'individu à l'intérieur de son (ou ses) groupe(s) d'appartenances et à propos d'un objet donné.

Attachons-nous, dans un premier temps, aux questions concernant l'organisation du contenu. Si l'idée d'organisation des cognitions se retrouve dans d'autres champs de la psychologie — théorie des scripts ou de la prototypicalité par exemple — Flament (1994a, p. 37) fait remarquer que c'est «(...) le système d'ensemble qui (...) caractérise la théorie des représentations sociales» (*Id.*, p. 37). Une série conséquente d'articles et d'ouvrages traitent d'ailleurs de cette question (*cf.* Degenne & Vergès, 1973; Doise, Clémence & Lorenzi-Cioldi, 1992; Guimelli, 1994d). Nous reviendrons sur ce point dans plusieurs chapitres de cet ouvrage. Mais soulignons tout de même ici qu'il est bien question, avant tout, d'un ensemble d'éléments qui sont articulés entre eux.

Comme une représentation sociale est une grille de lecture de la réalité, socialement construite, des groupes forts différents élaborent à leur manière cette grille, en fonction notamment de leurs intérêts. Ce qui revient à dire que, par rapport à un même objet, des individus peuvent présenter des attitudes différenciées. Ces dernières justement — seconde dimension évoquée par Moscovici (1961) — constituent une prise de position sélective, cohérente et structurée qui exprime l'orientation générale, positive ou négative, vis-à-vis de ce qui est représenté. Herzlich (1972) considère que l'attitude est la part la plus primitive du contenu d'une représentation puisqu'elle peut exister même si l'individu dispose d'une information réduite à propos de l'objet, et d'un champ d'éléments en rendant compte qui soit peu organisé. De nombreux textes ont abordé les liens entre attitudes et représentations sociales (*cf.* par exemple Doise, 1989). Néanmoins, insuffisamment dégagé de ses origines théoriques, le problème de la dimension attitudinale reste encore soumis à controverses (Farr & Moscovici, 1984; Farr, 1994).

La troisième dimension, à vrai dire la moins étudiée, est le niveau d'information par rapport à l'objet. «On a coutume de dire que le niveau d'information des sujets à propos d'un objet qu'ils se représentent n'a besoin ni d'être élevé ni surtout d'être objectif. Une représentation ne s'érige pas forcément sur une base informative conséquente puisque des mécanismes d'inférence permettent de combler les manques au niveau du savoir» (Bonardi, Roussiau & Larrue, 1998, p. 14). La mesure du niveau d'information par rapport à l'objet peut se faire au moyen de simples questions de connaissance (par exemple, à propos de l'objet Europe, on peut solliciter des informations sur le nombre de pays membres de la communauté, le lieu où siège le Parlement européen, etc.), à partir de quoi, on échafaudera une échelle de niveaux de connaissance. Simplement, différencier une information d'une opinion reste parfois un exercice difficile.

Pour illustrer d'une métaphore les points développés ci-dessus, on pourrait dire que la structure représentationnelle s'apparente à un cliché photographique de la pensée sociale (Guimelli, 1999), un instantané d'une pensée «naturelle» en mouvement, mais que le psychologue social saisit à un moment donné. Bien entendu, c'est en fonction de ses propres objectifs que notre photographe/psychologue social devra choisir l'outil le plus adapté (de recueil et de traitement des données) pour rendre compte de cette réalité. On comprend dès lors toute l'importance qu'il y a à choisir une méthodologie appropriée à la conception structurale à laquelle on fait référence. Actuellement les réflexions méthodologiques sont bien avancées puisque, indépendamment des grands courants qui traversent le champ d'étude des représentations (et nous reviendrons dans la suite de cet ouvrage sur certains de ces courants), l'ensemble des auteurs s'attachent avant tout à présenter l'agencement des cognitions à l'aide de modèles mathématiques plus ou moins sophistiqués.

Ayant en main ce cliché photographique, comment l'analyser, ou, plus exactement, comment reconstituer la représentation sociale de l'objet étudié? Il s'agit, somme toute, de s'orienter dans la géographie de la pensée sociale à l'aide d'une carte que l'on doit savoir lire. Pour cela, il faut également faire appel à la dimension sociale des représentations, dimension que Moscovici (1961) attache à trois référents : la communication, la (re)construction (du réel) et la maîtrise (de l'environnement).

Quand il est question de communication, de (re)construction (du réel) et de maîtrise de l'environnement

Les représentations sociales sont une forme de pensée sociale donnant lieu à des connaissances particulières et ayant pour fonction d'orienter les conduites en même temps que d'assurer la communication entre individus. En tant que forme de connaissance partagée et donc socialement construite, elles ont vocation à «assurer la communication entre les membres d'une communauté en leur proposant un code pour leurs échanges et un code pour nommer et classer de manière univoque les parties de leur monde, de leur histoire individuelle ou collective» (Moscovici, 1961, p. 11). La communication, dans ses différentes dimensions sociales — institutionnelle, interindividuelle ou médiatique — régit une dynamique sociale axée sur la double polarité de la convergence et du conflit dans le changement social : elle joue un rôle essentiel dans les interactions individuelles, car c'est par la «tonalité signifiante» propre au flot discursif et aux enjeux sociaux auxquels il se réfère que surgissent, se décomposent, se construisent et évoluent les représentations sociales. Par conséquent, « elles apparaissent avec une consistance qui leur est propre, comme des produits de l'action et de la communication humaine » (Moscovici, 1986, p. 14). Pour en revenir à notre métaphore du photographe/psychologue social, le produit fini et figé — le « cliché » — sera un produit dérivé d'une construction élaborée dans et par la communication.

De la communication découle une (re)construction du réel en tant que manière d'interpréter notre environnement quotidien : les représentations « (...) nous guident dans la façon de nommer et définir ensemble les différents aspects de notre réalité de tous les jours, dans la façon de les interpréter, statuer sur eux et, le cas échéant, prendre une position à leur égard et la défendre » (Jodelet, 1989a, p. 31). C'est suite à l'abandon du courant théorique behavioriste, et donc de la distinction entre sujet et objet, que l'ère du cognitivisme a donné un nouveau souffle aux phénomènes représentationnels (ou collectifs), en affirmant qu'il n'y a pas de réalité sociale propre, si ce n'est dans la consensualité de l'interaction entre individus, groupes et objets ou, pour le dire autrement, qu'il n'y a pas « (...) de coupure entre l'univers extérieur et l'univers intérieur de l'individu (ou du groupe) » (Moscovici, 1961, p. 9). L'individu est donc acteur, puisque les informations auxquelles il est confronté sont remodelées, catégorisées selon des processus bien spécifiques. Mais cette reconstruction n'est pas indépendante du contexte social dans lequel elle a lieu. Bien au contraire, elle est le résultat d'un ensemble d'interactions qui sont avant tout sociales : « Il est vrai que ce sont les individus qui les pensent et les produisent, mais au cours d'échanges, d'actes de coopération, non pas de manière isolée. C'est-à-dire qu'il s'agit de réalités partagées » (Palmonari & Doise, 1986, p. 15).

Connectées à l'activité mentale déployée par les individus et les groupes, les représentations prennent forme par rapport à des situations et des objets qui sont « socialement importants ». En ce sens, elles sont une connaissance pratique qui permet de situer et de maîtriser l'environnement. Leur rôle est ainsi : « d'instaurer un ordre qui donne aux individus la possibilité de s'orienter dans l'environnement social, matériel et de le dominer » (Moscovici, 1961, p. 11). Dimension plus pragmatique que les précédentes, la maîtrise de l'environnement renvoie en partie à l'utilité sociale d'une théorie. Mais, maîtriser l'environnement c'est aussi orienter les conduites des individus dans leur vie et cette orientation s'apparente très clairement à l'idée de contrôle de l'environnement.

Si l'on résume les différents points développés précédemment, on peut énoncer qu'une représentation sociale est une organisation d'opinions socialement construites relativement à un objet donné (présentant d'ailleurs un certain nombre de spécificités); que cette représentation résulte d'un ensemble de communications sociales (intra et intergroupes) qui permettent de maîtriser l'environnement (en orientant notamment les conduites) et de se l'approprier en fonction d'éléments symboliques propres à son ou ses groupes d'appartenances (*cf.* Bonardi & Roussiau, 1999). Cette définition conceptuelle complexe faisait dire à Jodelet que : « Tout ceci donne l'impression d'un univers en expansion à l'intérieur duquel se structurent des galaxies de savoir » (Jodelet, 1989a, p. 59). Cela ne facilite guère une retranscription, en des termes opérationalisables, de la nature même d'un objet dit de représentation sociale (Moliner, 1993b ; Guimelli, 1994c), et nécessite la plupart du temps une étude parcellaire. Cela revient à approcher séparément les éléments qui constituent les représentations, et leur fonctionnement complexe ne rend accessible qu'une partie des informations que le chercheur s'essaye à rendre exhaustives. « Partant, la notion de représentation sociale présente comme les phénomènes qu'elle permet d'aborder une certaine complexité et dans sa définition et dans son traitement » (Jodelet, 1989a, p. 41).

Quand il est question des processus à l'œuvre dans les représentations sociales

Les représentations sont à considérer comme le processus et le produit d'une élaboration psychologique et sociale du réel. L'enjeu de leur étude n'est pas d'accéder à la réalité en soi mais plutôt de comprendre comment les groupes sociaux se l'approprient. Il s'agit donc, à travers l'actualisation de leur contenu, d'approcher leur organisation et les processus propres à leur constitution.

Moscovici (1961, 1976) fut le premier à s'interroger sur deux processus à l'origine de la formation et du fonctionnement des représentations sociales : l'objectivation et l'ancrage. Dans une étude relative à l'appropriation par le public de la théorie psychanalytique, il décomposera en un certain nombre d'étapes chacun de ces processus.

S'agissant de l'*objectivation*, Moscovici y distingue trois étapes chronologiques : la première est dite de sélection ou de décontextualisation de l'information. Les individus ne pouvant tout prendre en compte, certaines informations seront privilégiées au détriment d'autres. C'est ainsi que, pour ce qui concerne la représentation de la psychanalyse, le concept de « libido » a été « oublié » par certains sujets alors que ceux d'« inconscient » et de « conscient » ont été retenus. La seconde étape est celle de l'établissement d'un schéma figuratif (noyau figuratif). Il s'agit, au moyen de mécanismes de réajustement, de donner un rôle plus important à certains éléments, qui acquerront de ce fait une forte signification. La psychanalyse se trouve alors schématisée au travers de quelques notions simples. Par exemple, on admet que le psychisme possède deux composantes essentielles, ce qui est apparent (le conscient) et ce qui est caché (l'inconscient). Enfin, la dernière étape, celle de naturalisation, a lieu quand les éléments du schéma figuratif sont presque physiquement perçus ou perceptibles par le sujet. La psychanalyse devient alors, au terme du processus d'objectivation, une théorie que chacun utilise en fonction des connaissances plus ou moins sommaires acquises. Avec ce processus, on met l'accent pour la première fois sur la structure hiérarchique des éléments qui composent une représentation sociale. Ainsi, ne pourra-t-on plus désormais évoquer la psychanalyse sans faire référence au terme de «complexe». Et en effet, «socialement, le complexe est le symbole de la psychanalyse, ce qui la distingue linguistiquement de tout autre représentation sociale» (Moscovici, 1976, p. 243).

Quant au processus d'*ancrage*, il a pour fonction de définir l'instrumentalité du noyau figuratif obtenu par objectivation C'est lui qui permet d'intégrer l'objet de la représentation dans le système de valeurs du sujet. Mais c'est également lui qui traduit l'insertion sociale et l'appropriation par les groupes sociaux d'une représentation émergeant dans un environnement social avec tous les conflits sociaux et culturels qui s'en suivent : «Ce processus permet d'incorporer quelque chose qui ne nous est pas familier et qui nous crée des problèmes dans le réseau de catégories qui nous sont propres et nous permet de le confronter avec ce que nous considérons un composant, ou membre typique d'une catégorie familière» (Palmonari & Doise, 1986, p. 22).

Le contenu et la nature d'une représentation sociale une fois posés, reste à envisager les éléments nécessaires à son élaboration, puis à traiter de ce qui fait qu'un objet donné peut être véritablement objet de représentation.

2. GENÈSE ET MISE EN PLACE D'UNE REPRÉSENTATION SOCIALE

Moscovici (1961) énonce trois conditions qui, conjointement, pourraient présider à la mise en place d'une représentation sociale : 1. La dispersion de l'information, laquelle permet à des connaissances indirectes et fragmentaires, *via* la communication, de se constituer en savoir social, non exempt de distorsions. 2. La focalisation, conduisant un groupe social à sélectionner les aspects qui correspondent à ses intérêts et qui donc déterminent sa position par rapport à l'objet. 3. Enfin, la pression à l'inférence. Issue des nécessités de la communication et de l'action, elle permet aux individus de combler les lacunes de leur savoir en reconstruisant en quelque sorte « sur le tas » une cohérence. Bien que ces trois conditions soient assez généralement admises, l'on trouve fort peu de travaux sur la genèse d'une représentation sociale pour les valider comme il serait souhaitable qu'elles le soient (Moscovici, 1961 ; Deschamps & Doise, 1975 ; Chombart de Lauwe, 1979 ; Galli & Nigro, 1987, 1990 ; Rouquette & Garnier, 1999).

Moliner (1993b, 1996), tout en réaffirmant la nécessité de telles conditions d'émergence, croit préférable de reposer le problème au niveau de ce qui fait qu'un objet (au sens large d'objet social, événement, situation) peut être socialement valide en tant qu'objet de représentation. Cinq critères permettraient ainsi de statuer sur la nature sociale ou non d'un objet, c'est-à-dire sa possibilité de servir de base à une représentation :

– L'objet doit être polymorphe, c'est-à-dire complexe (le travail de la pensée sociale ne cessant de le complexifier encore en l'abordant sous des perspectives parfois nouvelles, en tout cas variées) et enjeu de maîtrise pour les groupes sociaux.

– La représentation qu'il suscite doit pouvoir être partagée par les membres d'un groupe. Ce dernier existe : 1. si la communication interindividuelle est orientée vers et par les appartenances groupales du sujet, tout au moins l'une de ces appartenances : « On peut dire qu'une représentation sociale est un ensemble organisé de cognitions relatives à un objet, partagées par les membres d'une population homogène par rapport à cet objet » (Flament, 1994a, p. 37) ; 2. si le groupe est minimalement défini comme détenteur d'objectifs communs, et susceptible de donner lieu à des échanges sur l'objet de représentation ; 3. enfin, si la configuration de ce groupe par rapport à l'objet de représentation est, soit « structurelle » (dans le cas où cet objet participe à la naissance d'un groupe ou préside intimement à son existence), soit « conjoncturelle » (l'objet fait irruption dans la vie du groupe).

– Des enjeux doivent exister, qui « déterminent des objectifs collectifs entendus comme somme d'objectifs individuels » (Moliner, 1996, p. 41). Pour cela, on doit pouvoir raisonner : 1. en termes d'identité sociale, lorsque l'enjeu en question touche au maintien ou à l'élaboration de cette identité, donc peu ou prou à la survie du groupe : « ... chaque individu qui définit son identité propre en fonction des représentations de

son groupe renforce un peu plus l'affirmation de l'existence de ce groupe en tant qu'entité sociale. C'est pourquoi, en contribuant à l'édification des identités individuelles, les représentations contribuent à l'affirmation d'existence des groupes sociaux» (Moliner, 1993b, p. 10);
2. ou bien en termes de cohésion sociale, lorsque la configuration «structurelle» est en danger ou inexistante.

– Une dynamique doit être possible, c'est-à-dire que, d'une part, la valeur utilitaire de l'objet en dépend, d'autre part, que l'objet participe de cette dynamique sociale, et, enfin, que la représentation de l'objet doit trouver son compte dans l'interaction du groupe d'appartenance avec d'autres groupes. «La notion d'enjeu social ne peut se comprendre que si on envisage les relations que le groupe entretient avec d'autres groupes sociaux. Dire, ainsi que nous le faisons, que l'objet de représentation a valeur d'enjeu, c'est placer cet objet au centre d'une interaction sociale» (Moliner, 1993b, p. 11).

– Enfin, on examinera le problème de la régulation et du contrôle. Les systèmes orthodoxes, de type idéologies ou systèmes scientifiques, «gèlent» d'une certaine façon la dynamique représentationnelle, en s'opposant, par exemple, à la dispersion de l'information ou encore au polymorphisme de l'objet. C'est donc en l'absence d'instances fortes de contrôle ou de régulation qu'émergent et évoluent les représentations sociales.

Il est clair que le problème de la délimitation d'un objet de représentation sociale demeure, ne serait-ce que par manque de définition efficace et de certitude quant à sa nature. Si le bon sens place de fait certains objets (comme la politique, l'Europe, la culture...) dans la catégorie d'objets possibles de représentation parce qu'ils répondent sans conteste aux conditions évoquées ci-dessus, d'autres comme le confort thermique (Bourgeat, 1993), ne manquent pas d'interroger. Actuellement, nous ne possédons pas d'outils qui permettraient d'affirmer avec certitude le statut social ou non d'un objet — entendu comme statut d'objet de représentation sociale (car tout objet a indéniablement une composante sociale).

Pourtant, à parcourir les travaux effectifs sur les représentations sociales, on constate aisément que des thématiques existent, qui permettent de circonscrire avec plus ou moins de netteté des espaces sémantiques où coexistent des objets de représentations sociales. Ce n'est certes pas la meilleure façon d'approcher ceux-ci puisque c'est dans l'après-coup d'une supposée logique de choix que l'on peut mettre en place une catégorisation de ces objets. Néanmoins, elle a le mérite de montrer l'existence, dans toute leur complexité, d'espaces multiples susceptibles de renseigner le futur chercheur sur des zones sémantiques privilégiées dans la recherche d'un objet reconnu comme appartenant — dans les limites évoquées ci-dessus — au domaine des objets de représentation sociale.

3. NOSOGRAPHIE DESCRIPTIVE DES OBJETS DE REPRÉSENTATION SOCIALE

Plusieurs classifications ont été établies par ceux qui se sont plus particulièrement attachés à recenser les champs où sont «puisés» les objets de représentation. Gardons cependant à l'esprit que les tentatives de classification des objets de représentation sont moins souvent de véritables nosographies que de simples énumérations, voire des descriptions de certains domaines dans lesquels les représentations sociales occupent une place importante, ce qui laisserait supposer l'existence d'objets de représentation «privilégiés». Sans vocation à l'exhaustivité, voici quelques classiques du genre.

1. Dans la veine décrivant les travaux qui ont marqué le domaine des représentations sociales, Moscovici (1984a) opère une classification à partir de l'émergence des représentations au niveau d'une société, essentiellement émergence de théories scientifiques — ou plus exactement appropriation de ces théorisations par le sens commun — et émergence d'événements ordinaires.

– Dans l'appropriation scientifique, on trouvera en bonne place la représentation de la psychanalyse (Moscovici, 1961) et la référence à une diffusion sociale des théories scientifiques, ce que l'on a coutume de nommer vulgarisation scientifique (Ackermann & Zigouris, 1966; Barbichon, 1972; Barbichon & Moscovici, 1965...).

– Le passage par les changements sociaux et techniques est l'occasion de souligner l'évolution des représentations avec le temps, et les rapports entre représentations et pratiques sociales. Ceci s'illustre notamment dans des travaux sur la santé et la maladie (Herzlich, 1969), le corps (Jodelet, 1976), la maladie mentale (Jodelet, 1989b), les groupes de psychothérapie (Kaës, 1976).

– Environnement et espaces physiques, sociaux et culturels sont également porteurs de représentations relevant plus manifestement que les précédentes du fonctionnement quotidien. On y recensera des travaux sur l'image de la ville de Paris (Milgram & Jodelet, 1976), la culture (Kaës, 1968), les relations entre groupes (Quaglino, 1979), les méthodes éducatives (Gorin, 1980) ou l'enfant (Chombart de Lauwe, 1963, 1979).

– Peut être doit-on compléter cette énumération par des recherches dont le particularisme réside dans la méthode d'approche : l'expérimentation. En relèvent des objets sociaux beaucoup plus spécifiques que les précédents, par exemple, l'impact des représentations sur le comportement en situation de jeu compétitif (Faucheux & Moscovici, 1968), la représentation de soi, du groupe et de la tâche (Codol, 1974), la résolution de problèmes (Abric, 1976) ou la représentation du groupe (Codol & Flament, 1971).

2. Jodelet (1984b) quant à elle, découpe le domaine en six optiques, chacune constituée de champs représentationnels particuliers.

– La première optique est celle de l'activité cognitive qui préside, chez l'individu, à l'élaboration d'une représentation. Mais cette activité n'intéresse les représentations que pour autant qu'elle s'exerce dans les rapports sociaux de communication ou dans la confrontation à un objet social, ou bien encore parce qu'elle prend en compte les appartenances sociales et les idéologies. Les études sont plutôt ici de type expérimental (Abric, 1971 ; Apfelbaum, 1967 ; Codol, 1969, 1970a et b ; Flament, 1971).

– La seconde optique concerne le travail individuel de production de sens qui va se cristalliser dans la création d'une représentation ; production qui ne peut bien sûr se concevoir sans référence aux paramètres sociaux (systèmes de codage, valeurs, aspirations...) qui font de toute représentation une construction sociale (Herzlich, 1969 ; Chombart de Lauwe, 1976, 1979 ; Kaës, 1968).

– Quand la représentation fonctionne par le discours, c'est dans les communications qu'elle acquiert ses caractères sociaux, tout comme dans les adhésions groupales des individus communiquant (Lipiansky, 1979 ; Windisch, 1982).

– Les pratiques d'un individu acteur-social génèrent prises de position et idéologie. La représentation qui en découle reflète alors «les normes institutionnelles» (Jodelet, 1984b, p. 366), ce qui est le cas, par exemple, dans les recherches de Gilly (1980) ou de Plon (1972).

– La dynamique des relations intergroupes éclaire celle des représentations, tant parce que ces dernières sont mobilisées dans des interactions que parce qu'elles régulent et justifient ces mêmes interactions (Di Giacomo, 1980 ; Doise, 1972, 1979).

– Enfin, l'aspect sociétal pèse sur l'individu du poids de «la reproduction des schèmes de pensée socialement établis» (Jodelet, 1984b, p. 366), de celui de «visions structurées par des idéologies dominantes» (*id.*) ou de celui du «redoublement analogique de rapports sociaux» (*id.*), tous mécanismes dont Jodelet trouve illustration dans les travaux de Boltanski (1971), Bourdieu (1980), Maître (1975) ou Robert & Faugeron (1978).

On doit à la vérité de dire que cette dissociation des facteurs individuels et sociaux excède le domaine propre des représentations sociales et qu'elle n'est en fin de compte que commode. Plus souvent, il y a, dans les recherches citées, interférence entre des dynamiques individuelle, groupale ou collective. Et si Jodelet propose, outre ce découpage en optiques et à sa suite même, une nouvelle répartition des recherches en secteurs d'application des représentations sociales, c'est bien parce que cette dernière, interne au champ des représentations sociales, est plus parlante à bien des égards. On y relèvera par exemple des thématiques liées à l'éducation (Gilly, 1980), à la formation des représentations, aux caractéristiques de l'enfance (Deschamps & Doise, 1975; ou Chombart de Lauwe, 1979), à la formation collective (Kaës, 1976), au psychisme et au physique (Herzlich, 1969; Farr, 1981; Jodelet, 1982), ou à l'environnement (Barjonet, 1980; Milgram & Jodelet, 1976).

3. Augoustinos et Walker (1995) ne mentionnent dans leur répertoire que des études pensées comme caractéristiques de la tradition des représentations. Ceci afin de donner une idée des types de représentations étudiés et des types de méthodologies employés.

– Le travail d'Herzlich (1969) sur le thème de la santé et la maladie illustre les travaux qui « font date » et se basent sur des méthodologies qualitatives.

– Celui de De Rosa (1987) sur les désordres mentaux est un exemple d'instrumentations plus ciblées (questionnaires, différenciateurs sémantiques...).

– Les recherches de Hewstone, Jaspars & Lalljee (1982) sur les représentations intergroupes et de Di Giacomo (1980) sur les lexiques utilisés par des étudiants, servent à illustrer le fait que des catégories différentes de personnes possèdent des représentations différentes.

– Enfin vient l'étude des représentations en laboratoire avec les expériences d'Abric (1984) relatives aux situations de jeu.

4. Wagner (1994) étaye également sa classification sur le social, en proposant trois champs de représentations « socialement marqués » :
– Celui de « la science, des techniques et des théories » (p. 218-220) comptant des travaux ayant trait à l'intelligence (Mugny & Carugati, 1985), à la médecine (Deconchy, 1990) ou à la psychanalyse (Moscovici, 1961).

– Le champ des «objets culturels» (p. 220-222) : maladie mentale (Jodelet, 1989a), maladie et santé (Herzlich, 1969), enfant (Chombart de Lauwe, 1979), rôle social de la femme (Aebischer, 1985) ou encore homosexualité (Furnham & Taylor, 1990).

– Et le champ «des structures sociales et des événements politiques» (p. 222-223) représenté par l'enseignement (Gilly, 1980), le travail (Salmaso & Pombeni, 1986), le pouvoir (Galli & Nigro, 1992).

5. Moliner (1993b, 1996), enfin, recherche des régularités au-delà de la diversité des thématiques objectales. Ces régularités ou points communs entre objets, reposent sur : «l'aspect polymorphe d'un objet social et sa valeur d'enjeu» (1996, p. 37). Le but recherché est de déterminer si tous les objets étudiés sont bien initiateurs de représentation, ou bien si tout objet peut être représenté dès lors que son apparition est liée à certaines spécificités. Trois types d'objets se distinguent ainsi :

– Des objets socialement institués : organisations sociales (type groupe : Codol, 1972), pratiques (justice : Robert & Faugeron, 1978; chasse : Guimelli, 1989), innovations (nouvelles technologies, Internet) ou encore déviations (toxicomanie).

– Des objets liés à l'espèce comme à l'individu, mais référenciés par rapport à l'environnement quotidien : éléments biologiques et psychologiques (différence des sexes, intelligence), santé et maladie (Herzlich, 1969), environnement (cadre de vie : Morin, 1984); temps (Ramos, 1987); argent (Vergès, 1992).

– Des objets liés aux «œuvres» humaines : psychanalyse (Moscovici, 1961), culture (Kaës, 1968; Larrue, 1978), économie (Vergès, 1989).

On retiendra de ces tentatives classificatoires qu'elles mettent en avant et la diversité des objets de représentation explorés et celle des éclairages qu'apportent les recherches évoquées au domaine des représentations. Les recoupements et regroupements différenciés en témoignent assez largement. Ce n'est peut être pas l'objet de représentation qui sert le mieux sa définition, mais les processus, mécanismes, phénomènes et contenus organisés qui définissent au plus près l'objet que l'on entreprend de cerner.

Enfin, à l'examen des classifications ci-dessus recensées, on remarquera qu'il s'agit forcément d'objets socialement importants, terminologie qui renvoie à ce que Jodelet (1989a) nomme l'énergétique sociale. L'objet de représentation est, à un moment donné, un enjeu social plus ou moins important pour un groupe d'individus et de ce que la qualité d'enjeu social se construit, se ravive ou s'estompe, il résulte que de nombreux faits ou événements (donc des objets potentiels de représentation) sont pertinents sur une période donnée, plus ou moins longue. Cette pertinence nourrit la genèse et l'évolution, dans le champ socio-cognitif, de représentations aussi diverses que celle de la psychanalyse (Moscovici, 1961), de la radioactivité (Galli & Nigro, 1987), de l'ordinateur (Degrada, Ercolani, Areni & Sansales, 1987), de la recherche (Courtial & Kerneur, 1996) ou encore d'Internet (Roussiau & Bonardi, 1999). C'est dire ni plus ni moins que ce que posait déjà Codol (1984) : l'objet de représentation ne l'est pas de par sa seule nature, il l'est pour un temps, une culture, un groupe donnés.

Chapitre 2
Sociologie et psychologie sociale dans l'étude des représentations

1. SOCIOLOGIE ET PSYCHOLOGIE SOCIALE : L'HÉRITAGE DU DÉCOUPAGE DURKHEIMIEN

Tout en reconnaissant l'aspect simplificateur d'un tel découpage, Ansart (1990) lit dans le champ des sciences sociales l'opposition entre une analyse de la structure sociale par les rapports économiques, à la Marx si l'on veut, et une analyse de l'état social (culture, religion, valeurs, mœurs) à la Tocqueville. Il y aurait, d'un côté, théorisation des contradictions socio-économiques (par exemple chez Saint Simon, Proudhon ou Marx) et, de l'autre, une théorisation plus individualiste (chez Weber ou Simmel).

Durkheim (voir par exemple 1893) occupe une situation stratégique, centrifuge, entre ces deux tendances centripètes. L'intérêt qu'il portait aux phénomènes sociaux a permis l'advenue de recherches originales couvrant l'intégralité de l'ancien champ d'oppositions, « depuis les structures sociales aussi générales que les formes de la division sociale du travail jusqu'aux comportements apparemment les plus individuels comme le suicide » (Ansart, 1990, p. 9). Evidemment, la constitution de ce nouveau champ indépendant s'accompagnera de l'édification de deux frontières, entre la sociologie et le versant structural des sciences économiques, d'une part, entre la sociologie et le versant individualiste de la psychologie, d'autre part. De chaque côté de ces frontières, les soupçons réciproques, de « sociologisme » et de « psychologisme » sont en partie suscités par cet héritage durkheimien. Durkheim en effet, soucieux de donner à la sociologie le statut de science à part entière, a jugé bon de lui octroyer les prérogatives de ce qui constitue aujourd'hui une grande part de la psychologie (sociale). Cette dernière était par lui cantonnée au domaine scientifique des motivations individuelles, voire même à la fascination/répulsion qu'exerce la psychanalyse. Ainsi, les questions individuelles se trouvaient-elles «généralement reléguées dans le domaine de la psychologie, cette discipline proscrite et esbrouffeuse dans laquelle les anthropologues sociaux (et les sociologues) relèguent perpétuellement les phénomènes qu'ils sont incapables de traiter dans le cadre d'un durkheimisme dénaturé» (Geertz, 1966, p. 25).

Il ne nous appartient pas, dans le cadre de cet ouvrage, de considérer les détails de la perpétuation de ce cordon sanitaire à travers les paradigmes marxien, existentialiste, structuraliste ou contemporains, pas plus que d'examiner, même très succinctement, la liste des paradigmes qui se sont succédés ou concurrencés à travers les théories explicatives, les choix d'objets spécifiques, les conceptualisations ou les méthodologies privilégiées. D'excellents manuels et dictionnaires existent à cet effet et l'ouvrage d'Ansart (1990) propose un précieux examen du foisonnement extrême des paradigmes sociologiques contemporains, distribués en structuralisme génétique (Bourdieu), sociologie dynamique (Balandier), approches fonctionnaliste et stratégique (Crozier, Touraine) et individualisme méthodologique (Boudon). Pour notre part, nous illustrerons simplement les rapports de la sociologie et de la psychologie à l'interface des représentations selon deux grandes lignes. La première montre la vitalité contemporaine, dans le champ sociologique, de l'opposition structurale et individualiste sous les noms de Bourdieu et Boudon essentiellement. La seconde souligne un nouvel espace de questions et de problèmes qui, sous l'appellation de constructivisme social, tente de comprendre et d'expliquer les univers sociaux. Parmi cette «galaxie d'efforts», «différents sous tout un ensemble de rapports mais posant également une série de problèmes semblables» (Corcuff, 1995, p. 7), nous avons retenu Boltanski (1982) et Boltanski & Thévenot (1991).

1.1. Opposition des approches structurale et individualiste

L'approche structurale

D'une certaine manière, on peut considérer Bourdieu comme l'héritier, sinon de la problématique, du moins de l'état d'esprit s'attachant à l'ambition durkheimienne, celle-ci visant à constituer la sociologie comme science en la différenciant des illusions et des opinions. De plus, la sociologie de Bourdieu a, dans sa méthode (démographie, statistiques) comme dans son objet (délimitation entre opinion et objectivité du social), affaire aux représentations. D'autant que, dans le travail scientifique même, le sociologue doit rompre avec toute sociologie spontanée (perception commune, idéologique, journalistique...) entendue comme constitution en faits sociaux de données hétéroclites qui obéissent en réalité à des logiques différentes. Les faits sociaux ne deviennent scientifiquement pertinents (i.e. sociologiques) qu'une fois mis au jour le système des relations socialement déterminant qui les constitue et les unit. Pour ce faire, le sociologue doit démontrer (et démonter) la réalité : la connaissance sociologique est un travail de constitution des rapports et des concepts à partir des réalités sociales complexes. Du coup, Bourdieu ne part pas des représentations, attitudes ou opinions des individus, mais, à la suite de Lévi-Strauss et du structuralisme, il souligne l'urgence qu'il y a à considérer comme explicatives non plus les opinions, expressions ou explications des individus, mais des structures déterminantes sous-jacentes qui échappent à la conscience des acteurs : «Loin que la description des attitudes, des opinions et des aspirations individuelles puisse procurer le principe explicatif du fonctionnement d'une organisation, c'est l'appréhension de la logique objective de l'organisation qui conduit au principe d'expliquer, par surcroît, les attitudes, les opinions, les aspirations» (Bourdieu, Passeron & Chamboredon, 1968, p. 41). Refusant cependant de considérer le sujet social comme le simple support ou le reflet de structures objectives, Bourdieu, par la mise en avant de la notion d'habitus, repose la question du déterminisme en termes de genèse. L'habitus, c'est «le social incorporé» (Bourdieu & Wacquant, 1992, p. 103) ou, plus précisément, «le social devenu schèmes cognitifs, manières de percevoir le monde et de catégoriser les informations» (Guichard, 1995, p. 62). L'habitus désigne ainsi l'ensemble des dispositions acquises, c'est-à-dire les schèmes, les perceptions, les pensées, les actions et les appréciations qui sont inculqués à l'individu par un contexte social spécifique et lui permettent ainsi de réguler, sans même en prendre conscience, ses propres actions et décisions courantes. Les apprentissages sociaux, par l'intermédiaire de la famille, des systèmes éducatifs, de l'expérience sociale, participent différentiellement à la constitution de ces habitus, selon les conditions sociales, le moment historique ou la classe d'appartenance de l'individu. En tant que système de dispositions acquises, l'habitus est alors une véritable «grammaire générative» de pratiques différenciées en même temps qu'une intériorisation de l'extériorité.

La notion d'habitus pourrait être rapprochée des représentations sociales lorsqu'on définit celles-ci comme une forme de connaissance et d'interprétation de la réalité. Cependant, la psychologie sociale s'intéresse tout autant à la structure des représentations qu'à leurs transformations, c'est-à-dire au «rôle qu'elles jouent dans la construction d'un monde d'objets communs pour des individus qui, ce faisant, se définissent comme sujets de cette communauté» (Guichard, 1995, p. 62). Dans le modèle de l'habitus au contraire, les représentations que possèdent les individus sont supposées sous l'étroite dépendance des systèmes de schèmes sous-jacents. Ces schèmes eux-mêmes sont fortement liés à la position sociale des individus dans le champ social qu'ils investissent. Le modèle est alors largement figé. En effet, il y a toujours, pour Bourdieu, une dernière instance, celle des rapports sociaux, et c'est elle qui permet d'expliquer la genèse de telle ou telle représentation et les relations entre diverses représentations. Dans un tel cadre, les représentations (mais Bourdieu n'utilise guère ce concept) ne font, au mieux, que traduire ou exprimer les habitus provenant de champs sociaux déterminés. En effet, les pratiques, les interactions, voire même la liberté de choix «sont le produit de dispositions qui, étant l'intériorisation des mêmes structures objectives, sont objectivement concentrées, (...) les pratiques des membres d'un même groupe (...) sont dotées d'un sens objectif à la fois unitaire et systématique, transcendant aux intentions subjectives et aux projets conscients, individuels ou collectifs» (Bourdieu, 1972, p. 183). L'habitus correspondrait, d'un certain point de vue, aux «structures sociales de notre subjectivité» (Corcuff, 1995, p. 32) telles qu'elles se constituent dans les expériences, familiales et scolaires (habitus primaire), puis tout au long de notre vie (habitus secondaire). Si les habitus sont à considérer comme la manière dont les structures sociales extérieures sont intériorisées «en systèmes de dispositions durables et transposables» (Bourdieu, 1980, p. 88), les représentations participent pourtant à l'élaboration de la réalité sociale. A ceci près que, «Pour Pierre Bourdieu, il faut que certaines conditions sociales extérieures aux représentations et aux discours mêmes soient remplies pour que ceux-ci aient une certaine efficacité sur la réalité, des conditions favorables préalablement inscrites dans les têtes et dans les institutions» (Corcuff, 1995, p. 36). C'est cette problématique qu'évoque Bourdieu sous le principe de violence symbolique, qu'il étudie tout particulièrement dans sa matérialisation au sein de l'institution scolaire : «c'est parce que son éducation s'effectue dans des univers ainsi structurés — et notamment dans le champ scolaire — que l'individu construit des systèmes de catégorisation qui s'y accordent : un certain habitus, une subjectivité socialisée» (Guichard, 1995, p. 63). Les actions (ou les représentations) seraient, dans cette perspective, subsumées sous des régularités statistiques, des probabilités objectives, étroitement corrélées à des aspirations subjectives par des «formes d'inculcation» (famille, éducation, école) qui, en quelque sorte, naturalisent la reproduction de l'ordre établi. L'analyse de Bourdieu vise ainsi à tirer toutes les conséquences de la reproduction culturelle (moment de la reproduction sociale) appréhendée plus spécifiquement à travers les fonctions (Bourdieu et Passeron, 1970) et les formes (Bourdieu, 1971) du système scolaire dans cette reproduction.

Les enquêtes menées par Bourdieu et ses collaborateurs utilisent principalement les statistiques et les entretiens pour analyser des domaines aussi variés que les pratiques artistiques, les étudiants, l'université ou la misère. Mais l'analyse structurale suppose d'étudier simultanément les rapports économiques et les pratiques culturelles, en postulant qu'ils sont intimement liées, et que se reproduisent sans cesse des formes «d'intériorisation de l'extériorité», et des formes «d'extériorisation de l'intériorité» (*cf.* Ansart, 1990, p. 41 ; Corcuff, 1995, p. 32). Méthodologiquement, ces travaux vont de l'observation ethnologique (étude de rituels, fêtes, cérémonies, codes d'honneur, travaux agricoles, 1972) à l'étude du marché des biens symboliques (conditions sociales de production artistiques ou langagières par exemple, 1971), à l'examen quantitatif et qualitatif, du système d'enseignement à partir de la critique des concepts de communication dans le rapport pédagogique (1970), et même jusqu'à l'examen de l'exercice des conflits de classes dans le domaine, par exemple, des goûts personnels (1979). Les analyses restent toutefois essentiellement qualitatives, conceptuelles et critiques, dans la droite logique de l'ambition structuraliste qui pousse à appréhender globalement des relations, éventuellement non quantifiables, entre des éléments apparemment distincts les uns des autres. L'ampleur des sujets traités par les collaborateurs de Bourdieu dans la revue qu'il a fondée en 1975 (Actes de la Recherche en Sciences Sociales) —reproduction des classes, professions, institutions scolaires, pratiques artistiques, histoire sociale... — n'exclut pas de s'interroger sur une démarche ambitieuse qui n'oublie pas de produire sa propre épistémologie (une sociologie de la sociologie) mais laisse pendant cette interrogation : l'analyse structurale est-elle bien en mesure de parvenir à la prédictibilité et à la pertinence d'applications, à une connaissance autre que générale et globale, c'est-à-dire théorique?

C'est d'ailleurs à partir de ce «déficit expérimental» qu'il reviendra à la psychologie de procéder à une vérification expérimentale de la notion d'habitus, essentiellement pour les représentations dans le champ scolaire et de l'orientation scolaire et professionnelle[1]. Par exemple à la diversité des habitus professionnels pourraient correspondre des différences significatives en termes de jugement sur les professions. L'hypothèse d'un ancrage, dans les habitus sociaux, de principes de catégorisation de l'information sur les professions a donné lieu ces dernières années à plusieurs études, mettant en œuvre des méthodologies multiples (*cf.* en psychologie : Guichard & Bidot, 1989; Guichard & Cassar, 1992). La Revue *L'orientation scolaire et professionnelle* a consacré un numéro spécial (1994, vol. 23, n° 4) au thème « Habitus culturel et représentations des professions ». Ces travaux montrent combien la perception de leur environnement (culturel) par les jeunes eux-mêmes et les représentations qu'ils développent à propos des professions portent la marque de leur habitus social. En psychologie différentielle, Guichard (1995) dresse l'état des lieux, tant des recherches que des rapports théoriques, entre habitus social et représentations sociales. Par exemple, Guichard *et al.* (1994a, b, c), à partir d'un double questionnement (échelles de Likert et questions ouvertes) et d'un traitement par analyse factorielle en composantes multiples, trouvent des corrélations entre certaines dispositions dans le domaine des activités de loisirs et de pratiques culturelles et les choix professionnels, ce qui spécifie, chez les adolescents, des habitus culturels différenciés, « populaire » et « distingué » (1994c, p. 447). Ces auteurs traitent cependant le problème à partir de différenciations sociales et de genre, alors que les psychologues et psychologues sociaux (Huteau, 1982; Gati & Benyamini, 1987; Huteau & Vouillot, 1988; Lorenzi-Cioldi & Joye, 1988; Marro, 1989) pour leur part, abordent la représentation des professions comme un cas particulier de représentation sociale, sans en référer directement à la notion d'habitus. Enfin, d'autres psychologues (Aebischer, Baudet, Bursch & Valabrègue, 1985; Harding, 1985; Harlen, 1985; Duru, 1990; Pedroarena, 1991; Marro & Vouillot, 1991) s'intéressent aux représentations chez les filles — par exemple des professions, du scientifique-type, de l'orientation professionnelle, etc. — sur un mode plutôt différentialiste, en fonction du genre, des filières, etc. Là aussi, la notion d'habitus, pour n'être pas mise explicitement en avant, n'en garde pas moins une certaine pertinence.

L'individualisme méthodologique

Soucieuse de retrouver, par delà le chaos de l'histoire et des biographies, les régularités présidant au fonctionnement et au devenir des sociétés, structurelles ou évolutives, telle se présente la sociologie nomologique. Mais, à l'inverse de la théorie de l'habitus (et des théories sociologiques dynamiques ou stratégiques), la recherche de telles régularités s'effectue sur un mode « individualiste » (le terme est de Von Hayek & Popper pour qui « expliquer un phénomène social, c'est toujours en faire la conséquence d'actions individuelles » disent Boudon & Bourricaud, 1985, p. 287). L'analyse sociologique doit donc prendre pour objet d'observation et pour unité de référence l'individu. Par exemple, Weber (1964) cherchera à déterminer comment le calvinisme a exercé son influence sur le développement du capitalisme, et Sombart (cité par Boudon, 1989) tentera d'expliquer la faible influence du socialisme aux Etats-Unis en invoquant certaines caractéristiques propres aux ouvriers américains. Expliquer un phénomène social, cela revient par conséquent à en faire la résultante des comportements ou des attitudes de certains acteurs sociaux. Toutefois, la richesse et la diversité de la vie sociale excluent qu'une science puisse les reproduire en laboratoire. Aussi la sociologie à la Weber (1965) se voudra-t-elle à l'image de l'économiste qui, pour rendre compte d'un phénomène macroscopique comme la baisse de consommation d'un produit consécutive à la hausse de son prix, commence par se donner un acteur idéal (le consommateur), puis le dote de ressorts psychologiques plausibles à son sens. Partant de la richesse même des comportements, Weber cherchera à en dégager la structure, en isolant les faits significatifs qui peuvent correspondre aux « valeurs » sociales, et ont donc une signification forte pour les acteurs. Dès lors, seule importera l'action significative telle que le sociologue en construit « l'idéal-type »[2]. Tout phénomène social devient par conséquent un effet d'agrégation d'actions pertinentes. L'explication sociologique procédera par étapes (*cf.* Boudon, 1989) : il faudra d'abord rechercher des catégories d'acteurs pertinentes, puis construire des individus idéaux qui soient représentatifs de ces mêmes catégories et les munir également de motivations plausibles eu égard à leur passé, leurs ressources et leur situation. Pour finir, il conviendra de montrer que ces motivations incitent bien les individus à produire des comportements qui, agrégés les uns aux autres, seront représentatifs du phénomène que l'on cherchait initialement à expliquer. Par exemple, Simmel (1984) traitera la bataille de Marathon, opposant grecs et perses en 490 avant J.C., comme un ensemble constitué d'actes, attitudes et comportements émanant de chacun des combattants des deux camps en présence. Pour rendre compte d'une telle complexité, il faudrait, dans l'absolu, parvenir à expliquer le comportement de chacun des acteurs/soldats, ce qui est, on le comprend, une tâche concrètement impossible. L'élaboration d'un idéal-type abstrait du combattant palliera donc, pour Simmel, à cette impossibilité. Si l'acteur idéal-type se distingue tout de même de « la réalité historique » et surtout de « la réalité authentique » (Weber, 1965, p. 180), sa création devra néanmoins se rapprocher des expériences subjectivement significatives des acteurs. Pour cela, et en particulier pour que l'observateur parvienne à attribuer à une action le même sens que celui qu'elle revêt pour l'acteur, il sera préférable de se restreindre à l'activité rationnelle par finalité, c'est-à-dire les fins, les moyens et les conséquences de l'action.

Dans le même ordre d'idées, Parsons (1952) préconisera d'analyser les conduite d'un acteur sous l'angle d'une combinaison spécifique de moyens en vue d'atteindre une fin; combinaison qui dépendra du choix de l'acteur entre des moyens alternatifs, et obéira à ce qu'il appelle «l'orientation normative de l'action» (injonctions dictées par des modèles ou des normes).

Homo weberiensis est bien, on le voit, un *homo rationalis*, puisque prime la signification de certaines de ses actions, sélectionnées par le moyen d'un idéal-type. Les affects et émotions passent au second plan, la tâche principale étant de comprendre l'activité sociale «d'après son sens visé par l'agent ou les agents» (Weber, 1965, p. 4). Une telle typification de ces actes est cependant légitimée (scientifiquement) par le fait que le sens commun lui-même procéderait par idéaux-types élaborés à partir de «structures sémantiques générales socialement disponibles» (Pharo, 1993, p. 241). Ce faisant, il transcenderait, comme le sociologue, la singularité psychologique de tel ou tel acteur et serait plus à même de se comprendre en agissant, et de comprendre aussi l'action d'autrui. Notons à ce point que nous ne sommes pas loin de l'habitus à la Bourdieu, ni même des types et prototypes tels que définis en psychologie. La sociologie se fait «compréhensive» lorsqu'elle analyse les structures sémantiques qui contraignent *a priori* la compréhension commune : l'idéal-type permet en effet d'établir des règles générales, des régularités de comportements et des catégories pour une communauté d'acteurs collectivement engagés dans une activité sociale donnée. L'action ou la représentation est ainsi une «intelligibilité partagée», l'idéal-type construit par l'observateur étant un décalage, au second degré, par rapport à l'idéal-type qu'élabore l'acteur lui-même dans le cours de sa vie quotidienne. La catégorisation sociologique pourrait donc être envisagée comme analogue à la catégorisation de sens commun, dans une phénoménologie qui reconnaît, voire revendique, son voisinage husserlien (pour ce qui est de la recherche d'universaux), ainsi que l'héritage d'un criticisme kantien pour qui l'homme construit le savoir en étant l'origine même de sa propre action.

Dans cette approche, toute la panoplie des méthodes sociologiques peut être utilisée, aucune n'étant, pour Boudon (1989) lui-même, à écarter. Néanmoins, dans la mesure où l'approche individualiste privilégie le comportement des acteurs comme unité d'observation, l'utilisation de questionnaires ou de statistiques (par exemple, pour étudier les comportements électoraux) est la plus répandue. Les analyses relèvent donc de procédures mathématiques strictes : construction d'indicateurs, étude des relations entre variables ou recherche de causalité (*cf.* par exemple : Boudon, 1967 ; Boudon & Lazarsfeldt, 1966 ; Boudon, 1989).

Sans entrer ici dans le détail du débat qui oppose Bourdieu et Boudon sur l'inégalité des chances devant l'enseignement et le rôle du système éducatif dans la reproduction culturelle et sociale, après avoir rapidement exposé plus haut la modélisation de cette reproduction par l'habitus social, il nous faut, tout aussi rapidement, en exposer la modélisation par l'individualisme méthodologique. Et certes celle-ci est radicalement différente : Boudon interroge les choix effectifs des individus concernés et formule des hypothèses sur ces choix. La carrière d'un élève (collégien, lycéen puis étudiant) sera alors conçue comme une succession de choix, et donc de décisions, dont le chercheur sera en mesure d'apprécier les fréquences et la distribution en suivant un « schéma théorique du processus de décision scolaire en fonction de la position sociale » (Boudon, 1973, p. 67). Plutôt que d'entrer dans le détail des treize points que mentionne Boudon (*id.*) à propos de ce schéma, on soulignera seulement que celui-ci exclut l'existence de déterminations unilatérales entre les structures sociales et les comportements. Pour expliquer l'inégalité des chances devant l'enseignement, Boudon s'attachera à mettre en évidence que, toutes choses égales par ailleurs, un individu de milieu défavorisé accordera « *en moyenne* une valeur plus faible à l'enseignement comme moyen de réussite (...), aura en moyenne un certain handicap cognitif par rapport aux autres classes (...), tend en moyenne à sous-estimer les avantages futurs d'un investissement scolaire (...), tend en moyenne à surestimer les désavantages présents d'un investissement scolaire (...) (et) à surestimer les risques d'un investissement scolaire » (Boudon, 1979, p. 250). La méthode de l'individualisme conduit donc à considérer que c'est la logique des processus de choix et de décisions individuels qui permet, en prenant pour point de départ les actions individuelles, de comprendre et d'expliquer les formes générales de la liaison statistique entre origine sociale et études supérieures. Boudon assouplira par la suite ce modèle, relativement rigide puisqu'il y est question d'un individu rationnel et stratégique (*cf.* par exemple Cherkaoui, 1997), notamment en reconnaissant que l'individu n'est pas seul maître de ses décisions : l'autre, sous quelque forme que ce soit (concurrents, amis, groupes sociaux d'appartenance, etc.), pèsera aussi sur les décisions de cet individu. C'est ici que les représentations, *a priori* évacuées par la porte, reviennent par la fenêtre : les autres, en effet, « interviennent au niveau des représentations des formations, des représentations des métiers, des représentations de la vie professionnelle et de la vie tout court. Les représentations résultent aussi d'une construction/confrontation entre ce que véhicule l'individu et ce que véhicule son environnement» (Solaux, 1999, p. 320; voir aussi Dubet & Martucelli, 1998).

Mais c'est dans un autre domaine que Boudon apportera un éclairage singulier sur les représentations des individus : celui de l'idéologie. Précisons d'entrée que Boudon entend sous ce terme, éminemment polysémique, non pas les systèmes symboliques, religieux ou politiques, mais les «idées reçues» auxquelles on accorde une crédibilité imméritée. Le titre de l'ouvrage qu'il consacre à ce thème l'indique clairement : «L'idéologie ou l'origine des idées reçues» (1986). Sur ce sujet, Boudon prend d'emblée le contre-pied de la tradition sociologique sur trois points essentiels. Il est vrai que ces points, non revus, mettraient en difficulté l'approche individualiste. Il récusera ainsi successivement :

– Le postulat de la détermination des connaissances par les structures sociales, qui veut que les systèmes de croyances et de représentations se définissent par rapport à un groupe social (catégorie, classe ou parti), et parfois en liaison avec les intérêts de ce groupe.

– L'hypothèse d'une influence des croyances communes (à des groupes, une société...) sur les comportements, attitudes, choix des individus, à l'insu de ces derniers (on se rappellera l'idée générale de «fausse conscience» ou de «conscience aliénée» qui, pour Marx, traduit un point de vue partiel et de classe sur la réalité).

– La tradition sociologique dure, qui n'est pas sans réifier/objectiver ces entités (idéologies religieuses, politiques, morales) en les dotant d'une histoire et d'une vie propre, et en leur conférant une forte influence sur les individus.

Contre ces trois postulats de la tradition sociologique, l'individualisme méthodologique inversera les déterminismes : on n'étudie plus les idéologies comme des structures ou des systèmes imposés aux individus, mais on part du choix même de ces individus et on s'interroge sur les raisons de leur adhésion. Dans un souci d'exemplification, Boudon choisira comme idées reçues ou idéologies celles qui émanent de doctrines élaborées sur le mode de la démarche de connaissance scientifique, mais reposant «sur des théories fausses ou douteuses ou sur des théories indûment interprétées, auxquelles on accorde une crédibilité qu'elles ne méritent pas» (Boudon, 1986, p. 45). Ainsi en va-t-il, par exemple, des doctrines marxiste, monarchiste ou capitaliste. La question devient celle de l'étude de ce paradoxe apparent : pourquoi et comment l'individu fera-t-il le choix rationnel et rationalisé d'une «idée fausse»? L'explication de ce paradoxe viendra de la prise en considération de la situation dans laquelle se trouve ce même individu. En vérité, Boudon (1986) évoquera trois types d'explications possibles :

– le premier est emprunté à l'exemple du fétichisme de la marchandise (Marx), et spécifie des «effets de *position*» (1986, p. 106) : la perception par l'individu de la réalité se fait à partir d'une position particulière, et donc d'une manière partielle ou déformée.

– Le second type d'explication se rattache à l'exemple de l'observateur moderne qui s'étonne de l'irrationalité des pratiques du faiseur de pluie (Weber). Les individus perçoivent la réalité en fonction de leur propre système de référence (mental, social...) et donc la «projettent» sur une réalité différente ou discordante avec la leur, et l'interprètent alors «faussement» : «Comme le suggère Max Weber, le problème de la magie se trouve ici dans l'esprit de l'observateur et non dans la mentalité irrationnelle du magicien» (Ansart, 1990, p. 226). Ceci spécifie, pour Boudon (1986), des «effets de disposition» (p. 106).

– Le troisième type d'explication emprunte à l'exemple de la confiance dont on crédite une autorité qui exprime une idée ou un savoir, et spécifie des «effet de communication» (*id.*, p. 118) incluant aussi la non communication. La position et les connaissances forcément partielles/partiales de l'acteur social font qu'il traitera les théories émanant d'une autorité «comme une boîte noire» (*id.*, p. 173), et «aura tendance à juger de leur qualité d'après leur provenance» (*id.*). Il est donc moins enclin à examiner les idées sous l'angle de leur vérité que sous l'aspect de l'autorité qui les énonce. Cet aspect s'accentue encore du fait qu'une idée (une idéologie, une théorie, une représentation) intéresse socialement l'individu «non seulement parce qu'elle lui fournit une base cognitive pour son action» (Boudon, 1986, p. 174) et qu'elle relève donc d'un processus actif qui est le fait d'acteurs et supporte les actions, mais aussi parce qu'elle a, pour l'acteur social lui-même, une utilité («mieux définir les limites de son rôle, les objectifs qu'il peut légitimement chercher à atteindre (...), les moyens qu'il va mettre en œuvre» [Boudon, 1986, p. 174])[3].

Par rapport à la tradition sociologique (mais tout de même selon une modélisation proche de celle de l'habitus social), ce sont ici des acteurs sociaux individualisés, positionnés et engagés dans des processus de communication, qui s'intéressent (ou non), choisissent (ou non), des idées, idéologies, représentations et théories erronées. Quant au rôle réciproque des idées, représentations, croyances, idéologies et théories dans le déroulement des actions et interactions des acteurs sociaux, qui intéresse au premier chef une théorie des représentations sociales, il faut bien se contenter de la réponse relativiste de Boudon : «Le rôle des idées et des valeurs est parfois plus important qu'on ne croit » (Boudon, 1984, p. 146) et « parfois moins important qu'on ne croit » (*id.*, p. 156). Il indique par là que la réponse dépend, à chaque fois, de la singularité des cas, « des données sociales, des conjonctures et de la position favorable du groupe social susceptible de les mettre en œuvre » (Ansart, 1990, p. 228).

1.2. Les sociologies constructivistes

Il serait facile, au vu de l'exposé des modèles de Bourdieu & Boudon, de reconduire l'opposition entre collectif et individuel. Mais, les problématiques que Corcuff (1995) qualifie de constructivistes ou de nouvelles sociologies proposent de déplacer le problème vers une appréhension (en tant que nouvel objet de la sociologie) des « relations entre individus (...) ainsi que des univers objectivés qu'elles fabriquent et qui leur servent de supports, en tant qu'ils sont constitutifs tout à la fois des individus et des phénomènes sociaux » (Corcuff, 1995, p. 16). Cette perspective, constructiviste parce que la réalité sociale y est plutôt envisagée comme construite et non naturelle ou donnée une fois pour toutes, considère l'enchevêtrement des « constructions historiques et quotidiennes des acteurs individuels et collectifs » (*id.*, p. 17) selon le triple aspect :

– d'une base de « préconstructions passées » (*id.*) ;

– de production/reproduction et transformation des formes sociales par les pratiques et les interactions quotidiennes des individus ;

– et d'ouverture sur « un champ de possibles dans l'avenir » (*id.*, p. 18).

Elle lie ainsi à la fois déterminisme et liberté, objectivation (institutions, langages) et intériorisation (formes de sensibilité, de perception ou de représentation) des réalités sociales, autour d'un acteur social tel que Sartre le déclarait « condamné à être libre ». La perspective ouvre donc en même temps sur une démarche qui déconstruit le social, considéré comme un donné qu'il faut toujours interroger scientifiquement, et sur une démarche de reconstruction, qui consiste à interroger cette fois les processus de construction de la réalité sociale. Parmi des convergences tendancielles d'objets, d'auteurs et de projets (Elias, 1981 ; Berger & Luckman, 1986 ; Garfinkel, 1967 ; Cicourel, 1979 ; Dobry, 1986 ; Giddens, 1984), nous retiendrons ici les recherches de Boltanski (1982) et Boltanski & Thévenot (1991), parce que la première s'interroge sur le processus de production historique d'une représentation (les cadres), et que la seconde modélise les théories implicites du bien commun et de la justice, contenues dans des guides contemporains à destination de l'entreprise. Ces deux orientations contribuent, au moins méthodologiquement, à enrichir la théorie des représentations sociales.

Pour sa recherche sur les cadres, Boltanski (1982) s'est écarté des problématiques classiques des groupes sociaux qui partent d'une évidence admise — l'existence du groupe comme «substantialisé» (comment définir le groupe cadre? Qu'est-ce qu'un cadre?...) — au profit d'une approche historique du processus de la constitution du groupe-cadres en objet, ou, plus exactement, en groupe objectivé. L'histoire «va permettre de dénaturaliser l'existence du groupe "cadres", qui nous paraît si "naturelle" aujourd'hui, et d'appréhender le processus socio-historique de sa *naturalisation*» (Corcuff, 1995, p. 86). Boltanski a décrypté la dynamique et la «conjoncture socio-historique dans laquelle les cadres se sont formés en groupe explicite, doté d'un nom, d'organisations, de porte-parole, de systèmes de représentations et de valeurs» (Boltanski, 1982, p. 51). En d'autres termes, il a suivi le travail de constitution d'une représentation contemporaine (les cadres, pour eux et pour les non-cadres) en amont de cette représentation et à travers la maturation d'une trentaine d'années (1930-1960), «en interrogeant *le travail de regroupement*, d'inclusion et d'exclusion dont il est le produit, et en analysant *le travail social de définition et de délimitation* qui a accompagné la formation du groupe et qui a contribué, en l'objectivant, à le faire être sur le mode du cela-va-de-soi» (*id.*, p. 52). Pour cela, il a essentiellement analysé le processus de reconnaissance institutionnelle du groupe-cadre et la dynamique symbolique de sa définition et de son individualisation. Le groupe-cadres revêt la forme d'une représentation mouvante d'éléments hétérogènes mais interreliés. Il est question de «la cohésion d'un ensemble flou» (titre de la conclusion de Boltanski, 1982).

Dans «De la justification» (1991), Boltanski & Thévenot s'attaquent au problème des débats publics ou plutôt des disputes ordinaires qui suscitent critique et justification en public des sujets sociaux placés dans diverses situations. Leur hypothèse est que les arguments avancés dans de tels échanges obéissent à des obligations de légitimité et de généralité. Cela contraint forcément les acteurs à transcender les situations concrètes dans lesquelles ces débats se produisent. La modélisation des registres généraux de justification utilisés dans ces activités quotidiennes sera validée empiriquement en recherchant de tels schémas dans des guides destinés à l'entreprise. Les «registres de justification publique» ainsi obtenus (et rapportés par Corcuff, 1995) sont au nombre de six. Chacun d'eux se rattache à des philosophies politiques classiques qui

développent toutes une théorie du bien commun et de la justice socio-politique :
- «la justification civique (...) basée sur la volonté collective et l'égalité» (Rousseau);
- «la justification industrielle (...) basée sur l'efficacité et la compétence» (Saint Simon);
- «la justification domestique (...) basée sur les relations de confiance personnalisées» (Bossuet);
- «la justification par l'opinion (...) basée sur la reconnaissance par les autres» (Hobbes);
- «la justification marchande (...) basée sur le marché» (Smith);
- «la justification inspirée (...) qui établit un lien immédiat entre la personne et une totalité» (Corcuff, 1995, p. 109) ou entité supérieure (Saint Augustin).

Depuis ces premières recherches :
- Lafaye & Thévenot (1993) explorent la possibilité d'une autre modalité de justification : la justification écologique (voir par exemple la justifications des pratiques différenciées de certains groupes tels que chasseurs et écologistes — Guimelli, 1989).
- Corcuff & Depraz (cités par Corcuff, 1995, p. 114) envisagent un *«régime d'interpellation éthique»*, par exemple le sentiment de responsabilité que l'on éprouve envers la détresse d'autrui, ou compassion responsable (pour tisser également des rapprochements avec la psychologie sociale, voir des thématiques telles que l'altruisme — par exemple Moscovici, 2000).
- Le CERIEP (Centre d'Etudes et de Recherche de l'Institut d'Etudes Politiques de Lyon) traite d'un *«régime machiavélien ou tactique-stratégique»* (Corcuff, 1995, p. 114), qui tente de contextualiser les comportements stratégiques jusqu'ici analysés d'une manière très abstraite.
- Enfin, Thévenot (1994) parle de *«régime de familiarité»*, c'est-à-dire de proximité entre personnes ou entre personnes et objets.

Ceci rajouterait donc quatre types de justifications à la typologie initiale.

Ces modalités quotidiennes de critique et de justification pourraient constituer un préconstruit socio-historique dans lequel les acteurs puiseraient des arguments plus ou moins intériorisés, mais également des pratiques, des attitudes et des conduites plus ou moins extériorisées (schémas de conduite, scénarios, scripts...). Les modalités de confrontation des arguments, d'affrontements, de compromis ou de dénonciations (*cf.* Corcuff, 1995, p. 109) fourniraient un terrain privilégié pour l'observation des interactions ordinaires. De plus, comme les acteurs sociaux peuvent passer d'une modalité à une autre (par exemple, de la croyance en un monde juste à celle d'un monde d'individus en compétition), c'est à une sociologie des régimes d'action et à la contextualisation des modalités que nous invitent ces travaux, c'est-à-dire à « rendre compte de l'action dans certaines situations à travers l'équipement mental et gestuel des personnes, dans la dynamique d'ajustement des personnes entre elles et avec les choses, en recourant donc à des appuis préconstitués tout à la fois *internes* et *externes* aux personnes » (Corcuff, 1995, p. 112). Nous sommes là dans le registre d'une véritable « science de la science des acteurs » (Boltanski, 1990, p. 147) qui, par certains aspects, fait signe vers l'ethnométhodologie, mais par bien d'autres, méthodologiques et théoriques, peut participer à l'approfondissement de la problématique des représentations sociales[4], notamment sur le plan des mécanismes d'objectivation et de stabilisation des réalités sociales ou sur celui des mécanismes de subjectivation et de dynamisation des idéalités sociales.

Le sociologue constructiviste rejoint ainsi le psychologue social dans son interrogation des « boîtes noires », du type « fondements naturels des inégalités », « nature féminine », « lois de l'économie », « caractère inéluctable du chômage », « seule politique possible », « nécessités techniques » (Corcuff, 1995, p. 118). Comme lui, en analysant le travail idéologique et représentationnel quotidien qui reconstruit les valeurs en cours ou les idées-forces au gré des circonstances et des situations, il dénaturalise le naturel, démythifie le nécessaire, historicise et contextualise le banal et l'évident. Cette orientation rejoint aussi celle de l'anthropologue Douglas : « Les classifications qui nous permettent de penser nous sont toujours fournies déjà toutes faites en même temps que notre vie sociale » (1989, p. 90). On ne les interroge ni ne les soupçonne ; tout simplement, on les utilise au quotidien pour un fonctionnement « économique ». Douglas, comme les sociologues constructivistes, réactivera ainsi l'esprit du fameux essai de Durkheim et Mauss paru dans *L'Année Sociologique* de 1903 (« Sur quelques formes primitives de classification »), et réédité en 1968. Il y était posé que, si les formes primitives sont « organisées sur un modèle qui est fourni par la société » (1968, p. 184), une fois que « cette organisation de la mentalité collective existe, elle est susceptible de réagir sur sa cause et de contribuer à la modifier » (*id.*). Mais n'est-ce pas également dans cette ligne que l'on pourrait situer, entre autres choses, le modèle des représentations sociales, cependant que la théorie de l'habitus social a marqué le développement d'une sociologie dite cognitive ? C'est alors sur l'appel à une conjonction enrichie de ces trois paradigmes qu'il nous faudrait conclure.

2. SOCIOLOGIE ET PSYCHOLOGIE SOCIALE : TRAITEMENT DE LA NOTION DE REPRÉSENTATION

C'est de l'une des origines incontestables de la notion de représentation qu'il sera ici question à travers la pensée de Durkheim. En effet, si la référence à cet auteur est quasi constante en psychologie sociale dès lors qu'il s'agit d'évoquer les représentations sociales, il est parfois plus complexe de déceler, chez les uns ou chez les autres, les apports dus, par exemple, à l'individualisme méthodologique ou aux sociologies constructivistes. Aussi mettrons-nous en regard, dans une optique de clarification, les apports d'une sociologie durkheimienne à l'élaboration conceptuelle princeps de la notion de représentation en psychologie sociale (*cf.* Moscovici, 1961).

2.1. L'orientation sociologique de Durkheim

Rapportée à l'optique sociologique de l'époque, la notion de représentation s'adaptera forcément à une stratification où les faits sociaux et sociétaux occupent la meilleure place, le fait individuel étant relégué dans des couches profondes, aux marges de l'analyse des phénomènes collectifs. Le cadre d'une telle conception pourrait être cerné au moyen de deux termes, consensus et conformité, lesquels s'appliquent, au premier chef mais pas seulement, aux sociétés dites traditionnelles ou archaïques. Dans celles-ci, les individus «tiennent ensemble» au moyen de ce que Durkheim nomme la conscience collective. Il y a dans cette appellation aussi bien une référence au sens individuel voire religieux, sacré ou moral du terme, que l'idée de quelque chose de commun, de partagé. Tout y est commun (croyances, aspirations ou idéaux, sentiments, représentations, pratiques, travaux, rôles et fonctions, etc.) et tout fonctionne sur une solidarité de type *mécanique*, dans le sens où les individus sont semblables de par leur activité ou leurs fonctions : «La conscience collective abat les barrières qui séparent les individus et unit les esprits et les sentiments en les faisant fusionner. L'individu est ainsi totalement absorbé par le groupe» (Moscovici, 1988b, p. 97).

La vision est de prime abord harmonieuse et basée sur le respect d'un fonctionnement auquel chacun croit ou se doit moralement. Car, être doté d'une conscience, fut-elle collective, c'est bien savoir de quel côté peuvent se situer les actes normés et les actes hors normes ; c'est disposer d'un guide pour la réalisation et l'évaluation des actions. La conscience collective procure tout cela aux individus, mais exige en retour une certaine conformité. En ce sens, elle est également coercitive : elle dicte et régule aussi bien les manières de penser que les manières d'agir de tous, quel que soit le contexte particulier dans lequel les individus se trouvent placés. Et des contraintes ne manqueront pas de s'exercer sur cet individu s'il s'oppose à la conscience collective ou s'écarte de certaines de ses prescriptions.

Chez Durkheim (*cf.* par exemple 1895 et 1898), la conscience collective apparaît comme une réalité en soi, au fonctionnement propre ; une construction sociale qui existe forcément au travers des consciences individuelles, mais qui, dans le même temps, les transcende et s'en distingue. Elle assure ainsi cohésion et pérennité de la société : en traversant l'ensemble des institutions sociales et en se matérialisant concrètement en elles par les règles de fonctionnement qu'elles produisent (règles juridiques, économiques, morales, sociales, religieuses...), la conscience collective touche tous les objets sociaux et toutes les institutions. Elle est donc en mesure de se transmettre d'une génération à une autre car elle demeure gravée dans les productions sociales, les règles de fonctionnement et les mémoires, sous forme de normes, de prescriptions, de traditions, etc. Le système est en quelque sorte autonome. Mais qu'advient-il alors des consciences individuelles, ces croyances, sentiments et perceptions propres aux individus parce qu'ils relèvent de leurs expériences singulières ? Si ces consciences servent à matérialiser la conscience collective, elles ont aussi, chez Durkheim, une importance moindre, parce que spécifiques (elles ne sont après tout portées que par des individus particuliers, et par là même ne constituent pas des formes de généralisation valides d'un point de vue sociétal), variables et peu durables (à la limite, elles sont appelées à disparaître avec l'individu qui en était porteur). Mais l'harmonie de la société exige de les mettre au diapason d'une conscience collective qui les dépasse. Par conséquent, elles doivent lui être soumises, s'y conformer, mais également s'harmoniser ou se soutenir les unes les autres.

Nous avons évoqué le fait que la conscience collective englobe en elle tout un ensemble de représentations. Celles-ci sont forcément de même nature que la conscience qui les produit, collectives donc, et relèvent par conséquent de formes mentales (tissées au travers des symboles, mythes, traditions...) et d'objets sociaux spécifiques (techniques, économiques, politiques....). Comme la conscience collective, les représentations collectives sont donc des élaborations stables et qui se perpétuent dans le temps ; une forme de vrai et de certitude sociale qui vaut d'être transmise. Chacune de ces représentations «désigne tous les systèmes de connaissances, de croyances et de symboles (religion, science, philosophie, langue, magie, etc.) qui résultent de la fusion et de la pénétration des représentations individuelles» (Moscovici, 1988b, p. 135). Comme la conscience collective encore, les représentations sont intériorisées par les individus, mais existent tout aussi bien indépendamment de ces individus. Quant aux représentations de nature individuelle, elles aussi rapportées à une conscience et une élaboration mentale de nature individuelles, elles souffrent de la même incomplétude que la conscience individuelle.

Pour en revenir au niveau sociétal, tout n'est cependant pas figé : les sociétés évoluent à leur rythme certes mais elles ne peuvent manquer de le faire, ce qui est un des sens du mot progrès. Les représentations collectives rapportées à des objets sociaux sont donc forcément limitées aux objets socialement importants en un temps donné. Que ces objets changent ou disparaissent et les représentations qui y sont associées devront également disparaître ou se modifier profondément. Ainsi en a-t-il été au cours des siècles dans le domaine économique, religieux ou moral par exemple.

Les sociétés contemporaines dites modernes se distinguent des sociétés traditionnelles par une plus grande division du travail, dictée, pour une large part, par l'évolution et la spécialisation des techniques. Les individus accomplissent des tâches beaucoup plus diversifiées et largement différentes les unes des autres. Cette hyperspécialisation des rôles confère à chacun une plus grande spécificité et un particularisme indéniable. Mais elle suppose également une forme de consensus, qui se rapporte en fait davantage à de la complémentarité ou de la dépendance. Les individus ont besoin les uns des autres, la solidarité est alors de type *organique* : intérêts, rôles et fonctions de chacun sont distincts, mais il y a en même temps obligation d'interrelation, de coopération. La conscience collective perd alors de son pouvoir, se dilue dans la nécessaire convergence des consciences individuelles, qui fait que la société perdure en tant que telle. Les traditions, idéaux, représentations collectives, etc., ainsi que le strict contrôle social et moral dicté par la conscience collective, se relâchent; l'autonomie individuelle s'accroît, l'idée de groupe fait place à celle d'individualité voire d'individualisme. L'orientation durkheimienne fait des représentations collectives des guides pour tous les individus d'une société qui ne peuvent manquer de les partager, mais ces guides finissent par disparaître dès que les sociétés se diversifient et élargissent leur rayon d'action, ou lorsqu'elles se spécialisent et, avec elles, les individus qui les composent. Et l'on peut dire que les représentations collectives subissent un sort identique. On peut alors accepter l'idée que, dans ces nouvelles sociétés, «le concept d'individu se réfère à des hommes interdépendants, mais au singulier, et le concept de société a des hommes interdépendants, mais au pluriel» (Elias, 1981, p. 150).

2.2. Moscovici et les représentations en psychologie sociale

De l'avis de Durkheim, «(...) il revenait à la psychologie sociale d'étudier de quelle façon les représentations s'appellent et s'excluent, fusionnent les unes dans les autres ou se distinguent» (1895/1947, p. XVIII). Et c'est ce que Moscovici (1961) entreprendra pour le compte de cette même psychologie sociale. Compte tenu de la perte d'efficacité des représentations collectives dans les sociétés modernes, et du fait que c'est justement de ces dernières qu'il est question en psychologie sociale, on comprendra que la notion durkheimienne doive être amendée en conséquence.

Résumons ces modifications au plus court :

1. Une représentation collective est une entité transmissible et figée, saisissable dans la conscience collective sur le mode de l'extériorité. Pour Moscovici, l'image est partielle. Certes, la représentation est reproduite et reproductible, mais le mouvement est en réalité plus dynamique que passif puisque la transmission n'est pas fidèle : la représentation est modifiée, remodelée, reconstruite, dans la mesure où l'activité mentale individuelle participe à la transmission. Ainsi, «Au lieu de figer l'ombre portée sur les sociétés d'une expérience ou d'une connaissance venues d'ailleurs, s'en former une représentation, c'est les animer de deux manières. D'abord en les rattachant à un système de valeurs, de notions et de pratiques qui donne aux individus les moyens de s'orienter dans l'environnement social et matériel et de le maîtriser. Ensuite en les proposant aux membres d'une communauté à titre de médium pour leurs échanges et de code pour nommer et classer de manière claire les parties de leur monde, de leur histoire individuelle ou collective» (Moscovici, 1976, p. 27). Le mouvement est bien double : une représentation (sociale cette fois-ci) existante suscite des actions et des conduites allant dans un sens déterminé, mais les interactions et communications sociales quotidiennes participent de son évolution et de sa transformation.

2. Toute représentation sociale apparaît alors comme une structure organisée et partagée, mais toujours en devenir, à la fois stable et instable, partant plus évolutive que la représentation collective décrite par Durkheim. Elle ne traverse plus inchangée le temps des générations,

mais suit de plus près le temps humain. L'évolution, la transformation ainsi que la genèse des représentations sociales méritent donc davantage d'attention.

3. Par ailleurs, division du travail et spécialisation des tâches favorisent la dispersion des connaissances, des croyances et des habiletés, renforçant par là l'efficacité intra-sociétale de groupes humains plus restreints, et participant à leur constitution. Ces groupes peuvent avoir, vis-à-vis d'un objet social, des prises de position spécifiques, partant des représentations différentes, et peuvent les faire évoluer d'une manière qui leur est propre. Il est alors plus concevable qu'ils développent des représentations distinctes de celles d'autres groupes. L'appellation de représentations sociales paraît ainsi plus adaptée à ces formes de connaissance que celle de représentations collectives pour rendre compte d'une réalité à un niveau plus groupal que sociétal.

4. Il en ressort que les représentations sociales seront plus diversifiées et plus nombreuses que les représentations collectives, plus limitées aussi. Les relations interindividuelles permettent le partage de ces représentations sociales (donc une vision commune), mais les dynamiques sociétales (techniques, économiques, politiques, idéologiques, etc.) façonnent également les conceptions individuelles, partant les représentations. Aussi ces dernières ont-elles pour particularisme de n'être ni tout à fait individuelles, ni tout à fait sociales, mais dans une position intermédiaire d'interaction réciproque d'un niveau avec l'autre. Il en découle que «les représentations sociales doivent être étudiées en articulant éléments affectifs, mentaux et sociaux et en intégrant à côté de la cognition, du langage et de la communication, la prise en compte des rapports sociaux qui affectent les représentations et la réalité matérielle, sociale et idéelle sur laquelle elles ont à intervenir» (Jodelet, 1989a, p. 41).

3. SOCIOLOGIE ET PSYCHOLOGIE SOCIALE : DEUX STYLES DE RECHERCHES

3.1. Le sociologue Angermeyer (1992) et la représentation des causes de la maladie

La notoriété actuelle des perspectives subjectives d'interprétation des maladies a fortement marqué les travaux en psychologie sociale et en sociologie, et, dans ce dernier cas, plus particulièrement sous deux angles : les efforts que font les malades (défense, stratégies...) pour compenser la vulnérabilité qui découle de la maladie, et les symptômes psychiques à la base des maladies. Peu de travaux en revanche concernent ce que l'on nomme les théories subjectives de la maladie, lesquelles relèvent de la perception quotidienne. Comme les théories scientifiques, les théories subjectives sont le fruit d'hypothèses explicatives reliées entre elles d'une manière cohérente. Elles constituent donc un système organisé de connaissances et de savoirs divers. Dans le domaine de la maladie, Filipp, Aymanns, Ferring, Freudenberg & Klauer (1987) en font « des systèmes individuels de connaissances et de convictions où sont organisées représentations, associations, interprétations, imputations causales et anticipations de l'évolution qui se rattachent à la maladie » (cité par Angermeyer, 1992, p. 144). Mais ceci semble s'appliquer plus largement à la notion de théorie subjective.

Angermeyer travaillera quant à lui sur la seule part des théories subjectives qui concerne les représentations sociales, et, plus spécifiquement, sur les représentations causales des maladies psychotiques. Ici les représentations sont dites sociales sans pour autant être plus clairement définies, que ce soit sur un mode sociologique ou sur un mode psychosocial. De même, les théories de l'attribution de causes à des événements sont présentes seulement sous forme d'allusions. On verra donc là peu de référents théoriques susceptibles, par exemple, de permettre d'établir des liens entre représentations sociales de la maladie et recherche des causes de celle-ci. Cependant, les méthodes d'investigations utilisées peuvent s'apparenter à certaines formes de questionnements utilisés en psychologie sociale à l'endroit des représentations. Quand à l'analyse des données, on y lira les préoccupations larges des sociologues, passant tour à tour de l'option recension statistique à une analyse de portée sociétale, et glissant assez largement sur l'aspect intermédiaire (psychosocial?), le lien individu/social. Deux volets de la recherche conduisent l'auteur à interroger, d'une part, une population de personnes atteintes de psychoses fonctionnelles (198 patients, dont 60 % d'hommes et 40 % de femmes) de type schizophrène (50 %), affective (27 %) ou schizoaffective (23 %); d'autre part les parents les plus proches de ces malades (84 personnes). Les modalités de questionnement comportent :

– une question ouverte directe concernant les causes envisagées de la maladie actuelle (« Où résident finalement, à votre avis, les causes de votre maladie ? », Angermeyer, 1992, p. 144). Le contenu des réponses des patients et des proches fera l'objet d'analyses de contenu. Deux personnes auront pour tâche de répertorier les discours sous cinq catégories thématiques, ces dernières provenant de choix liés au second type de questionnement.

– Celui-ci se présente comme une liste de 30 items, chacun étant à apprécier en termes de cause plus ou moins probable de la maladie. Il a été élaboré sur la base des hypothèses fortes de la psychiatrie scientifique de l'époque quant à l'origine des psychoses de type fonctionnel, et des représentations de la maladie développées par les profanes. Six items matérialiseront chacune des cinq thématiques retenues : causes en rapport avec le foyer familial, les situations récemment vécues par les malades, la personnalité, les éléments biologiques ou héréditaires, enfin les causes touchant au domaine du magique ou de l'ésotérique. Les malades et leurs proches donnant globalement les mêmes profils de réponse, nous n'aborderons ici que la partie de la recherche concernant les malades eux-mêmes.

L'auteur développe son analyse sous deux angles de vue :

– en premier lieu, il recense la fréquence des thématiques évoquées, pour la question ouverte comme pour la liste d'items sur un mode large (*cf.* tableau 1) par ordre décroissant d'importance. La cause de la maladie paraît localisée pour une large part dans le passé récent des malades, pour la majorité d'entre eux en rapport avec la solitude ou des événements de vie négatifs sur le plan familial ou professionnel. Ce qui frappe l'auteur, c'est qu'à l'intérieur de ces rubriques thématiques, la référence à l'idée de « stress » (faite par 1/3 des personnes) est toujours présente, et surtout en rapport avec les problèmes récents des patients.

Tableau 1 — **Représentations étiologiques des patients atteints de psychoses fonctionnelles** (extrait de Angermeyer, 1992, p. 146).

	Question ouverte	*Check-list*
Facteurs psychosociaux récents	35 %	88 %
Facteurs de personnalité	26 %	71 %
Foyer familial	19 %	64 %
Facteurs biologiques	16 %	32 %
Facteurs ésotériques	1 %	22 %
Aucune indication	22 %	
Non malade	4 %	

Le stress semble correspondre à une charge psychosociale donnée pour responsable de la maladie fonctionnelle. De plus, tous les éléments nommés renvoient, de l'avis de l'auteur, à un modèle élargi du stress, lequel englobe les événements négatifs, les problèmes familiaux et la pression exercée sur le psychisme par le cadre professionnel ou de formation, mais également l'absence de soutien social (solitude) et la recherche d'une prise de distance d'avec les contraintes du quotidien. Y manque seulement la dimension proprement biologique du stress.

– *A priori*, une analyse de type factoriel plaide en faveur d'un usage par les malades de la multicausalité et met encore davantage en avant la force du facteur stress. Ce constat est l'occasion d'un retour qualitatif à la dimension sociétale du problème. Angermeyer soutien que la prégnance du facteur stress est explicable au niveau du fonctionnement des sociétés dites modernes. Le terme même de stress envahit les discours publics sur la maladie et renforce les croyances en un lien entre l'exposition récurrente à des facteurs de stress et la manifestation d'une maladie. Le climat socioculturel y pousse d'ailleurs dans nos sociétés par une tendance à «psychologiser les problèmes individuels et collectifs» (Angermeyer, 1992, p. 153). Formule commode sans doute, mais qui suscite l'intérêt si l'on veut bien se reporter aux conceptions sociétales qui associent étroitement progrès d'une civilisation et dégradation des conditions de vie de l'être humain par rapport à une option «naturante» ou écologique (on se reportera également à l'analyse réalisée par Herzlich (1969) à partir des conceptions profanes de la santé et de la maladie, dans laquelle apparaît nettement l'opposition entre le mode de vie naturel et sain des populations rurales et celui, nettement plus malsain, des citadins soumis à divers stress environnementaux).

Cette conviction d'une inséparabilité stress/vie en société fait maintenant partie intégrante de notre savoir social. Il est donc logique que l'on examine ses implications sur l'organisme humain, et ce en des termes plus flatteurs qu'autrefois. Les troubles psychiques et autres dépressions nerveuses y trouvent là une explication à la fois plausible et socialement acceptable. De maladies «honteuses» ou réprouvées socialement, ces pathologies, par le lien possible avec le mode de vie, passent au stade de maladies quasiment «normales» (c'est-à-dire de même niveau que les maladies corporelles) : leur origine est nettement posée comme sociale, *via* le stress généré par le mode de vie. Cette réhabilitation de pathologies psychiques et la mise au jour d'une genèse de niveau sociétal vont de pair avec un phénomène de banalisation et de normalisation du concept de stress. Même si les analyses sociologiques d'Angermeyer mériteraient d'être creusées sur le versant plus limité des paramètres intra et intergroupes, les représentations sociales sous-jacentes se laissent assez bien deviner. Si l'on se réfère à ce que Jodelet (1989b, *cf. infra*) a pu mettre en avant à propos de la maladie mentale dans les années soixante-dix, on constate ici (mais pour des pathologies psychiques moins lourdes toutefois que celles analysées par Jodelet) que, pour les sujets souffrants et leurs proches, vivre ou côtoyer ce type de maladie et leur trouver des causes sociales permet le développement de représentations moins primitives (ou primales) que celles observées par Jodelet. Les représentations de ces psychoses fonctionnelles peuvent bénéficier de communications et débats plus larges et moins lourds de sous-entendus et de non-dits que dans le cas examiné par Jodelet. Partant, la transmission de ces constructions représentationnelles devient possible plus largement, puisque interdits, tabous et mystères attachés aux pathologies du psychisme perdent du terrain au profit d'une analyse plausible de leurs causes qui s'appuie sur les rapports entre psychisme, physique et mode de vie.

3.2. Sida et représentations sociales (Morin, 1994 ; 1999)

En tant que phénomène marquant l'histoire de notre fin de siècle, le problème du sida a suscité, en ordre dispersé, de nombreux travaux dans le cadre des sciences humaines et sociales, que ce soit par exemple sous l'égide de modèles théoriques sociologiques, anthropologiques ou psychosociaux. L'approche paradigmatique des représentations associées au sida y tient une place honorable bien que les travaux y soient encore limités. L'avantage réside, en premier lieu, dans des recherches plutôt centrées sur le terrain et souvent axées sur une visée préventive de la maladie ou sur une amélioration des pratiques concrètes de prévention ; en second lieu, les orientations exploratoires sont plus larges qu'à l'ordinaire puisque le continuum traité s'étend d'une approche sociétale (à la manière d'une certaine sociologie) à une approche des mécanismes psychiques, sans omettre les différenciations et relations interpersonnelles et intergroupes. Les recherches de Morin illustrent au mieux ces divers aspects, son intention affichée étant « de décrire et d'expliquer la formation et la transformation des réactions collectives et individuelles au sida en articulant les processus sociétaux aux processus psychologiques et interpersonnels » (1999, p. 15).

Envisageons tout d'abord le plan sociétal. Dès l'apparition et l'identification d'une nouvelle pathologie transmissible, les médias se font vecteur de diffusion des connaissances et progrès scientifiques, tout autant que de prises de position plus floues, laissant place à de nombreuses possibilités interprétatives. Un mal étrange et inconnu, doublé d'un quasi aveu d'impuissance de la science, servent de terreau au développement de rumeurs, d'explications et de conceptions à dimension sociale. Jodelet (1989a) y repère deux lignes forces suscitant des représentations contrastées. L'une, sociale et morale, fait la part belle aux préceptes religieux. En effet, le mode de transmission de la maladie tout comme les premiers porteurs identifiés (homosexuels, toxicomanes) permettent de placer au premier plan l'idée de châtiment, de punition divine. Ainsi, à conduites socialement et moralement hors normes, répréhensibles, correspond une punition adaptée. Le refuge contre le mal est alors celui des valeurs traditionnelles associées à la vie familiale (fidélité, rigueur, droiture des mœurs et conduites) : « cette vision morale fait de la maladie un stigmate social qui peut entraîner ostracisme et rejet » (Jodelet, 1989a, p. 33). L'autre vision de la maladie est plus manifestement biologique et touche aux modalités de contamination des populations « saines ». Elle réactive cependant d'anciennes croyances liées à une contagion par les humeurs du corps, ce qui met au premier plan l'idée de risque attachée à tout contact corporel : on ne peut être sûr de rien ni de personne, mais surtout pas des autres, étrangers ou différents. Le social ressurgit ainsi, qui attache la valeur symbolique du danger encouru à l'idée d'exclusion, et rejaillit directement sur des groupes sociaux déjà traditionnellement exclus (immigrés par exemple). La société réactive de vieilles valeurs et croyances mais, dans le même temps, reproduit des divisions sociales existantes. Le sida est dès lors à regarder comme un véritable phénomène sociétal, excédant, au même titre que toutes les épidémies, le strict cadre médical suffisant pour les maladies physiques ordinaires, mêmes graves.

Les analyses réalisées sur la presse des années quatre-vingt (*cf.* Markova & Wilkie, 1987 ; Herzlich & Pierret, 1988) s'étayent quant à elles sur « l'idée d'une menace globale pour l'humanité prenant appui sur deux thèmes : la catastrophe entraînée par la contamination et la malédiction associée à un ciblage des victimes de l'épidémie » (Morin, 1999, p. 16). Ces individus passent alors aisément du statut de victimes à celui de coupables potentiels, le mouvement d'exclusion étant quasiment le seul envisageable dans l'immédiat.

Morin (1999) situe en 1987 le passage du sida dans le registre des grands débats de société, mettant en regard le faux et le vrai, le scientifique et la rumeur ou l'information erronée. Les représentations élaborées ou en cours de construction dans la société française de l'époque s'exposent alors au grand jour. Les thèses scientifiques sur la maladie, sa provenance et sa connaissance se concurrencent et se comparent encore les unes aux autres, la voie est donc libre pour que les représentations puissent s'alimenter des histoires populaires, des grandes peurs, des rumeurs quant aux origines, aux modes de transmission et aux secrets scientifiques non divulgués. Les productions littéraires, romancées ou fictionnelles, iront également dans ce sens.

A la fin des années quatre-vingt, le mal est suffisamment important pour que les recherches s'internationalisent, notamment dans le cadre des sciences humaines. C'est que la pression politique s'accentue sur le plan de la lutte contre la maladie (diminution des risques, conduites de prévention...). Les démarches méthodologiques s'épanouissent donc à la fois sur le mode des recensions statistiques de données sociologiques (âges, groupes socio-culturels, groupes professionnels...) et sur l'étude des comportements, des connaissances et des attitudes vis-à-vis de la maladie. Les représentations sociales sont ici au premier plan et les réactions à la maladie définies comme « une organisation structurée de réactions », c'est-à-dire des « "systèmes de pensée" ou des "systèmes de représentations" et de dispositions logiques » (Morin, 1999, p. 21). Ces systèmes sont composites et intermédiaires entre deux types « purs » (portés chacun par 15 % des personnes interrogées) :

– le système « répressif », tout en excès sur le plan des risques et de la contagion, chacun s'estimant cependant à l'abri et s'avérant par là même peu sensible aux campagnes d'information. Les personnes, plutôt âgées et de niveau socio-économique moyen, sont ici plus volontiers tournées vers une politique de prévention de type répressive.

– le système « libertaire » correspond pour sa part à une tranche d'âge plus jeune, à des populations globalement plus instruites et d'un niveau socio-économique supérieur. Tout est ici dans le comportement de connaissance/prévention au niveau individuel, en commençant par soi-même, c'est-à-dire en développant personnellement des conduites adaptées (dépistage, préservatifs...). On y est de fait plus sensible à la diffusion quotidienne d'informations concrètes, à une politique de type éducative.

Se lisent, en filigrane de ces deux systèmes, des oppositions sociales relevant des valeurs et des idéologies « libéral/conservateur, droite/gauche » (Morin, 1999, p. 22).

Sur le plan plus proprement groupal et interindividuel, Morin (1994) s'est intéressé à l'aspect prévention de la maladie chez des jeunes issus de formations distinctes. Sur la base d'une théorisation psychosociale des représentations, il envisage celles-ci en partant de l'hypothèse que « face aux énigmes et menaces du sida, des processus de pensée et de construction collective ont élaboré et continuent à développer, dans les frontières incertaines des différents groupes sociaux, des théories sur le sida combinant croyances, valeurs, attitudes et informations » (1994, p. 112). Ce qui l'amène directement à traiter des relations entre représentations sociales et pratiques, en l'occurrence les précautions prises afin de diminuer les risques de contagion. L'approche est transdisciplinaire et se fonde sur des méthodologies variées. En matière de liens entre représentations et pratiques, nous nous limiterons aux aspects concernant les différenciations intergroupes. L'investigation s'est ici faite au moyen de tâches d'évocation, de classement de termes et de comparaisons-analogies entre diverses maladies de façon à organiser «les bases d'une cartographie sociocognitive schématisant le phénomène-sida» (1994, p. 115).

Les associations de termes à un seul inducteur (sida) ont été réalisées en 1989. Elle produisent un total de 1.536 mots évoqués, mais le nombre de termes forts est relativement restreint (mort : évoqué par 60 % des jeunes ; maladie, 57 % ; préservatif, 42 % ; sexe/sexualité, 22 % ; virus, 21 % ; peur, 21 % ; homosexuels, 16 % ; danger, 16 % ; drogue, 15 % ; souffrance, 11 %), et donne de prime abord une vision assez stéréotypée, du fait de l'homogénéité des réponses des jeunes. Le classement de mots (obtenus par l'auteur à partir d'entretiens) nuancera fortement ce premier portrait. Les jeunes interrogés devaient classer par groupe de cinq les termes contenus dans une liste, sur la base du fait qu'ils allaient bien ensemble et pouvaient recevoir un titre unique. Les classement ont ensuite été soumis à des analyses de similitude, lesquelles permettent d'obtenir un fond commun d'éléments de représentation fédérateurs, reliant vie amoureuse et sexuelle à la maladie virale et à la peur de la mort. Sur ces éléments communs viennent se greffer des ensembles distincts relevant pour l'un, de l'information, pour l'autre de la morale. Quant à la périphérie des représentations, elle partage les jeunes en trois populations sociologiquement distinctes :

– Les lycéens interrogés rapportent l'aspect prévention de la maladie à la vie amoureuse, au moyen du lien information/discussion. La représentation s'organise autour de cette idée d'information/prévention, mais Morin y voit également «un tiraillement entre les peurs et les doutes concernant la mort par contamination et les valeurs contradictoires de l'amour-liberté, de l'amour-confiance et de l'amour-plaisir-sexualité, parmi lesquelles l'amour-confiance se détache comme la liaison la plus valuée» (1994, p. 122). La gestion des risques se ferait ici par une sorte de «soumission suspicieuse aux messages de prévention se traduisant par l'acceptation résignée ou réticente du préservatif» (*id.*, p. 141).

– Les étudiants semblent opposer les valeurs (univers idéologique et moral relié à la vie amoureuse) et les solutions proposées par la médecine pour lutter préventivement contre la maladie (remèdes, vaccins, dépistage, préservatifs...), lesquelles permettent une certaine dédramatisation de la peur et de la mort. L'aspect sexualité se vit à la fois sur le mode de l'information (où s'opposent médias et discussion) et sur celui de la confiance. Il s'agit là, pour l'auteur, d'une «relation de réactance ou de contre-dépendance marquée par le refus de se laisser impressionner par la propagande médicale» (*id.*, p. 141).

– Les jeunes employés à des travaux d'utilité collective (TUC) réduisent quasiment la prévention au port de préservatifs et la relient à l'amour-plaisir, la référence au monde médical portant la marque d'une vision assez noire («virus-seropositivité-mort-peur» (*id.*, p. 120)). Le lien physique/médical s'ancre dans une vision inquiète et quelque peu moralisante, «le mode d'appréhension des dangers est à la fois très généralement pragmatique et pessimiste» (*id.*, p. 120). Il y a là nettement «conformité aux injonctions du discours préventif» (*id.*, p. 141).

On voit ici que, sur trois modes distincts, sont mis en lien des paramètres relevant du discours et des sollicitations sociales en matière biologique et de prévention, et des aspects plus moraux ou idéaux, la plupart du temps reliés aux communications proximales au sein de la famille ou dans le registre des relations entre pairs.

Les représentations ainsi mises au jour sont bien des représentations sociales au sens où Moscovici les entendait, mais elles possèdent une dimension en devenir : on a pu étudier grosso modo leur genèse mais il faut s'attendre à une évolution du fait des progrès médicaux rapides.

NOTES

[1] Nous reviendrons sur le rapprochement que fait Doise entre ces deux notions, particulièrement sur la manière dont les premiers servent à éclairer la compréhension des secondes.
[2] Pour Weber, «on obtient un idéal-type en accentuant unilatéralement un ou plusieurs points de vue et en enchaînant une multitude de phénomènes, donnés isolément, diffus et discrets (...) qu'on ordonne (...) pour former un tableau de pensée homogène» (1965, p. 180).
[3] On voit la complémentarité d'une telle approche avec, par exemple, le problème de la régulation et du contrôle des systèmes orthodoxes qui «gèleraient» la dynamique représentationnelle (évoqué ci-dessus page 22; voir également Deconchy, 1980).
[4] A la fois son internalisation (*cf.* les schèmes cognitifs de base ou la notion de thémata développée par exemple par Moscovici & Vignaux, 1994) et son externalisation (Contextualisation).

Chapitre 3
Anthropologie et psychologie sociale dans l'étude des représentations

1. ANTHROPOLOGIE ET PSYCHOLOGIE : CONVERGENCES ET RUPTURES

Dresser un historique des rapports de l'anthropologie et de la psychologie n'entre pas dans notre propos immédiat bien qu'il permette de souligner la proximité d'un questionnement sur l'interface «psychisme-socio-culture» avec l'analyse culturelle des petites sociétés, voire avec l'ethnopsychologie. Entre les universaux (autant d'articulations entre le culturel et le fonctionnement psychique) et la caractérisation de la culture comme résultante de la cognition et de la communication (Sperber, 1982), il y a bien des points communs concernant le comportement humain et la question de la culture, même si Kroeber & Kluckhohn recensaient, dès 1952, plus de 250 définitions du terme de culture. On se reportera à Jahoda (1989) qui liste les points de contact entre ces disciplines (psychologie interculturelle, représentations culturelles et sociales, catégorisation, psychopédagogie, enculturation, transmission, éducation, socialisation...) pour se faire une idée de l'ouverture de la psychologie à l'anthropologie. L'ouverture anthropologique à la psychologie est d'un tout autre ordre. Si l'anthropologie culturelle a pu viser à des conclusions sur le tempérament et le caractère des groupes en utilisant, par exemple, des tests psychologiques, ou en cherchant à cerner une «personnalité de base», l'anthropologie sociale, attachée aux principes de la sociologie durkheimienne et à l'étude privilégiée des organisations, a largement tourné le dos à l'explication et aux méthodes psychologiques. Si l'on excepte certaines recherches en ethnopsychiatrie, force est de constater que l'anthropologie n'a guère emprunté qu'à la psychologie cognitive, ignorant volontiers et les recherches de psychologie sociale de terrain (Jodelet, 1989a) sur le thème des interactions sociales et les apports des travaux récents sur les représentations sociales. Le dictionnaire anthropologique de Bonte & Izard (1992), s'il possède une entrée «psychanalyse» ne possède pas d'item «psychologie» même «sociale»; «L'introduction à l'anthropologie» de Kilani (1992) se contente d'évoquer la psychanalyse et la psychologie cognitive. Pourtant, ce à quoi l'anthropologue est d'abord confronté, ce n'est pas à des ensembles sociaux mais à des individus. Plus précisément, «ce n'est qu'à travers les comportements — conscients et inconscients — d'êtres humains particuliers que nous sommes en mesure de saisir cette totalité sans laquelle il n'y a pas d'anthropologie possible», dit Laplantine (1987, p. 19), pour qui la dimension psychologique demeure indissociable du champ de l'anthropologie. Nombreux sont les passages de Malinowski (1963) consacrés à la psychologie amoureuse des Tobriands, à la façon dont cette psychologie se traduit dans les chants, les rêves, les mythes, même s'il a lui-même tendance à universaliser les comportements («tout comme chez nous», écrit-il souvent en parlant de telle ou telle coutume). En fin de compte, concernées par le même objet mais jouant d'un curseur qui va des petites sociétés aux petits groupes voire aux relations individuelles, ayant les objectifs et les méthodes communs à toutes les sciences sociales, anthropologie et psychologie restent complémentaires. En témoignent par exemple l'étude de Le Wita (1988), qui se veut approche ethnologique de la culture bourgeoise, celle de Jodelet (1989b) qui réalise un travail anthropologique et psychosocial sur le thème de la folie ou celle d'Apostolidis (2000) sur la multimensionalité et la complexité des éléments en jeu dans l'appréhension de l'objet sexualité. C'est au niveau des implications méthodologiques et analytiques d'une complémentarité toujours possible entre une anthropologie qui est d'abord une psychologie (Lévi-Strauss, 1962) et une psychologie sociale, anthropologie de la culture moderne (sens que lui assigne Moscovici (1989, p. 83) à propos de l'étude des représentations sociales), que se fondera notre propos.

2. ANTHROPOLOGIE ET PSYCHOLOGIE SOCIALE : INTERFACE DE LA NOTION DE REPRÉSENTATION SOCIALE

On connaît l'origine de la notion de représentation pour ce qu'elle est : une vision sociologique des phénomènes collectifs à l'œuvre dans les sociétés dites occidentales. Les représentations collectives, structures lourdes et connaissances fondamentalement stables, participent à la régulation et au maintien des systèmes sociaux, et se perpétuent de génération en génération. Elles vont en s'estompant dès lors que les valeurs fondamentales se diluent du fait des progrès de la division du travail, et partant de la diversification sociale. En quelques mots, on peut dire que plus une société occidentale progresse et se diversifie, moins on y retrouve de valeurs collectives partagées par tous et moins les représentations collectives proposées par Durkheim (*cf.* Durkheim & Mauss, 1968) auront d'efficace. Un tel raisonnement conduit alors à rechercher ces représentations collectives dans des sociétés pré-industrielles ou traditionnelles, des cultures encore régies par la stabilité et la reproduction sociales, soudées par les coutumes, croyances et rituels collectifs. Il y a là une porte ouverte à l'anthropologie telle qu'elle se définit, en milieu de siècle (Mauss, 1947; Lévi-Strauss, 1955), par sa vocation à une étude exigeante et complète des sociétés dite primitives, soit l'ensemble des symboles, des représentations et des croyances partagés. En effet, la symbolique sociale recouvre l'ensemble des significations que revêt un phénomène social donné. Ces significations reposent elles-mêmes sur un code qui permet de construire un système de représentations collectives, c'est-à-dire un ensemble d'idées et de valeurs propres à une société. Chaque société élabore donc une grande variété de systèmes de représentations collectives (cosmos, magie, religion, nature...) qui relèvent moins de dispositions mentales individuelles que d'attitudes intellectuelles du groupe et qui sont reliées à des pratiques collectives. Ainsi, les représentations collectives apparaissent-elles comme des faits culturels forts, pourtant encore dépendants du comportement individuel, mais qui relèguent au second plan les mécanismes psychologiques individuels. Sous l'impulsion des anthropologues de cette époque (et plus tard des héritiers de Mauss), les représentations collectives prennent l'allure de réalités autonomes, indépendantes des esprits qui les font vivre et perdurer. Elles particularisent et spécifient l'ordre naturel dans une société (Héritier, 1979); elles sont constitutives du réel et de l'organisation sociale (Augé, 1974; Godelier, 1984). Dans la dynamique des représentations collectives, Lévi-Strauss accorde une place plus conséquente que Mauss à la psychologie des individus. Il théorise l'existence d'une interaction entre mode de production et relations sociales d'une part, activité mentale de l'autre. L'origine des phénomènes sociaux n'est pour lui intelligible que si l'on fait retour à la psychologie individuelle, à l'inconscient individuel, parce qu'il s'agit là d'une structure plus élémentaire que celles que produisent les relations sociales. En substance l'idée est la suivante : les phénomènes sociaux, donc également les représentations collectives, sont des « systèmes objectivés d'idées » qui se créent et se maintiennent grâce à l'action des structures psychiques individuelles. Mais c'est en fin de compte vers l'étude des représentations collectives que se tourne résolument Lévi-Strauss (1955, 1982).

Si l'on a pu penser que les représentations collectives disparaissent pour le sociologue avec la modernisation des sociétés, on devrait, au vu des théorisations anthropologiques, leur accorder un rôle prépondérant mais seulement dans la connaissance des fonctionnements des sociétés primitives. Dès lors, leur fin serait concomitante à la disparition des peuplades inconnues et/ou à une connaissance exhaustive à leur sujet. Pour l'une comme pour l'autre des disciplines concernées, il n'en a en réalité rien été. Pour la sociologie, on renverra le lecteur aux travaux sur les comportements politiques (Michelat & Simon, 1977), ou religieux (Maître, 1972) et sur l'impact des représentations en tant que facteurs de transformation sociale, *via* le langage et son acceptabilité par le discours politique (Bourdieu, 1982; Faye, 1973). Quant à l'anthropologie (Jahoda, 1989), les chercheurs contemporains ont soit étudié les représentations collectives à la manière de Mauss ou de Lévi-Strauss, soit négligé cette notion et choisi une approche fondée sur une connaissance personnelle du terrain étudié, soit enfin ont combiné les deux types d'approches. Ce faisant, ils ont modifié la notion de représentation collective et par là même fait évoluer l'anthropologie traditionnelle. Prenons ici trois exemples de ces restructurations :

1. Sperber (1989) réintroduit en anthropologie la notion de représentation mentale : lorsqu'il observe la vie quotidienne des populations, l'anthropologue reconstruit leurs représentations collectives, ce qui revient en fait à élaborer sa propre représentation mentale de ce que sont (ou devraient être) les représentations collectives sous-jacentes aux activités qu'il observe. A ces représentations mentales viennent aussi s'ajouter des « représentations publiques » que l'anthropologue élabore lorsqu'il donne aux autres scientifiques ses récits relatifs aux us et coutumes du peuple étudié. Représentations mentales et publiques réunies forment des représentations culturelles qui sont, pour Sperber, les véritables objets d'étude de l'anthropologue. La critique est de taille puisqu'elle souligne les failles du discours scientifique qui défend la nécessaire objectivité de son approche. Mais les représentations telles que les conçoit Sperber dans cette quasi critique de l'anthropologie ne sont-elles pas en réalité plus proches des représentations sociales défendues par Moscovici que des représentations collectives envisagées par Durkheim ?

2. Kalaora (1997) s'interroge sur les « prérequis mentaux et culturels » qui ont permis « l'invention de l'environnement » (p. 195) à travers la

transformation de la représentation symbolique du paysan. Cette représentation évolue, dans l'imaginaire social, du «paysan gardien de paysage» à «l'agriculteur-industriel-pollueur». D'où l'auteur concluera que «la posture anthropologique fondée sur l'observation est un préalable nécessaire pour comprendre les transformations des représentations sociales et des mentalités induites par les problèmes et questions d'environnement» (*id.*, p. 194). Position d'autant plus fondée qu'il assigne pour tâche à l'anthropologie «une étude des conditions qui permettent la production des représentations sociales et culturelles» (*id.*, p. 194), et qu'il pratique une approche clinique basée sur l'observation et la description. La redéfinition des échelles d'approche de l'environnement comme champ d'étude (les rapports entre état, science, expertise, médias et politique, le rôle des médiateurs, de la communication et de la diffusion) lui permet d'avancer que l'environnement est un terrain idéal «pour étudier les phénomènes de contagion des idées et des représentations...» (*id.*, p. 195). Sur le temps court (1975-1990) et pour les problèmes récents d'environnement (couche d'ozone, pots catalytiques, pluies acides, choix technologiques...), il est possible d'initier une réflexion sur la transformation voire la mutation culturelle du système des représentations de l'environnement. Ne sommes-nous pas là déjà du côté des représentations sociales?

3. Plus proche encore d'une conception psychosociale, les recherches de l'anthropologue Laplantine (1989) consacrent l'abandon d'une étude extensive des représentations collectives au profit d'une centration sur certains systèmes de représentations : ici ceux de la maladie. En matière de représentations, dit-il, l'on doit s'appliquer à démontrer les liens entre l'individuel et le social, et faire porter ses investigations sur trois domaines principaux : «le champ de la *connaissance*» (*id.*, p. 278), c'est-à-dire celui que l'individu considère comme un savoir et l'anthropologue comme un savoir représentationnel; «le champ de la *valeur*» (*id.*), car une représentation est pour l'individu un savoir vrai et exact; le «champ de *l'action*» (*id.*) enfin, puisqu'une représentation est génératrice de comportements. La démonstration qu'il fait de l'ancrage des représentations de la maladie dans leur culture d'origine, le crédit qu'il porte à l'idée qu'existent de multiples représentations, enfin l'affirmation que les représentations sont conditionnées socialement et temporellement, rappellent davantage les représentations sociales de Moscovici que les représentations collectives de Durkheim. En réalité, les frontières interdisciplinaires semblent, chez Laplantine, s'affaiblir au profit d'une conception des représentations que l'on retrouve dans l'ensemble des champs disciplinaires relatifs aux sciences humaines. En cela, et volontairement, cet auteur transcende et dépasse les difficultés inhérentes aux

définitions intra-disciplinaires de la notion de représentation. Une telle approche n'est cependant pas l'apanage de la seule démarche anthropologique. Elle a servi et sert encore en psychologie sociale (Jodelet, 1989b). Bien sûr, l'étude des phénomènes culturels n'y est pas aussi nettement perceptible qu'en anthropologie, sans doute parce que cette dernière a consacré une grande part de son énergie aux sociétés traditionnelles. Les psychologues sociaux pour leur part ont travaillé sur les sociétés contemporaines, l'étrangeté des représentations y est alors moins patente pour nous parce que nous sommes plongés au quotidien dans leur bain culturel. Reste que les conceptions des représentations prônées par certains anthropologues et psychologues sociaux, ainsi que les méthodologies développées sont parfois fort proches.

3. ANTHROPOLOGIE ET PSYCHOLOGIE SOCIALE : UNE MÉTHODOLOGIE D'APPROCHE COMMUNE POUR L'ÉTUDE DES REPRÉSENTATIONS SOCIALES ?

D'un point de vue méthodologique, l'approche anthropologique et l'approche psychosociale des représentations peuvent se rejoindre lorsqu'il s'agit d'explorer la réalité sociale. Examinons, à titre d'exemple, deux des méthodes les plus pratiquées par l'anthropologie et valorisées par une psychologie sociale de terrain.

3.1. L'observation participante

Sa mise en œuvre est assez lourde car on considère par le menu les systèmes d'idées, les croyances, les comportements, les discours, les mythes... tout en cherchant à déterminer ce que ces systèmes organisés révèlent des représentations collectives d'une société donnée : « Il faut être levé avec le jour, rester en éveil jusqu'à ce que le dernier indigène se soit endormi et même, parfois, guetter son sommeil ; s'appliquer à passer inaperçu en étant toujours présent ; tout voir, tout retenir, tout noter, faire montre d'une indiscrétion humiliante, mendier les informations d'un gamin morveux, se tenir toujours prêt à profiter d'un instant de complaisance ou de laisser-aller ; ou bien savoir, pendant des jours, refouler toute curiosité et se cantonner dans la réserve qu'impose une saute d'humeur de la tribu » (Lévi-Strauss, 1985, p. 124). Telle pourrait être la définition de l'observation participante si chère à l'anthropologue. Plus concrètement, on s'attache à tous les aspects de la vie quotidienne, sans au préalable sérier l'importance de ce que l'on observe et que l'on retranscrit aussi fidèlement que possible. L'ambition est de porter sur les faits quotidiens un regard aussi ouvert que faire se peut, puis de tenter de relier entre eux tous les phénomènes observés, c'est-à-dire d'en retrouver le sens et l'organisation. En fin de parcours, on espère avoir approché les représentations collectives par leur contenu aussi bien que par leur structuration et leur utilisation (pratiques et efficace sociale sont des paramètres importants de telles études). «C'est surtout la familiarité longue, de l'intérieur, en relation de face-à-face et de communication avec un groupe, une région, une communauté politique, linguistique ou résidentielle» (Laburthe-Tolra & Warnier, 1993, p. 367) qui fondera l'approche par observation participante. Cela nécessite tout un travail en amont, une négociation entre l'anthropologue et ses hôtes pour faciliter cette situation particulière. La complétude du travail dépendra en fin de compte tant des objectifs de la recherche que de la place qui sera consentie à l'anthropologue au sein de la société qu'il étudie. Même si les anthropologues ont souvent pu nouer des relations privilégiées sur leurs propres terrains d'études et participer aux actions qui s'y déroulent (voir par exemple, Malinowski, 1963, avec les Tobriands, ou Evans Pritchard, 1968, chez les Nuer) dans tous les cas, ce sont les hôtes qui «contrôlent la place occupée par l'observateur» (Laburthe-Tolra & Warnier, 1993, p. 370), sélectionnant par-là l'information à laquelle l'anthropologue accède réellement. La recherche scientifique qui en résultera constituera alors une sorte d'équation personnelle de l'anthropologue. Ainsi Sperber (1989) en vient-il à penser qu'il ne peut y avoir, en anthropologie, d'observation qui satisfasse au critère d'un détachement total de l'anthropologue vis-à-vis de son objet d'étude. Celui-ci ne peut soutenir que sa seule activité est d'observer car, même s'il s'applique à l'objectivité, c'est-à-dire s'efforce de faire correspondre ses constructions intellectuelles aux représentations de la population étudiée, il y introduit des éléments personnels, issus de sa propre culture. L'observation participante est donc un modèle idéal de la situation de recherche, une méthodologie idéal-type que relativisent les paramètres propres au terrain ainsi que la place que l'anthropologue parvient à s'y faire. Du coup l'anthropologue doit aussi «faire l'ethnologie de sa propre enquête» (Laburthe-Tolra & Warnier, 1993, p. 370).

La psychologie sociale a longtemps employé ce moyen d'investigation si riche en données directes. Mais on l'utilise beaucoup moins à l'heure actuelle parce que les exigences disciplinaires ont quelque peu changé et les méthodes d'approche du comportement humain se sont diversifiées. Cependant l'observation participante reste l'un des moyens les plus approfondi pour l'étude des représentations sociales, et le seul propre à permettre au psychologue social d'explorer les représentations de groupes qui ne lui sont pas culturellement familiers.

3.2. L'enquête

Les anthropologues distinguent en général quatre classes d'enquêtes :

1. Celles dont le *medium* est verbal. En anthropologie, cela signifie souvent apprendre la langue de la communauté-hôte. Mais, au-delà d'un tel préalable, la procédure repose, comme en psychologie, sur la technique de l'entretien avec des «informateurs», privilégiés par leur position au sein de la communauté (vieux sages, médecins, chefs de guerre...). L'anthropologue cherche à recueillir ainsi des témoignages, des pratiques (ou des explications les concernant), des généalogies, des biographies ou des récits de vie. En psychologie, les données biographiques constituent une source précieuse d'informations sur les comportements individuels. On les utilise couramment dans les domaines de la psychologie clinique et du développement, mais également en psychologie sociale cognitive. Dans les travaux sur le soi notamment, on est conduit à penser que : «(...) bien que le comportement ne soit pas exclusivement contrôlé par les représentations de soi, il apparaît de plus en plus que les représentations de ce que les individus pensent, ressentent ou croient à propos d'eux-mêmes sont parmi les régulateurs les plus puissants de beaucoup de comportements» (Monteil & Martinot, 1991, p. 59).

2. Celles qui consistent à recueillir des éléments matériels destinés à compléter les connaissances du chercheur. Entrent dans cette catégorie tous les objets usuels ou de culte, les animaux et végétaux endémiques, les enregistrements vocaux, les films ou documents divers, bref tous éléments qui, pour l'anthropologue, composent une ethnographie exhaustive dont Mauss (1947) s'est fait le défenseur au nom d'une approche globale des sociétés étudiées. Quant au psychologue social, ces outils d'investigations lui sont utiles à certains égards, par exemple lorsqu'il est question de saisir la dynamique de la vie quotidienne et d'en restituer les différents aspects.

3. Celles qui s'attachent au recueil de données quantitatives ou historiques (recensements, dynamiques démographiques, enquêtes économiques, archives écrites, etc.), paraissent nécessaires à la démarche anthropologique comme à l'analyse psychosociale. En anthropologie, l'approche monographique d'une communauté nécessite l'observation directe des faits quotidiens, mais son rendu exhaustif s'enrichit, par exemple, de données statistiques concernant le terrain étudié (démographie, consommation, archives du groupe, documents administratifs, etc.). En psychologie sociale, la connaissance des populations d'enquête nécessite également le recours à des documents officiels ou des statistiques diverses tenant aux aspects précis étudiés.

4. Celles enfin qui abordent le non-dit. Du point de vue de l'anthropologie, la préoccupation est de saisir aussi bien ce qui va de soi pour la population (et dont elle ne parlera pas parce qu'il s'agit par exemple de normes culturelles, de comportement familiers, etc.) que ce qui ne se dit pas mais se vit. L'attrait de toutes les disciplines psychologiques pour cet aspect des choses n'est quant à lui plus à démontrer, mais on serait tenté d'y rajouter, pour ce qui regarde les représentations sociales, que c'est aussi de l'observation de pratiques effectives que le non-dit peut émerger, marquant les fondements concrets de ces représentations que l'on pourrait tenir pour ancrées dans l'inconscient (nous y reviendrons en troisième partie de cet ouvrage).

En fin de compte, ce qui prime dans une approche directe des situations ou des populations étudiées, c'est le recueil de tous documents utiles (ou potentiellement utiles) par tous moyens aptes à fournir le savoir le plus exhaustif qui se puisse obtenir au regard de l'objectif initial du chercheur.

4. MODES D'EXPLORATION DES REPRÉSENTATIONS : DEUX EXEMPLES DE RECHERCHES

4.1. La représentation sociale de la maladie en anthropologie (Laplantine, 1989)

Plaçant la représentation sociale au carrefour des expériences individuelles et des normes sociales d'approche du réel, Laplantine (1989) restreint l'observation participante à la recherche d'informations sur la représentation de la maladie suivant quatre orientations. Donnant en exemple la maladie dans la conception contemporaine française, il préconise de procéder comme suit :

1. Prendre en compte le statut social des individus, parce que les appartenances sociales déterminent la perception que l'on a de la maladie qui nous atteint. On adhère ou non aux options médicales de notre société, les scientifiques accrédités pour ce qui regarde la remédiation (médecins de tous types, psychologues...) en ont une certaine approche, enfin la subjectivité du malade comme celle du médecin sont susceptibles de produire des systèmes d'interprétation particuliers de la maladie.

2. Aborder également la logique sur laquelle reposent les systèmes étiologiques de la maladie et les thérapeutiques qui en découlent, parce qu'ils conditionnement d'une certaine manière l'appréhension de la maladie par le sens commun. Celle-ci s'étaye, en France, sur deux types

de représentations : la maladie «ennemie», qui envahit le corps à l'insu de son possesseur et que l'on doit combattre sans merci. Et la maladie «endogène» donc signifiante, qu'il faut interpréter afin de la guérir. On verra dans la première un terrain d'action pour le médecin et dans la seconde un terrain pour l'approche psychologique ou psychanalytique par exemple.

3. Réaliser une étude des «modèles épistémologiques» (1989, p. 279) par lesquels une société pense la maladie sur un plan scientifique. Laplantine donne en exemple les modèles biomédical (la guérison reposant sur la mise au jour de symptômes physiques objectivement déclencheurs ou indicateurs de la maladie), psychologique ou psychosomatique (on y met «l'accent sur le caractère *intrapsychique* du conflit responsable du symptôme», *id.*, p. 283), et relationnel (la maladie pensée en termes de rupture de l'équilibre entre l'individu et le milieu).

4. Enfin, considérer que les représentations de la maladie se fondent sur les modalités de sa prise en charge. Chaque société accorde un crédit social et culturel différent aux systèmes de soins existants (dans la France contemporaine, la société n'accorde pas la même légitimité à toutes les pratiques de guérison, les médecines dites parallèles [acupuncture, ostéopathie...] en constituant, dans leur appellation même, un exemple suffisant), et c'est là que les représentations de la maladie tant médicales que communes ont leur source.

L'étude d'une représentation est détaillée, on le voit, aussi est-il concevable de fonctionner selon un seul mode d'approche ou bien d'en utiliser plusieurs au gré des recherches.

4.2. Approche psychosociale de la maladie mentale (Jodelet, 1985, 1989b)

La conception théorique qui sous tend une telle démarche est très proche de celle de Moscovici (1961) : le souci d'une vision globale de la représentation étudiée, de ses origines et de ses fondements, de ses ancrages dans l'imaginaire collectif, de son/ses rapport(s) avec les critères scientifiques de description (de la maladie mentale pour Jodelet, de la psychanalyse pour Moscovici), mettant ainsi en vis-à-vis une pensée scientifique et une pensée de sens commun, au travers de la manière dont la seconde fait siens les paramètres de connaissance diffusés par la première. L'étude longitudinale de la représentation sociale de la maladie mentale en France (Jodelet, 1989b), et plus précisément de celle d'une communauté française fortement structurée autour de la maladie mentale, représente un bon exemple d'exploration du contenu, de l'organisation et des liens que cette représentation entretient avec les pratiques quotidiennes vis-à-vis des malades mentaux. La méthodologie d'approche de l'objet « maladie mentale » ne le cède en rien à la démarche anthropologique. Elle s'apparente à certains égards à l'étude monographique, tout en empruntant des procédures à l'ethnographie, l'histoire et la sociologie, même si elle demeure avant tout une recherche de psychologie sociale dans sa volonté de dépasser certaines des insuffisances liées aux études de terrain et aux choix intra disciplinaires. On y relève notamment :

– un parcours de quelques quatre années d'une observation participante, matérialisée par une vie sur place dans la communauté ;
– une analyse de la littérature portant date et trace de la colonie familiale depuis ses débuts ;
– des entretiens avec le personnel du centre hospitalier référent et le personnel ayant en charge de visiter régulièrement la colonie ;
– le recensement et la description de l'ensemble des familles d'accueil ;
– enfin des entretiens avec certains membres de ces structures familiales sur la base de récits de leur vie quotidienne, de descriptions de leurs « pensionnaires » et des raisons fondant certaines des pratiques et habitudes observées par Jodelet. Au final, une exploration de type ethnologique et une analyse psychosociale en profondeur, moins particularisée par sa méthode que par le type d'analyse qu'elle génère.

Jodelet montre que, dans une communauté rurale où vivent librement des malades mentaux, la population autochtone qui les prend en charge construit bel et bien un système de représentation de la folie et du « fou ». Ce système permet à la population de gérer les relations quotidiennes avec les malades, mais aussi de se défendre contre leur présence (menaçante pour l'intégrité de la communauté); de ne pas être assimilée hors ses murs aux malades eux-mêmes; enfin, de maintenir le statut de malade, c'est-à-dire la distinction entre celui-ci et le villageois. En clair, ce que Jodelet met au jour c'est une représentation (ou un ensemble de paramètres de représentation) qui témoigne du nécessaire refus d'intégration des malades mentaux (quoique les discours des populations tendent à soutenir le contraire), la discrimination identitaire s'exprimant dans les pratiques quotidiennes.

Commençons par planter le décor. Une colonie familiale, c'est-à-dire une prise en charge à domicile des malades mentaux, qui se trouvent donc insérés dans une structure (et une vie) familiale spécifique. Certains malades vivent en maison individuelle auprès de la famille d'accueil, d'autres dans un lieu « à part ». Certains partagent l'aisance et le confort, d'autres ont une vie plus monacale. L'exigence valable pour tous est de disposer d'un «coin à soi». Enfin, la vie des malades au domicile des familles est placée sous l'égide et la gestion d'un hôpital psychiatrique dont sont issus les malades. Dans les années soixante-dix, Jodelet recense 1.000 à 1.200 malades intégrés (hommes et femmes séparément) dans quelques 500 familles vivant à proximité (dans un rayon de 20 km) du centre hospitalier. Le cadre de vie des malades rompt avec la prise en charge institutionnelle, les contraintes d'un enfermement, et a été pensé comme une manière de retour à une vie familiale dont chacun d'eux a antérieurement fait l'expérience. Le malade se trouverait ainsi également réinséré dans un milieu social «normal» où il a l'opportunité de «se rendre utile» en effectuant de menus travaux à sa portée. Jodelet (1989b) analyse par le détail la vie quotidienne de ces communautés, mais nous nous bornerons ici à quelques *flashes* informatifs sur deux structures représentationnelles fortes :

1. L'une s'articule sur le contact «fou/non fou». Des barrières sont établies par les familles, des appellations acceptées, des discriminations lexicalement et identitairement fondées. Vis-à-vis des personnes extérieures à la communauté, les familles reconnaissent venir du «village des fous», mais n'admettent pas l'appartenance à ce groupe. La gestion de cette position se fait à travers l'utilisation large des termes de «nourriciers» pour s'auto-désigner, et de «pensionnaires» pour atténuer la marque de la folie. Autre critère de démarcation, le travail effectué par les nourriciers, le non travail des pensionnaires. Plus exactement, il y a discrimination entre «bons» et «mauvais» pensionnaires (entendons ceux qui peuvent ou ne peuvent pas travailler donc participer peu ou prou à la vie de la famille), les enjeux étant également à comprendre en termes d'intégration/non intégration.

2. Plus parlante encore, la représentation de la maladie mentale qui, en ce XXe siècle, se doit *a priori* de reposer sur des bases informatives assez solides. Les théories psychanalytiques et les progrès de la psychiatrie devraient en tout état de cause avoir fait leur chemin auprès des populations «ordinaires» (voir par exemple Moscovici, 1961, pour la représentation de la psychanalyse). Or, Jodelet recense, chez les nourriciers, une partition des malades mentaux en quatre groupes, sorte de typologie dans laquelle se mêlent emprunts récents et fond quasi mythologique, lequel fait resurgir des aspects enfouis de l'inconscient collectif. Cette nomenclature nous conduit en premier lieu vers «l'innocent», arriéré rassurant puisqu'il doit son état à quelque insuffisance développementale le fixant plus ou moins au stade infantile. Le personnage est peu savant, irresponsable mais inoffensif. C'est «l'idiot du village» affecté d'une «maladie par défaut, par "vide"» (Jodelet, 1989b, p. 232). Plus primitif,

le «maboul» se caractérise par sa gestualité débridée (voire invalidante notamment pour la marche ou l'accomplissement de certains gestes quotidiens), manifestation d'un désordre comportemental qui ne laisse planer aucun doute sur son état. Il gène, dérange, effraye ou amuse. En tout cas, il est «en voie de disparition» puisque les médications modernes permettent de remédier à ces manifestations inopportunes, volontiers attribuées à quelque dérangement nerveux. «L'épileptique», sous-catégorie possible du «maboul», fait quant à lui résolument peur. La crise qui caractérise cette appellation, par son côté paroxysmique, effraye et frappe l'imagination. Certes, comme le «maboul», il a tendance à se faire moins présent parmi les malades placés, tant parce que les traitements évoluent que parce que les nourriciers le considèrent comme le type même du pensionnaire à éviter. Une fois encore les manifestations nerveuses dérangent, repoussent, frappent l'imaginaire. Enfin, dernier venu de cette nomenclature de la folie, le «fou mental» ou «gars de cabanon». L'appellation en dit long, les propos également. Ce pensionnaire inquiète parce que sa folie est difficile à déceler : une apparence normale ou quasi, mais des lueurs dans les yeux, une expression insondable, des propos dont l'articulation et le sens interrogent; toutes manifestations occasionnelles et sporadiques qui évoquent un désordre de la pensée difficile à localiser. «Intelligence faussée», «regard fourbe», «visage noir» (*id.*, p. 234) le caractérisent et le définissent au mieux sur le plan des aspects maléfiques qu'on lui attribue. De surcroît, il est jeune, puissant et dangereux, difficile à discipliner. C'est le type même du délinquant, du «malade de la société» imperméable à toute morale. Ces nouveaux pensionnaires, de plus en plus nombreux, jettent le trouble dans les esprits des parents nourriciers, donnant «l'image pure de la maladie-criminelle» (*id.*, p. 235). Au travers de cette typologie, ce que l'on distingue des versants moral, biologique, pragmatique et social de la maladie mentale, revient à esquisser une «nature» de la folie, séparant nettement cerveau, corps et nerfs. Notons enfin que ces représentations fonctionnent en prise directe avec un certain nombre de croyances et de pratiques, dont les manifestations étonnent, tant notre modernité se devrait d'avoir jeté à bas certaines croyances archaïques. Quelques exemples de ces pratiques feront mieux entrevoir le fond de connaissance sociale qui transcende les siècles et les générations, à l'image des représentations collectives à qui Durkheim prêtait des capacités de résistance au temps, du fait de leur pouvoir social structurant. Les parents nourriciers, dans leurs gestes quotidiens, semblent en majorité éviter le contact avec leurs pensionnaires. Ainsi lessive et vaisselle se font souvent à part pour les malades et la famille d'accueil. L'hygiène et les objets personnels donnent également lieu à des pratiques ségrégatives.

Pour Jodelet, cela témoigne à la fois de la nécessaire défense de l'identité du groupe et d'un ensemble de croyances dont ces pratiques sont la manifestation. En effet l'impureté et l'errance de l'esprit sont de longue date associées au mal, au pouvoir magique, mais aussi à la souillure originelle, à la purification du criminel par l'exil hors de la communauté... Bref, il s'agit des anciennes caractéristiques servant à fonder la différence soi/autre, c'est-à-dire une certaine forme de discrimination sociale. Enfin, « les pratiques de séparation, tout à la fois protectrices, purificatrices et différenciatrices, préservent l'individu et le groupe du mélange sexuel (et de sa tentation) » (*id.*, p. 342). Et c'est là que semble résider le réel danger, celui d'une indifférenciation des deux communautés par l'existence de passerelles, par la porte ouverte à une fusion dévastatrice pour l'identité de la communauté villageoise. Et Jodelet signale les discriminations dont furent victimes certaines familles d'accueil dans lesquelles le malade prit le statut de membre à part entière. Dans le cas de mariages (les autres liaisons étant généralement tolérées), elles furent refoulées, stigmatisées, contraintes à l'exil pour préserver l'intégrité de la communauté des « gens sains », montrant par là qu'indifférenciation réelle et officialisation de celle-ci sont indissociables. C'est de l'image de soi vis-à-vis d'un monde extérieur à la communauté d'accueil dont il est véritablement question alors.

Au total, on retiendra ici qu'une méthodologie de terrain peut convenir aussi bien à l'anthropologie qu'à l'histoire et à la psychologie sociale des représentations. Cependant, cette méthodologie débouche sur une analyse spécifique à la discipline concernée. Pour ce qui regarde l'approche psychosociale d'une représentation, on en recherche les éléments, on en traque jusque dans l'imaginaire personnel, communautaire et sociétal, les manifestations, les indices. On s'attache à recomposer les fragments livrés involontairement dans une parole, un regard, ou au détour de l'observation de pratiques. Ceci donne une vision de la représentation étudiée à la fois par son contenu et par la structuration des éléments qui la composent pour les groupes qui la partagent. Enfin, on en voit l'efficace dans la vie quotidienne, au travers des pratiques et conceptions différenciées, par exemple pour les types de maladie mentale. L'effort de recherche est considérable, il repose sur la durée, la répétition, un travail patient. Une investigation en cela lourde à mettre en œuvre, mais riche d'enseignements. Genèse, objectivation, ancrage social, fonctionnement et efficace d'une représentation sont au premier plan de ce type de recherches, qu'elles soient d'ailleurs anthropologiques ou psychosociales. Les concepts sont différents, les analyses également mais le souci et les méthodes d'investigation similaires. A l'heure actuelle, les études longitudinales telles celle de Jodelet (1989b) ou l'approche de la genèse

et du devenir d'une théorie scientifique (Moscovici, 1961) sont rares en psychologie sociale. Sans doute faut-il faire référence, pour expliquer cet état de choses, à plusieurs paramètres :
1. l'investissement considérable sur le terrain et en temps ;
2. le fait qu'une méthodologie matérialisée dans une approche essentiellement qualitative ne semble plus guère de mise ;
3. le niveau de la représentation ainsi étudié, qui se mesure à l'aune d'une communauté voire d'un pays tout entier ;
4. enfin le fait que des recherches de ce type ne sont plus absolument représentatives de la psychologie sociale actuelle, davantage absorbée par la détection et le fonctionnement de mécanismes représentationnels plus «pointus».

En fin de compte, si l'on salue toujours l'apport considérable de telles recherches au domaine des représentations sociales, on a plutôt tendance à les verser au crédit d'une psychologie sociale d'orientation sociologique ou anthropologique. Néanmoins, ce type d'investigation psychosociale dite de terrain continue de faire son chemin et de belle manière dans des pays où l'orientation des recherches est plus manifestement tournée vers une certaine efficace sociale. Les représentations sociales ont en effet un intérêt certain pour la psychologie sociale appliquée et s'avèrent fructueuses pour l'étude des particularismes en matière d'objets sociaux. Dans cette veine, on peut encore recenser une grande variété de recherches, notamment pour ce qui a trait à la représentation de la maladie mentale et à ses fondements culturels (voir par exemple Themel, Wagner, Verma & Duveen, 1996; Da Nobrega, 1996), ou bien ses manifestations et ses divers aspects dans une fraction spécifique de population (Aiello-Vaisberg, 1996).

Chapitre 4
Géographie humaine et psychologie sociale dans l'étude des représentations

1. GÉOGRAPHIE HUMAINE ET PSYCHOLOGIE : CONVERGENCES ET RUPTURES

De prime abord, il est plus logique d'étudier les rapports que la psychologie est susceptible d'entretenir avec l'anthropologie, la sociologie voire l'histoire, si l'on s'en tient à l'idée simple qu'il y est forcément question de l'être humain. Si le regard se tourne beaucoup plus rarement vers la géographie, c'est que l'image de la géographie traditionnelle — science du Naturel et du Physique dont la tâche traditionnelle (cf. Reclus, 1875/1894, ou Vidal de La Blache, 1922) «consiste à citer les longitudes et les latitudes, à énumérer les villes, les villages, les divisions politiques et administratives» — est tenace. Or, si le naturel reste incontestablement l'une des dimensions centrales de l'approche géographique, c'est plus à une quête du sens de l'espace que le géographe contemporain est convié, quête qui passe par la réhabilitation des représentations et de l'imaginaire.

Les mutations de la géographie dans les vingt dernières années, la multiplication de ses objets (paysage, climat, processus industriel, appropriation de l'espace...), de ses méthodes comme de ses outils de traitement, les réflexions théoriques et épistémologiques qu'elle mène sur les marches des sciences voisines, ainsi que sa visée universelle (cf. Brunet, 1990) la poussent inéluctablement et entre autres, vers les marges de la psychologie. Ainsi, certains géographes ne sont-ils pas loin de penser que les représentations (mentales, collectives, spatiales, sociales) seraient le véritable objet fondamental des sciences humaines, partant, de la géographie : « comme l'histoire de quelque chose, de quelqu'un, ou d'un lieu est représentation de son passé, la géographie de quelque chose ou d'un lieu est purement et simplement, mais ce n'est pas rien, la représentation de son espace. Le terme de représentation étant pris au sens fort de reconstitution et d'interprétation» (Brunet, 1990, p. 232).

1.1. La problématique de l'espace

Sous l'angle des représentations, c'est toujours d'espace que la géographie se préoccupe. Toutefois, l'espace terrestre « non qualifié », c'est-à-dire brut, « l'étendue-support » des distances, des espaces, du volume, du partage des terres et des mers (soit les formes du monde physique) ne constituent ici au mieux, que le relief (au sens étymologique de «reste») de la géographie (*cf.* Brunet, 1990). Pour progresser dans la connaissance de ces formes du monde, la géographie dépasse donc l'idée d'existence d'un espace en soi, objectif et indépendant de toute connaissance et de toute action humaines : « L'espace ne devient objet d'étude que par les significations et les valeurs qui lui sont attribuées » (Gumuchian, 1991, p. 6). On peut alors avancer que le véritable monde de la géographie humaine commence avec les représentations de ce monde par les individus. La géographie humaine investit dès lors un champ plus philosophique, redevable notamment d'une phénoménologie de la perception à la Merleau-Ponty (*la chose même c'est toujours pour moi la chose que je vois*), d'un questionnement husserlien sur le rapport entre sujet et objet, ou du néo-réalisme heideggerien (ce qu'est un «ceci» ne dépend pas de notre caprice et de notre bon plaisir, mais si cela dépend bien de nous, cela dépend tout autant de la chose). Sans tomber dans l'excès inverse d'une focalisation exclusive sur le versant représentationnel, la géographie privilégie alors l'étude des relations entre le monde et les hommes. L'objet espace se lit dans le rapport entre l'univers de la réalité matérielle et l'univers des représentations idéelles. Gumuchian (1989) résume bien cette orientation en préférant à l'expression «géographie des représentations», «le recours aux représentations en géographie» (p. 29).

Pour sa part, la psychologie phénoménologique de l'espace (*cf.* Moles & Rohmer, 1977, 1985) fait de celui-ci une catégorie de notre entendement et la matière première de notre existence, le lieu de la quotidienneté en quelque sorte. Côté psychologie de l'environnement, on s'attache plutôt aux aspects psychologiques de l'espace de vie. Fischer (1992) fait remonter aux années soixante ces préoccupations des psychologues ainsi que la naissance concomitante d'une psychologie environnementaliste «(...) caractérisée avant tout comme une étude de l'environnement physique et comme une psychologie essentiellement centrée sur l'individu, la dimension sociale n'étant souvent considérée que comme un élément parmi d'autres» (p. 13). La base de départ est donc l'indissociation individu/milieu de vie. Et l'on se penchera, d'une part, sur les propriétés spécifiques à cet environnement, lesquelles vont influer sur les comportements humains, et, d'autre part, sur la manière dont l'individu perçoit et donne du sens à ce même environnement. Sont de plus distingués environnement physique et environnement psychologique. La dimension sociale reste souvent dans un arrière-plan théorique qui veut que l'environnement et sa structure expriment forcément toujours l'existence de relations ou de systèmes sociaux déterminés.

On trouvera cette démarche chez des géographes comme Berque (1982) lorsqu'ils opèrent des constats de proximité. Cet auteur mentionne par exemple que, sur l'archipel japonais, l'organisation de la société est analogue à son organisation mentale de l'espace, tandis que dans l'espace australien (Berque, 1995), c'est «le temps du rêve» — c'est-à-dire à la fois le temps de la genèse du monde et la source du présent dans ses manifestations physiques — qui sous-tend la vision aborigène de «l'environnement objectif». Cette vision est donc totalement différente de celle que nous, occidentaux, interprétons comme «paysage».

La géographie prend tout de même ses distances vis-à-vis de la psychologie pour ce qui regarde ses préoccupations fondamentales :

— D'une part, on y fait montre d'une grande méfiance à l'égard d'un certain «psychologisme» qui consisterait «à affirmer que le monde sensible des objets, des dispositifs spatiaux, des territoires, n'acquiert du sens que par notre perception» (Di Méo, 1991, p. 116-117). Le sens individuel voire individualiste confinerait ainsi aux seules images ou représentations mentales.

— D'autre part, les géographes manifestent une certaine attirance pour le modèle de Piaget et Inhelder (1947) qui distingue une représentation intentionnelle d'une autre uniquement perceptive, image au sens physique du terme.

1.2. Représentations, images et espace

En psychologie, la notion d'image est polysémique. Il y a le monde des images «visuelles» desquelles nous tirons un certain type d'informations et qui, le cas échéant, suscitent en nous des émotions. Il y a également des images mentales, qui sont d'une certaine manière le prolongement des premières mais peuvent, du fait de leur caractère dynamique, se substituer à elles puisque nous avons la capacité d'évoquer mentalement des images parfois à partir de simples mots. Ceci correspond à une activité d'imagerie, voire de symbolisation : l'image est là pour remplacer quelque chose, pour évoquer l'objet, tenir lieu d'avertissement face à un danger, représenter métaphoriquement une fonction ou un phénomène, etc. Mais les fonctions de l'image-substitut ou symbole sont à entendre sur le mode d'un partage collectif ou groupal : une image mentale tient au vécu et à une certaine forme d'appréhension du monde qui ne peut avoir d'efficace que si elle évoque pour tous l'objet ou le phénomène auquel elle se substitue ou dont elle tient lieu. Selon Moliner (1996), l'image sociale d'un objet quelconque est à la fois «l'ensemble des caractéristiques et propriétés que les individus attribuent à cet objet» (p. 145); son élaboration nécessite un quota d'informations et d'expériences partagées sur l'objet, lesquelles s'obtiennent par l'activation de savoirs antérieurs; enfin, les images sociales ont une double finalité : faire exister des objets dans l'univers cognitif des sujets, et leur permettre en même temps d'évaluer ces objets. L'image est donc, en fin de compte, tout autant une perception qu'une élaboration de niveau conceptuel et social. Toujours suivant Moliner (1996), une représentation sociale produit, entre autres, des images sociales dans le mouvement d'approche et d'interprétation de notre environnement. C'est précisément dans ce sens que Moscovici (1961) envisageait les images au titre de contenu d'une représentation sociale, aux côtés, par exemple, des opinions ou des croyances. Le rapport tissé est alors celui de processus dynamique (élaboration et évolution d'une représentation sociale) à réalité construite (image comme contenu d'une représentation sociale). Cela étant, l'activité imageante, c'est-à-dire d'élaboration des images, est à intégrer également au mouvement de construction d'une représentation.

Pour le géographe également, la représentation ne saurait être mise sur le même plan que l'image. L'activité cognitive d'imagerie (de type plutôt perceptive) participe bien à l'élaboration de représentations, mais ces dernières sont à la fois des créations individuelles et sociales d'un schéma du réel spatial : «Une représentation spatiale s'élabore et se constitue en effet en prenant appui sur de multiples images de l'espace, images dont certaines peuvent même être contradictoires» (Gumuchian, 1991, p. 66).

Côté psychologie de l'environnement, et pour ce qui regarde les liens entre représentations et images, Fischer (1983) tisse la relation suivante : « La représentation est un système d'élaboration perceptive et mentale qui schématise le milieu en le transformant en images. En d'autres termes, c'est la façon dont les individus transcrivent en images les expériences du milieu » (cité par Gumuchian, 1991, p. 38). Pour les uns comme pour les autres, les images contribuent à la constitution et à la structuration des représentations, c'est-à-dire à l'attribution de sens à l'espace, au même titre que les processus verbaux ou certains paramètres sociaux (sexe, âge, groupe, contexte). Les pionniers de ce qui deviendra par la suite la psychologie de l'environnement (Hall, 1966; Fischer, 1983; Morval, 1981), soulèvent également des questions susceptibles d'intéresser le géographe. Par exemple, à propos de la nature des processus psychologiques et sociaux qui sous-tendent quotidiennement nos rapports à l'environnement, Favard (psychologue invitée au colloque de Pau « Pratique et perception de l'espace », 1984) précisait déjà qu'image et représentation s'opposent, comme le fait un phénomène cognitif à une activité plus complexe de symbolisation du réel. Elle relève cependant que l'on doit à Moscovici d'avoir attiré l'attention sur cette activité symbolique lorsqu'il évoque les représentations, mais sociales celles-ci.

En fin de compte, cette première vision d'une approche géographique de l'espace se fonde sur une logique dans laquelle la visée psychologique et individuelle des images et des représentations prédomine sur les aspects sociaux. Cette conception se manifeste au mieux dans l'une des orientations de la géographie : le courant environnementaliste. Celui-ci évalue la façon dont la perception de l'environnement (donc nos représentations) influence nos comportements, mais privilégie à ce niveau le regard individuel plutôt que l'approche groupale. L'espace « représenté » se construit, pour chaque individu, sur la base de ses pratiques spatiales, c'est-à-dire sur l'espace concret du quotidien. Ce dernier est aussi espace de vie car il dépend des sphères de l'imaginaire, du rêve, de la mémoire et des concepts. Cela revient à poser que des individus différents jettent un regard différent sur un même phénomène ou sur un même espace géographique; visions hétérogènes et sélectives, mais redevables également des pratiques différentielles de chacun sur l'espace (*cf.* Di Méo, 1991). Enjeux variés et personnels qui font, par exemple, que l'espace investi par l'écolier n'est pas celui du maître, celui du militaire se différencie de celui du marin, tout comme le chasseur-cueilleur africain ne peut être comparé au cueilleur occasionnel de l'espace européen. Ces représentations et appropriations de l'espace découlent de longues pratiques et d'apprentissages successifs faisant part aux savoirs et aux sentiments. Affectif et conatif participent ainsi, avec le cognitif, à la vie de représentations parfois dotées d'une existence autonome ou de vertus propres, voire même d'une vie. L'espace de vie n'échappe toutefois pas aux effets idéologiques inclus dans la lecture du monde extérieur, puisque c'est l'idéologie qui permet d'interpréter les sens différentiels que nous attribuons les uns et les autres à chaque dispositif spatial.

Ainsi l'édifice construit sur les bases de la matérialité et des pratiques (l'espace de vie) n'est abordé complètement que si on l'enrichit de l'étude des échanges sociaux (l'espace social), des affects, des émotions, des images individuelles qui constituent notre représentation du monde sensible et qui lui confèrent du sens : c'est alors l'espace vécu. Les rapports que la géographie tisse avec la psychologie sont donc à entendre ici sous l'angle d'une centration prioritaire sur les liens entre espace concret et matériel et espace psychologiquement investi et représenté par l'individu. Dans ce cadre, les géographes contemporains, intéressés par le versant humain de leur discipline, reprennent volontairement certains acquis fondamentaux de la psychologie, sans toutefois écarter la référence aux groupes sociaux, voire à la dimension sociétale de l'espace. Il s'agit donc plus manifestement d'une gradation de la lecture de l'espace, accordant certes la primauté à un éclairage individuel pour ce qui regarde l'investissement et l'appropriation de l'espace, mais sans dénier au social une place dans ce processus d'élaboration de représentations.

Une autre orientation de la géographie moderne se fonde d'ailleurs sur le raisonnement inverse de celui précédemment mentionné : elle éclaire prioritairement le monde social et plus secondairement le monde individuel. C'est ce que traduit, au plus court, le concept géographique de métastructure socio-spatiale que Di Méo (1991) définit comme suit : «Pris dans les mailles de ses rapports sociaux et de ses rapports à l'espace, l'individu construit, jour après jour, une structure socio-spatiale articulant des territoires compacts et des réseaux diffus. Cette structure à la fois représentée et fonctionnelle, matérielle aussi, édifice dont les "topos" ou points d'ancrage, les éléments fixes ou invariants, se confondent pour l'essentiel avec les lieux de la production et de la reproduction sociales, s'épanouit ou se contracte au fil du temps» (p. 127). Pour illustrer le rapport individu/groupe ou société, il en dresse concrètement la cartographie en étudiant le parcours de Marius Champailler, un paysan de la Loire, à partir du récit autobiographique de cet individu, réalisé par Charpigny, Grenouiller & Martin (1986). Y figurent des espaces familiers, c'est-à-dire les représentations de chacun des lieux-clés pour cet individu, donc l'espace privilégié de ses relations sociales mais en liaison avec toute une histoire sociale et économique régionale.

Cette géographie humaine des groupes sociaux est également proche parente de la psychologie des représentations. Illustrons ceci d'un exemple : Simpson-Housley & De Man (1987), dans un ouvrage au titre déjà évocateur de transdisciplinarité et d'ouverture (*The Psychology of Geographical Disasters*) étudient, à l'aide de questionnaires, la perception des catastrophes naturelles (ici des tornades) par les habitants de Caroline du sud. Ceux-ci sont en effet fortement sensibilisés à ce problème puisqu'ils subissent périodiquement de telles catastrophes. S'appuyant sur les comportements par ailleurs connus de retour systématique des populations sur leur lieu d'habitation d'origine après une catastrophe naturelle (il est en effet avéré que la destruction à plusieurs reprises de villages par des avalanches n'a pas pour autant mis fin à l'occupation humaine de tels sites), les auteurs s'interrogent sur le pourquoi d'une telle «obstination». Aux côtés des explications, plutôt stéréotypées d'ailleurs, qui font état d'une certaine passivité des hommes, explications que l'on peut fréquemment placer aux côtés de celles touchant à la mauvaise appréciation quasi générale des risques, en apparaissent de nouvelles qui permettent de placer les représentations au premier plan des explications de ces comportements de retour. En effet, les références que font les habitants questionnés aux avantages du lieu qu'ils habitent masqueraient la perception positive de ces avantages exprimée au travers de croyances largement répandues, du type : «la foudre ne frappe jamais deux fois le même lieu». En fin de compte, que l'on soit confronté, dans ces explications, à de véritables croyances ou à une simple interprétation de la réalité, à la méconnaissance réelle des phénomènes naturels ou bien encore au refus de les accepter, tout ceci conforte les populations dans la simple idée fataliste que des contraintes «naturelles» existent. Or, précisent les auteurs, lorsque, dans nos sociétés, on en est à rechercher des responsabilités, on écarte l'hypothèse d'une acceptation des fatalités naturelles. Quand la technique est impuissante à agir sur ces phénomènes, ce qui est le cas pour les catastrophes naturelles, la seule solution, ou tout au moins la plus efficace, consiste, pour les habitants des lieux exposés, à nier les catastrophes ou les risques. Ce que l'on peut parfaitement faire en développant des croyances de sens commun redevables aussi bien de superstitions largement répandues, que de sous-estimation des risques ou du danger[1] (voir par exemple les biais cognitifs que la psychologie sociale développe, notamment sous l'appellation d'illusion de contrôle ou de biais d'optimisme, etc).

2. GÉOGRAPHIE HUMAINE ET PSYCHOLOGIE SOCIALE : TRAITEMENT DE LA NOTION DE REPRÉSENTATION

Commençons par écouter les géographes : « La nature ne saurait être uniquement considérée comme un donné, indépendant de toute représentation sociale ; ce qui compte, entre autres aspects, lorsque l'on s'intéresse à l'espace et à ses processus d'organisation, c'est la nature perçue, interprétée, médiatisée » (Gumuchian, 1991, p. 10). Les représentations décrites par Gumuchian (1991) ont le même sens que celui qui leur est accordé en psychologie sociale : part de la pensée de sens commun basée sur des réalités reconstruites et appropriées collectivement.

Côté géographie, une collection dirigée par A.S. Bailly (aux éditions *Anthropos*) s'est spécialisée au début des années quatre-vingt-dix dans la thématique des représentations (essentiellement, bien sûr, de l'espace). Depuis le colloque sur l'espace vécu tenu à Rouen en 1976, les rencontres et publications se sont multipliées (par exemple : *les représentations en acte*, 1985 ; *les langages des représentations géographiques*, 1987) ainsi que les ouvrages collectifs (*cf.* André, 1989). Ces géographes n'hésitent pas à reconnaître leur dette et à évoquer la paternité des concepts qu'ils utilisent, ni à affirmer (*cf.* Gumuchian, 1991, p. 21) que « c'est sans nul doute en psychologie sociale, à la suite des travaux de Serge Moscovici et de ses élèves, que le concept de représentation sociale a donné lieu à la publication du plus grand nombre de travaux ». Dans un chapitre intitulé « le concept de représentation dans les sciences sociales et l'approche de l'espace », Gumuchian (1991) retrouve la notion de représentation sociale dans toute une série de recherches géographiques, et même positionne celle-ci à l'interface des sciences de l'homme et de la nature. Sans que les représentations sociales lui apparaissent comme un corps théorique construit ou un champ de recherche unifié, elles enrichissent, pour lui, les regards de la géographie, de la psychologie, de la sociologie et même de la psychanalyse. Le concept est donc transdisciplinaire et rapproche la géographie d'autres sciences sociales s'intéressant à une même réalité concrète d'occupation de l'espace : certains sociologues (Hall, 1966 ; Lynch, 1976) et ethnologues (Sansot, 1972) s'intéressent à la ville et à sa représentation ; le sociologue Rapoport (1972) à celle de la maison, l'ethnologue Petonnet (1982) aux banlieues.

C'est que les représentations ont à la fois un aspect informatif et un aspect opératoire puisqu'elles contribuent à « assurer le traitement de l'ensemble des informations sociales et constituent un guide indispensable à l'élaboration de conduites et de comportements spécifiques » (Gumuchian, 1991, p. 22). En clair et sur le terrain, « le géographe ne se distingue en rien d'un certain nombre de ses confrères, sociologues ou anthropologues d'un côté, archéologues, écologues ou géologues de l'autre» (Brunet, 1990, p. 238), et, pourrait-on rajouter, des psychologues sociaux. Pour ces géographes, l'espace comme représentation redouble l'espace comme étendue-support, et est inséparable de l'espace comme cadre ou support de pratiques et de comportements. Les représentations géographiques de l'espace, tout comme les représentations sociales des psychologues sociaux (*cf.* Moscovici, 1984b), mettent donc en relation trois éléments essentiels : le réel, qui est l'objet de la perception et de la représentation, le sujet psychologique avec ses déterminations propres, et le même sujet abordé dans sa dimension sociale par ses apprentissages et ses codes sociaux : «L'espace géographique peut être conçu comme une construction complexe où interviennent le sujet, la réalité spatiale terrestre et ses représentations» (Berdoulay, 1988, cité par Di Méo, 1991, p. 122).

Le regard porté sur l'espace comme représentation semble donc tridimensionnel. A dire vrai, c'était déjà le cas dans la première orientation, plus individualisante, de la géographie humaine environnementaliste. Préoccupée au premier chef par l'individu, elle proposait un rapport non orienté (synthétisé dans le schéma 1) entre le monde matériel, le sujet et des représentations, nous l'avons vu, plutôt mentales et individuelles :

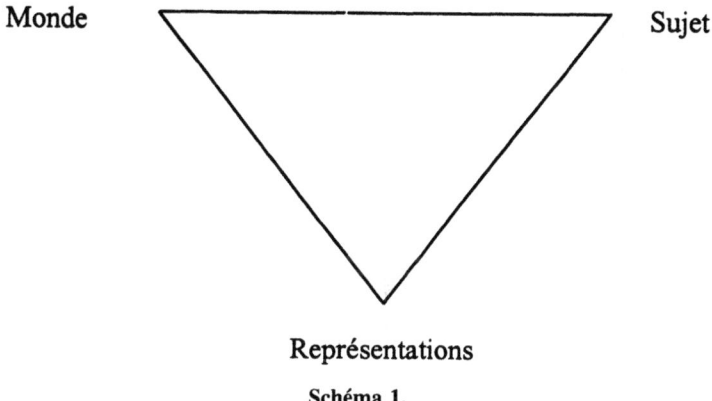

Schéma 1.

Par contre, dans la seconde voie de la géographie humaine, c'est l'espace qui se représente : «Le rapport aux autres, la relation aux lieux, aux milieux, produisent des images, qui guident les comportements. La décision est orientée par le jeu combiné des représentations, directes ou non. On agit sur l'espace selon les représentations que l'on en a (...). Les représentations résultent de l'interaction de l'apprentissage et de l'influence, de l'expérience vécue et du discours des autres (...)» (Brunet, 1990, p. 14). Ce qui nous donne une modélisation différente (*cf.* schéma 2) dans laquelle l'élaboration de représentations est au centre de la trilogie monde/sujet/autrui.

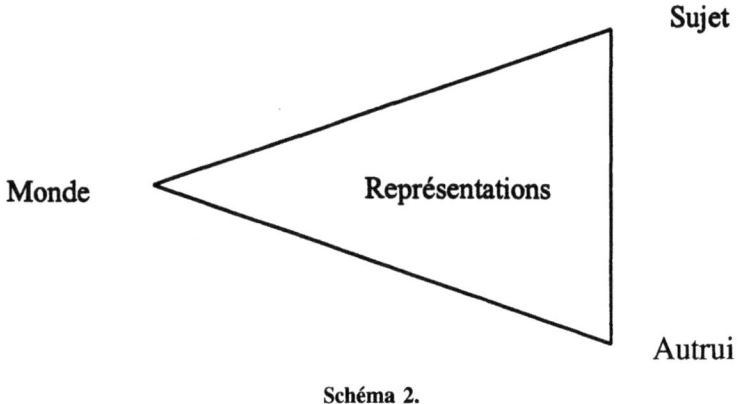

Schéma 2.

Côté psychologie sociale, la relation est quasiment la même. Rappelons que, pour Moscovici (1984b, p. 9), le regard du psychologue social est également ternaire (*cf.* schéma 3), la relation ego/alter/objet dynamique plus que figée, puisque tout impact sur l'un des éléments se fait obligatoirement sentir au niveau des deux autres, et qu'il y a médiation du rapport à l'objet par la figure de l'altérité (individu ou groupe).

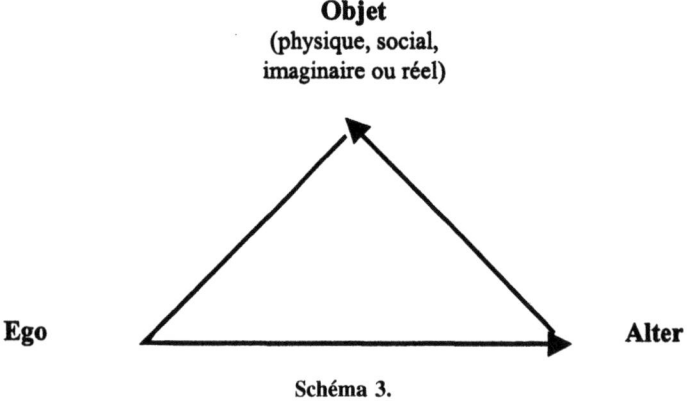

Schéma 3.

Quels que soient la focale ou l'angle d'attaque de chacune des théories de la psychologie sociale, figeant l'un ou l'autre des trois éléments du schéma pour mieux appréhender les constituants et mouvements des autres, ou tentant une expérience de dynamique globale, «en vérité, la psychologie sociale analyse et explique des phénomènes qui sont simultanément psychologiques et sociaux» (Moscovici, 1984b, p. 13). Et tel est bien le cas dans l'étude des représentations sociales. On pourrait même avancer, comme le font les géographes, que les représentations spatiales sont des représentations sociales dans la mesure où elles reposent sur l'interaction avec les autres, sur les pratiques et la pratique de ces interactions, essentiellement par l'intermédiaire du langage. «Se représenter l'espace est aussi se représenter ceux qui l'occupent et qui l'ont fait : Nous, et les Autres. Les Autres commencent tout à côté; et il en est plusieurs cercles (...). L'espace du Monde est ainsi empli de coupures perçues et de patriotismes de niveaux successifs» (Brunet, 1990, p. 19). La différence entre ces deux dernières schématisations de la notion de représentation résiderait simplement dans le fait que la géographie n'investit pas les relations complexes qui s'établissent entre le sujet psychologique et le sujet social, entre les constructions individuelles et les constructions sociales : «Nous circonscrivons nos ambitions à la dimension réelle des représentations, aux liens qui se développent entre le réel géographique et la sphère individuelle, à la fois psychologique et sociale» (Di Méo, 1991, p. 122). Ce faisant, les notions propres à la géographie (espace de vie, espace représenté, territoire) ramènent chaque individu à l'aire de ses pratiques spatiales. C'est dans la conclusion des actes du colloque de Rouen sur l'espace vécu (1976) que Frémont distinguera fondamentalement ces concepts. L'espace social est alors défini comme «"l'ensemble des interrelations sociales spatialisées" pour un individu ou un groupe»; l'espace vécu deviendra, pour sa part, «l'ensemble des lieux fréquentés (par l'individu) mais aussi des interrelations sociales qui s'y nouent et des valeurs psychologiques qui y sont produites et perçues» (Di Méo, 1991, p. 126-127).

Quant à la relation représentations/pratiques sociales, elle se fait en posant que «ce sont toujours des groupes, castes ou classes, qui détiennent des savoirs différents, qui se sont forgé des représentations différentes. L'espace vécu et ses images sont du domaine individuel, leur effet est social» (Brunet, 1990, p. 22)[2]. Cette voie s'agrège volontiers autour des notions d'espace vécu et de territoire. Pour le géographe, le territoire c'est le rapport social qui fait passer d'un investissement exclusivement personnel de l'espace à une dimension sociale et collective. Turco (1985) voit dans «la rationalité territorialisante» l'une des modalités par lesquelles le corps social vit et se reproduit. Il assimile ce processus à une véritable objectivation sociale de l'espace vécu, résultant d'une triple opération de réification, de structuration et de dénomination de l'espace par la société. Ce processus émane de nos apprentissages sociaux et de nos expériences, c'est-à-dire à la fois de nos pratiques, de nos représentations et de nos conceptualisations. La notion de territoire entraîne donc avec elle des analyses socio-économiques et écologiques, mais aussi politico-idéologiques ou de pouvoir, et également des références à l'immatériel, à l'imaginaire et au symbolique. Un rapport collectif, groupal, différentiel à l'espace, construit par des pratiques différentielles, démarquera les groupes sociaux sur une base géographique. Di Méo (1991), pour sa part, appréhende le territoire comme une superposition de métastructures issues de structures spatiales élémentaires et de leur représentation. L'objectivation de l'espace en territoire relève pour lui de deux modalités essentielles : 1. La production des idées et des représentations, influencée par une infinité de rapports et de pratiques socio-spatiales quotidiennes. Ce pôle est traité également par des sociologues travaillant sur la socialité quotidienne (cf. par exemple Maffesoli, 1988). 2. Le rapport socio-spatial, incluant une part de représentations, au titre de son contenu, ainsi que l'idéologie (au sens althussérien d'atmosphère indispensable à la respiration sociale). L'appel à des travaux de sociologie (par exemple Mannheim, 1954; Boudon, 1979) ou d'anthropologie (par exemple Godelier, 1982) donne ici un sens plus large au rapport socio-spatial.

La géographie est ainsi amenée à s'intéresser à cette forme de représentation du territoire qu'est le paysage. Elle en étudie la genèse, les variations et transformations historiques, ainsi que le mode de (re)production : «A partir du moment où l'on accepte de prendre en considération l'espace vécu, on ferme la porte aux certitudes territoriales d'une géographie plus traditionnelle. La région, espace vécu, "n'est pas un objet ayant quelque réalité en soi" nous a appris A. Frémont» (Di Méo, 1991, p. 170), «(...) la prise en compte des représentations nous permet d'approcher la nature profonde d'un espace des hommes qui ne se résume ni à la région de l'économie, ni à la région administrative, ni à la région naturelle» (Di Méo, 1991, p. 169). Construit à partir de l'espace, le territoire se présente donc à l'analyse comme le résultat d'actions en cours ou déjà arrivées à terme menées par des groupes. Processus de territorialisation et représentations vont ainsi toujours de pair, les secondes ayant une fonction de production de l'espace car, dans la mesure où elles sont «porteuses de solidarités et d'exclusion, elles assurent des formes élémentaires de socialisation» (Brunet, 1990, p. 20).

Notons ici encore une proximité entre les représentations en géographie et en psychologie sociale : à l'heure où, en psychologie sociale, on en vient à s'intéresser aux constituants principaux et secondaires (notamment en termes d'éléments centraux et périphériques, *cf.* chapitre 6) des représentations sociales, des géographes comme Brunet & Dollfus (1990) proposent de répertorier l'ensemble des structures élémentaires de l'espace dans ce qu'ils nomment «la table des chorèmes» (p. 119). Pour un néophyte, celle-ci croise quatre formes élémentaires dans la représentation de l'espace (le point, la ligne, l'aire et le réseau) avec sept configurations socio-spatiales : maillage, quadrillage, gravitation, contact, tropisme, dynamique territoriale et hiérarchie. Soit «vingt-huit cases pour placer les figures fondamentales qui représentent les chorèmes, structures élémentaires de l'espace (...) avec ces représentations peuvent s'exprimer toutes les représentations spatiales» (p. 119).

Brunet (1990) modélisera de cette façon la morphogenèse des organisations spatiales depuis ces composantes ou unités de base, jusqu'à la dimension sociétale globale : «la production de l'espace est animée par l'ensemble des représentations, dans leur différence et dans leur communauté» (p. 25). Quoiqu'il en soit, c'est à partir de l'analyse spatiale en tant que dimension de l'action humaine (*home* de l'homme comme disent les anglais), que la géographie humaine se pose comme science.

L'étude de l'organisation du territoire implique donc d'accepter l'idée que «les valeurs sociales jouent un rôle premier dans l'analyse du processus cognitif, en particulier dans toute lecture d'une étendue terrestre quelconque» (Gumuchian, 1991, p. 18). Parce qu'elle est un rapport social avec l'espace, rapport qui structure la surface du globe à différentes échelles, la territorialité devient ainsi le produit de représentations concurrentes. L'invasion des images de l'espace par le contexte social fait donc que tout espace est produit, chargé de significations et de valeurs. Du fait même de l'aspect multiple, complexe voire contradictoire de ces images, l'espace devient un enjeu et un lieu de concurrence, de confrontation et de conflit : les groupes d'utilisateurs en présence en construisent chacun leur propre représentation, chaque groupe produit des pratiques spatiales spécifiques, ce qui porte à croire que «les représentations se nourrissent des pratiques et inversement» (Gumuchian, 1991, p. 6). Pas d'aménagement de l'espace qui soit neutre, d'espace qui ne soit un espace social de représentations en conflit, voilà ce qui caractérise, au plus court, cette orientation de la géographie humaine.

Plus encore : la géographie développe, à partir de la notion de représentation, un certain nombre d'applications concrètes. A titre d'exemple, nous en esquisserons deux :

1. La formation. Les géographes soulignent l'intérêt pour la discipline d'une application pédagogique de la notion de représentation à l'ensei-

gnement même de la géographie. Tout en reconnaissant ce qu'ils doivent à Moscovici pour ce qui regarde les représentations, les géographes (*cf.* André, Bailly, Ferras, Guérin & Gumuchian, 1989) envisagent les représentations comme « des créations sociales ou individuelles de schémas pertinents du réel (...) puisque les représentations sont un guide de compréhension, de comportement, d'organisation de l'espace » (*id.*, p. 4). Les représentations ont donc un usage pédagogique car « c'est en intégrant à son apprentissage le "noyau dur" (Moscovici, 1987) de ses représentations qu'il (l'élève-acteur géographique) peut progresser dans sa compréhension géographique. Tout enseignement non fondé sur ce noyau fondamental reste superficiel et périphérique » (*id.*, p. 14). L'ouvrage entier de ces auteurs, émanation d'une série de conférences présentées à l'université d'été de Chamonix (septembre 1988), est tourné vers la didactique du potentiel d'utilisation des représentations en géographie.

2. L'aménagement du territoire. Il s'agit là de recherche appliquée basée sur la notion de représentation (voir par exemple Gumuchian, 1991 ; Brunet & Dollfus, 1990 ; la collaboration entre les éditions de l'Aube et la DATAR...). L'aspect social (citoyen?) de la géographie fait qu'elle a un rôle inédit dans l'étude des transformations des représentations, au sens où la fonction première d'une représentation est de « permettre une conceptualisation du réel pour agir plus efficacement » (Gumuchian, 1991, p. 66). Participant à l'aménagement et au développement territorial, le géographe applique au terrain les connaissances acquises en matière de représentations car il s'investit dans la quotidienneté spatiale et dans la transformation des territoires du quotidien ainsi que de leurs représentations. Le développement local et le sentiment d'appartenance (par exemple, en France autour de la notion de pays), la participation aux chartes intercommunales de développement et d'aménagement (loi du 7 janvier 1983 et décret du 26 juin 1984) lui donnent accès au processus d'élaboration (et de transformation) de représentations spatiales et sociales. L'étude de l'émergence au Québec de municipalités régionales de comté comme outil de planification sociale, la planification stratégique (toujours au Québec) du développement axé sur les collectivités, l'émergence progressive de la réalité régionale et locale aux plans administratif et politique (en France), s'accompagnant d'une élaboration elle-même progressive de représentations cohérentes quoique fort complexes, en constituent quelques illustrations. L'ensemble de ces « terrains » d'images, constitutives de représentations, forme autant de corpus susceptibles d'être traités par la géographie, et place donc celle-ci en position d'étudier la transformation tout comme la genèse des représentations spatiales, leur concurrence, leurs conflits, leur entrecroisement, dans la mesure

où «prétendre à une modification des représentations d'un espace donné, c'est intervenir sur les images elles-mêmes, en s'efforçant d'infléchir leur contenu» (Gumuchian, 1991, p. 66).

En fin de compte, rapprocher géographie humaine et psychologie sociale au moyen d'un intérêt commun pour l'étude des représentations semble une démarche utile et finalement assez naturelle. Le sens affecté à la notion est proche, voire identique. Il est vrai que l'emprunt définitionnel direct de la géographie aux travaux psychosociaux tels que ceux de Moscovici facilite un tel rapprochement. Cependant, qu'il s'agisse d'espace ou de territorialité, c'est toujours à partir du concret, de l'observable, du «paysage», que la géographie débute son processus de réflexion et de connaissance, la psychologie sociale partant plus volontiers quant à elle de l'étude directe de représentations existantes ou en devenir.

3. GÉOGRAPHIE HUMAINE ET PSYCHOLOGIE SOCIALE : UNE MÉTHODOLOGIE D'APPROCHE COMMUNE ?

«(...) le "terrain" n'est jamais qu'un lieu de fourniture d'informations et de vérification d'hypothèses. Il ne contient aucune "vérité" transcendentale. Ses habitants ont *leur* vérité, leurs représentations, et prennent même parfois, face à l'enquêteur, une distance calculée à leurs propres pensées et à leur propre vérité. (...). Si le géographe se distingue des autres dans son usage du terrain, c'est moins par les questions qu'il pose que par sa façon de comprendre les réponses» (Brunet, 1990, p. 239).

Dans le strict cadre d'étude des représentations sociales, la psychologie sociale ne raisonne pas autrement : il y a, pour Moscovici (1984b), quelque chose comme un regard psychosocial porté sur la réalité, tout comme il y a, dans le travail de Jodelet (1989a, voir chapitre 3), une analyse spécifiquement psychosociale de la réalité, au-delà des outils et instruments d'investigation considérés. Les points de vue géographique et psychosocial semblent donc à l'unisson : la méthode d'investigation importe moins que le regard analytique propre à la discipline. Partant, tout instrument d'exploration permettant l'acquisition de connaissances nouvelles est utilisable quelle que soit sa discipline d'origine.

Par ailleurs, côté géographie comme côté psychologie sociale, les représentations «(...) ne sont pas données à voir au chercheur de façon première et évidente, elles sont à reconstruire comme objet ultérieur d'analyse» (Gumuchian, 1991, p. 65). Il est clair que, pour les géographes, le débat n'est pas (ou plus) entre le terrain et le laboratoire comme modes d'accès aux représentations. Plusieurs types de méthodes d'approche et de traitement des données paraissent de ce fait communs à la géographie et à la psychologie sociale en matière de représentations.

3.1. Le laboratoire

Dans cette optique quantitative, le meilleur champ possible reste, en géographie comme en psychologie sociale, l'expérimentation, c'est-à-dire la modélisation des phénomènes de la réalité quotidienne. Mais le problème est un peu différent dans les deux disciplines : en psychologie sociale, le laboratoire d'expérimentation est le lieu où le chercheur reconstruit et modélise un fragment de réalité (réactions des sujets à divers stimuli dans des circonstances variées ; étude et/ou reproduction de comportements réels dans une démarche de strict contrôle de l'ensemble des paramètres et des variations introduites dans le modèle...). La démarche est dictée par des hypothèses, que les statistiques diverses que l'on appliquera sur les données obtenues permettront de valider ou d'invalider. En géographie, les choses se matérialisent autrement. Faute de pouvoir être faite en grandeur réelle, l'investigation porte sur les éléments de la représentation des structures et des systèmes spatiaux. Le géographe modélise donc la dynamique et l'évolution des structures spatiales à l'aide des instruments dont il dispose, tels que les cartes ou les chorèmes. Statistiques, informations chiffrées, tableaux, matrices, flux dynamiques ou cartographies sont autant d'instruments d'investigation quantitatifs et de vérification ou d'invalidation des présupposés du chercheur (*cf.* par exemple De Rosa & Smith, 1998).

3.2. Le terrain : approche discursive

Pour matérialiser sa définition des paysages en tant que porteurs de signes interprétables, le géographe a recours à divers matériaux destinés à traduire ces signes. Parmi ceux-ci, il privilégie souvent le discours (ce que fait également le psychologue social) comme expression par les sujets de leurs propres représentations. En effet, pour lui, parler de l'espace conduit «à faire émerger et à structurer les représentations» (Gumuchian, 1991, p. 8). Mais de quel type de discours s'agit-il ? A *priori*, comme en psychologie sociale, l'éclectisme est de mise : discours des médias, d'hommes politiques, d'organismes d'aménagement du territoire, d'associations, des groupes utilisateurs de l'espace, souvent les habitants eux-mêmes. Une géographe canadienne (Gilbert, 1986a et b) s'est, par exemple, intéressée au courrier des lecteurs d'un journal, estimant qu'il y avait là «un discours sur l'espace dont la richesse et les qualités formelles sont insoupçonnées des géographes» (Gilbert, 1986a, citée par Gumuchian, 1991, p. 8). Certains sociologues (Windisch, 1982), tout comme des chercheurs en psychologie sociale (Trognon & Larrue, 1988; Ghiglione *et al.*, 1985; 1995) font montre d'un égal intérêt pour le discours, qu'il soit suscité dans le cadre de recherches spécifiques ou bien encore spontané ou officiel (médias, leaders syndicaux ou politiques, militants, responsables administratifs ou industriels, etc.).

Le texte littéraire fait également partie des matériaux discursifs valorisés par la géographie humaine : Frémont (1981), par exemple, s'est intéressé aux écrits de Flaubert, Lafaille (1989) interroge les préjugés justifiant les choix d'œuvres comme réservoir d'images géographiques. Enfin, les comparaisons culturelles sont aussi traitées au travers de discours dans des contextes aussi différents que ceux de l'Australie (Berque, 1995), du Japon (Berque, 1982), du Sahel (Gallais, 1967, 1984), de la Chine (Tuan, 1977) ou de la Mélanésie (Bonnemaison, 1986). Les discours une fois recueillis ou sélectionnés, on fait appel, pour en tirer des connaissances utiles, à ce que l'on nomme très largement une analyse de contenu. En surface, qu'est-il question de faire sur le support «discours brut»? L'analyse de contenu, en psychologie sociale comme en géographie, consiste en un traitement orienté et finalisé qui, *a minima*, s'appuie sur un découpage du discours en catégories (à partir du lexique ou des thèmes qu'il contient, par exemple), en respectant ou non, suivant les cas, le déroulement chronologique de son contenu. C'est en fait la nature même de la recherche entreprise qui dictera au scientifique, quelle que soit sa discipline, un intérêt donc une analyse de certains paramètres discursifs : par exemple, les seules thématiques ou idées qu'il contient, l'analyse lexicographique, (vocabulaire d'un individu ou d'un groupe donné, richesse et diversité de ce vocabulaire, termes les plus marquants ou les plus fréquents, etc.), l'analyse syntaxique ou la logique et l'agencement de l'argumentaire, etc. Gumuchian (1989), par exemple, a mené une enquête auprès de 114 étudiants sur les diverses représentations des espaces à faible densité en pays industrialisé, dans le Nord-Ouest québéquois. Et ce à partir de réponses à une question ouverte demandant de caractériser la région concernée. Son analyse des discours a consisté à en hiérarchiser les principaux thèmes (sur une base quantitative) et à rechercher les valeurs, positives ou négatives, associées à chacun d'eux. De plus, psychologues sociaux et géographes n'hésitent nullement à confier de telles tâches à des ordinateurs, lesquels produisent une analyse automatique des discours et textes, orientée suivant une logique et des finalités parfois fort différentes[3].

3.3. L'iconographie

Si on l'entend dans son sens courant, elle est plutôt spécifique à la géographie. Les cartes, au sens classique de matérialisation topographique d'un espace, ont de tous temps constitué un élément-clé de l'analyse géographique, il n'y a donc pas de surprise à les retrouver dans l'étude des représentations. Brunet (1990) évoque les images décalées qui se matérialisent, par exemple dans le fait que les terres lointaines sont dessinées en petit sur les cartes, accréditant une coutume des plus subjectives qui veut que l'on contemple à grande échelle ce qui est proche, et à petite échelle ce qui est loin. Saarineen (1989) pousse encore plus loin ce brouillage des représentations, dans une étude comparative des cartes du monde selon qu'elles sont eurocentrées, sinocentrées ou américentrées. Mais l'étude des cartes voisine avec de plus étranges supports : les dessins et documents iconographiques publicitaires sont aussi analysés en tant que révélateurs d'une conception de l'espace. Cet aspect documentaire, il faut le dire, est encore largement sous estimé en psychologie sociale et pour ce qui regarde l'étude des représentations sociales, peut être simplement parce que ce support matériel ne trouve guère de répondant dans les élaborations conceptuelles qui se tissent autour de la notion elle-même. Mais le matériel publicitaire fait tout de même l'objet d'analyses et les photographies ne sont pas absentes des mises en œuvre expérimentales.

En revanche, les cartes mentales servent, en géographie comme en psychologie sociale, les visées d'étude des représentations. En géographie, on peut rapidement désigner la carte mentale comme « un produit, c'est-à-dire la représentation qu'une personne donne de son environnement spatial ; elle permet de fixer les images d'une aire donnée, et de dégager les limites de la connaissance spatiale » (Bailly, 1987, cité par André *et al.*, 1989, p. 130). André (1989) utilise la carte mentale pour démonter et remonter le système de fonctionnement du bassin genevois selon des structures spatiales et des modèles communs à des groupes déterminés, pouvant prendre la forme d'une configuration spatiale « déformée ». Bailly (1987) étudie les représentations spatiales différentielles d'étudiants fribourgeois selon l'origine de ces derniers (10 Fribourgeois, 10 jurassiens et 7 camerounais). A l'aide de questions fermées et de cartes mentales, il montre comment l'attachement aux valeurs symboliques se fait à travers un apprentissage culturel local, l'acquisition des valeurs du groupe dominant prenant un certain temps et créant des appréciations divergentes. Le même auteur évoque, en 1989, les possibilités d'existence d'un décalage, d'une part, entre la territorialité vécue par les habitants, toute en proxémie et « coquilles » correspondant aux aires investies par l'acteur, sorte de territorialité situationnelle et relationnelle qui fait appel à la mémoire réflexive et projective, et, d'autre part, la perception administrative ou institutionnelle de ces mêmes territoires.

Ces nouveaux géographes nous apparaissent donc «formés aux méthodes quantitatives et au traitement des données, à l'analyse systémique et structurale, à la cartomatique et à la télédétection, aux pratiques de l'aménagement du territoire, à l'étude des stratégies et des processus de décision, à celle des perceptions, des représentations et des mythes de l'espace. Ils ont appris à communiquer avec les sciences humaines et politiques, plus encore qu'avec les sciences naturelles, tout en renouvelant leur approche de l'environnement et des milieux» (Brunet, 1990, p. 8).

4. QUELQUES EXEMPLES DE RECHERCHES

4.1. Occupation humaine de l'espace : études géographiques

Difficile d'effectuer un tri dans le foisonnement des travaux engagés dans cette voie depuis près de deux décennies. Aussi avons-nous sélectionné très prosaïquement deux exemples, dont le dénominateur commun tient à l'objet de représentation : la montagne. Un tel objet peut s'appréhender sous de multiples formes (l'espace de la haute ou de la moyenne montagne, l'imaginaire ancestral ou créé par sa fréquentation hivernale *versus* estivale, un produit à vendre, etc.) qui en restituent à la fois la structure, la genèse et la dynamique.

a) La moyenne montagne (Gumuchian, 1991). Le géographe classique pourrait la décrire comme une portion de terre située entre 1.500 et 2.000 m d'altitude. Il pourrait également en évoquer le peuplement et les cultures, en constatant que s'élabore, depuis une cinquantaine d'années et sous le poids de mutations fondamentales, un nouveau statut et un nouveau découpage de l'espace montagnard. D'espace de vie et de travail quotidiens, la montagne se transforme saisonnièrement en espace ludique de récréation. Gumuchian (1991), travaille ici à partir d'analyses des propos de divers usagers et partenaires impliqués dans la politique de la montagne. Il constate, dans ces discours, que l'aménagement de la montagne nord-alpine, à l'aide d'infrastructures d'hébergement d'altitude au pied même des domaines dits skiables, a constitué, en fin de compte, le fil rouge de toute la politique de la montagne. C'est dans de telles circonstances que se développe la notion de moyenne montagne, dont il voit l'efficace et la portée dans les discours des aménageurs, des responsables, des élus et des médias. Cette notion fait référence à «un espace humanisé, d'altitude modérée, domaine de l'habitat permanent encore fonctionnel et à vocation agricole (...), de l'homme en accord avec son milieu, d'une nature aux formes douces, hospitalières et domestiques» (Gumuchian, 1991, p. 73). L'analyse des discours sur la moyenne montagne montre également que sa représentation se structure autour de quelques points forts :

– Paysages et valeurs traditionnelles : «La moyenne montagne correspond à un paysage très typé, au caractère rural très affirmé, un véritable musée vivant où il fait bon retrouver les "vraies valeurs"» (*id.*, p. 73).

– Maintien d'un style de vie. Les discours s'articulent ici sur l'idée que le ski de fond assure la survie de cette moyenne montagne depuis quelques années, un peu à la façon dont le ski alpin fut présenté voilà une trentaine d'années comme la seule formule susceptible de sauver l'économie montagnarde.
Cette pratique, le ski de fond, est alors qualifiée de pratique «douce», «évidente» et «normale». Cependant, la poursuite d'une telle recherche sur les toutes dernières années ne manquerait pas de souligner l'accent désormais mis, à l'inverse, sur sa dangerosité, sa nature de pratique à risque, voire son incivisme.

– L'accent est également mis sur le rôle saisonnier que l'agriculteur joue dans l'économie locale : acteur l'été d'une économie agricole même fragile, animateur et producteur de tourisme l'hiver. La relance et le maintien de l'économie locale vont clairement de pair avec la valeur qui est accordée à cette économie en tant que forme d'aménagement du territoire, mais aussi, ce qui est plus nouveau, elle dispose d'une valeur de délocalisation récréative et de protection du milieu naturel.

On voit émerger une structure représentationnelle dans laquelle la moyenne montagne récupère, pour son propre compte, «d'une part, les valeurs propres à la montagne en général et se trouve chargée, d'autre part, d'un sens supplémentaire : montagne et campagne tout à la fois, espace-support d'activités sportives et espace porteur des valeurs du monde rural (...)» (*id.*, p. 75). Ce type de discours sur la moyenne montagne a, de l'avis de Gumuchian (1991), «largement participé à la création d'un espace spécifique; cet espace affecté de valeurs peut alors entrer dans le champ de la consommation comme produit touristique» (*id.*, p. 75). L'étude des discours tenus sur la moyenne montagne couvre ainsi, on le voit, le champ allant de la genèse d'une représentation nouvelle jusqu'à sa transformation contemporaine, encore en devenir semble-t-il.

b) La haute montagne et ses représentations. Debarbieux (1989) s'y est intéressé sous l'angle de leur rapport avec la nomination du territoire. Pour cela, il a étudié tout un ensemble de nomenclatures spatiales de lieux (dans les hautes alpes), et, en particulier, leur mutation et la coexistence des dénominations (investies par des groupes sociaux, des modèles, des valeurs et des pratiques différentes). Il a classé les nominations produites par différentes populations : sociétés agropastorales, alpinistes du XIXe siècle, sociétés alpines, service géographique de l'armée, aménageurs de stations de sports d'hiver, pisteurs-secouristes. Il distingue ainsi des appellations anciennes (par exemple, les *Grandes Jorasses*), agropastorales (*Plaques, Pra*), religieuses (*Montagne Maudite*), alpinistiques et narcissiques (*Pic Cooleridge, Pointe Helbronner*), métaphoriques (*Flèches, Clochers*), sexistes (*Plan des Dames*), initiatiques (*Compression Marcel Albert, Couloir des Dentistes*), de l'industrie du loisir (*Marmottes, Chamois*), etc. Cette nomenclature est, suivant son analyse, moins le produit d'une population locale qu'un «système de marques, de signes, offerts aux usagers de ces lieux, les touristes, pour qu'eux-mêmes y ressourcent ou y construisent, leurs représentations» (p. 101). L'espace est ici ouvert et offert, les usagers de passage y laissant leurs marques et appellations sur lesquelles se bâtira tout un imaginaire couplé à des actes ou «exploits» réels et/ou mythifiés; comme un plaisir à y vivre temporairement et sur un mode récurrent. La haute montagne est donc différemment investie, différemment représentée et différemment structurée pour les divers groupes sociaux, usagers des lieux topographiques. Resterait à explorer, sur d'autres modes (discursifs, par exemple), ce que ces appellations évoquent réellement pour les individus concernés.

En complément, mais en léger décalage toutefois, une étude sur la montagne comme «produit à vendre» formule le constat suivant : «c'est à cause des représentations que l'on a de la montagne que l'on achète du séjour, des forfaits de remontées mécaniques, des souvenirs» (Gaido, 1989, p. 93). Demeure, en filigrane et pour certains spécialistes, une «représentation de la montagne lieu des abîmes, des neiges et des dangers» (*id.*), qui, aujourd'hui, limite l'investissement sur un mode concret, mais imprègne également les représentations d'un univers à la fois attrayant et hostile. Ainsi, «Changer ces représentations est sans doute la nouvelle frontière que se proposent de franchir ceux qui veulent vendre de nouveaux produits touristiques» (p. 93).

4.2. Cartes, images et représentations : une approche psychosociale

Cartes cognitives et représentations

Avoir son environnement dans sa tête, le porter en soi, c'est, d'une certaine manière, en avoir une carte cognitive (*cf.* les premiers travaux sur la cartographie cognitive, Tolman, 1948). Celle-ci se base sur des paramètres physiques et sensoriels (images visuelle, olfactive, auditive, etc.) tout autant que sur un investissement matériel de l'espace (repères tels que rues, commerces, bâtiments, etc.) et sur des pratiques (lieux de travail, de loisir, habitat personnel, etc.). Bref, nous avons une image organisée et fonctionnelle des lieux que nous habitons et qui constituent pour nous les points fixes de notre environnement conçus sur un mode utilitaire. Le processus alors mis en œuvre aboutit à une cartographie cognitive. Ainsi peut-on dire que «La cartographie cognitive renvoie à l'ensemble des activités cognitives ou mentales qui nous permettent de nous rappeler et de manipuler les informations relatives à l'environnement spatial» (Downs & Stea, 1977, cités par Gergen, Gergen & Jutras, 1992, p. 441).

Parmi les travaux les plus illustratifs des études sur l'investissement de l'espace, menées sous l'angle de la cartographie, nous retiendrons ici le travail de Milgram & Jodelet (1976) sur l'image de Paris, dans la mesure où il montre de quelle manière le social influence les représentations mentales que l'individu élabore à propos de son environnement de vie. Comment s'oriente-t-on dans sa ville ? A partir de questionnements classiques, de dessins de la ville, de localisation de lieux importants, etc., les auteurs ont montré à des parisiens des cartes de Paris et leur ont demandé d'évaluer les différents arrondissements de leur ville en termes de connaissance, de préférence, de choix ou de rejet résidentiel, de type d'activités et de peuplement, ceci afin de mettre en évidence une représentation de la ville et de sa structure.

Certains lieux «historiques» (Notre Dame, Arc de Triomphe, Tour Eiffel...) ou paysagers (Seine, Bois de Boulogne, etc.) se sont détachés nettement et massivement chez les personnes interrogées. D'autres, pourtant également historiques, n'ont présenté que peu de relief.

Plus globalement, les chercheurs obtiennent un découpage de la ville en trois sphères, qui témoigne à la fois du passé et d'une socialité fondée sur la différenciation des populations de la capitale :

– La première sphère, organisée autour de la Seine, représente le berceau, les racines de la ville. Il s'agit d'un noyau défini par certains lieux symboliques, de nature historique, religieuse ou culturelle. L'ensemble est chargé d'une valeur affective positive : c'est le Paris que l'on donne à voir et dont on retire une certaine fierté.

– La seconde sphère, qui ceinture assez exactement la première, est également valuée positivement. Elle correspond à une zone historique et sociale matérialisée par le mur des fermiers généraux qu'érigea le baron Haussmann pour rejeter le peuple hors de la capitale. Ce mur fut démoli en 1859, mais cette amorce d'une ségrégation humaine et résidentielle reste fortement présente dans les images sociales du Paris actuel. Cette sphère a cependant beaucoup perdu de son pouvoir évocateur d'une division sociale, pour devenir actuellement une enceinte essentiellement historique. On voit bien ici que la structuration urbaine repose sur une base imaginaire et symbolique qui infléchit la façon dont les parisiens vivent leur ville. L'espace est organisé par l'histoire et cette représentation socio-spatiale semble largement partagée. La dimension temporelle, par mémorisation collective de structures et d'événements appartenant au passé, est donc très certainement une composante forte de la représentation de Paris par ses habitants.

– La troisième sphère correspond davantage au présent. Elle s'établit nettement sur un clivage social puisqu'elle est représentée par les banlieues Nord et Est de la ville, fortement dévalorisées et lieux de vie des populations défavorisées et immigrées. La représentation de cette sphère est fondée à la fois sur des rapports sociaux et des préjugés, et sur une logique de simplification et d'exclusion : il y a les vrais parisiens et les autres.

Production imaginaire sans doute, mais qui a son efficace puisqu'elle fait de la banlieue un espace global exclu de la vie sociale « normale ». Que l'on parle à propos de la banlieue de ghetto, Bronx, Harlem ou de « monoculture sociologique » (Montant, 1991), le rejet :

1. touche autant l'espace social (l'habitat) que les populations qui y vivent (à l'époque essentiellement des Portugais et des maghrébins), lesquelles sont, dans cette étude, identifiées sous le vocable peu flatteur de « porto-crouilles » ;

2. et sécrète un vécu de la banlieue comme espace à risque, dangereux, menaçant.

La cartographie cognitive et mentale est aussi une représentation sociale : elle s'appuie non sur un découpage en arrondissements mais sur une opposition centre/périphérie (ou dedans/dehors) fortement hiérarchisée et indépendante de l'éloignement physique réel des lieux concernés. Elle touche à l'histoire, à l'espace social et aux populations qui y vivent.

Toutefois, les cartes obtenues varient suivant l'appartenance socio-économique des personnes interrogées, certains lieux n'étant reconnus que par certaines populations (24 % des ouvriers seulement reconnaissent l'UNESCO comme faisant partie de leur univers parisien, contre 67 % chez les professionnels). On voit là que plusieurs groupes peuvent investir un même espace de vie mais qu'ils ne le font pas de la même manière. L'espace représenté peut donc être source de conflits et de divisions entre les groupes qui partagent un même territoire.

Toujours dans le cadre de l'élaboration d'une cartographie de l'espace par les populations qui le vivent au quotidien, une recherche plus récente (Haas, 1997) illustre ce même champ des cartes mentales et cognitives, tout en mettant également en évidence le poids du passé qui touche ici à la dimension identitaire collective et sociale des populations concernées. L'auteur compare les cartes mentales produites pour deux villes de France (Vichy et Amiens) par leurs habitants, et se centre sur l'émergence et le rôle de la mémoire collective dans l'élaboration de ces cartes mentales. Les villes concernées ont toutes deux été marquées dans le passé par la seconde guerre mondiale, mais l'une (Amiens) fut en grande partie détruite puis reconstruite, tandis que l'autre (Vichy) abrita le gouvernement Pétain, symbolisant par là-même la collaboration avec l'ennemi. 40 habitants de chacune des cités, différenciés par leur lieu de résidence (centre ou périphérie), leur âge et l'ancienneté de leur résidence, ont été questionnés sur la base de cartes de leur cité. Ils devaient appréhender les diverses parties de leur ville en termes de connaissance, de préférence versus rejet, de pratiques ou d'activités qu'ils y menaient, d'un circuit à accomplir par des non résidents, de repérage des monuments considérés par eux comme historiques, enfin de limites de la ville. Les résultats obtenus montrent que, dans chacune des villes en question, le découpage est, d'une part, social (type de peuplement, d'activités, et prestige des quartiers); d'autre part, historique, avec intervention de la mémoire collective. Mais, sur ce dernier plan, les deux villes s'opposent : les habitants d'Amiens se remémorent la période difficile de la seconde guerre mais au même titre que d'autres périodes. Ils marquent cependant un certain détachement dépréciatif vis-à-vis des constructions d'après-guerre, qui recouvrent chez eux une époque politiquement centrée à gauche (municipalité communiste) et vécue affectivement sur un mode négatif. Tout autre est le problème des habitants de Vichy : ils font montre, dans le repérage et la valorisation des lieux-clés de leur cité, d'une centration historique beaucoup plus ancienne (1861-1864), liée à un séjour de Napoléon III en leur ville. Cette période est, en 1997, très investie par les instances dirigeantes de la ville amenées à la revaloriser (noms de rues, sculptures relatives à ce grand homme et à cette époque se multiplient). En revanche, la période du gouvernement de Pétain est largement occultée, les bâtiments et monuments de cette période rarement évoqués. Pas de jugements ni d'affectivisation négative ou positive de la période de la seconde guerre, mais plus certainement une volonté d'oubli, que l'auteur analyse comme un «phénomène de refoulement (qui) montre un effet direct d'un rapport stigmatisant au passé» (Haas, 1997, p. 75) : «Les vichyssois refusent cette identité qui les stigmatise (on a tendance à confondre encore le terme de «vichyssois» et celui de «vichyste»), d'autant plus que la majorité d'entre eux se sentent salis par une époque qu'ils n'ont même pas connue» (Haas & Jodelet, 1999, p. 136).

Ces deux études montrent le rôle capital de l'environnement dans la construction de représentations. Celui-ci en réfère à des espaces investis par des groupes sociaux, mais relie également les individus à leur passé même lointain (les bâtiments et appellations de rues sont également un facteur de permanence de la mémoire historique des lieux et des personnages, donc de périodes parfois très lointaines, et en tout cas non vécues par les habitants actuels), à leurs pratiques et investissements actuels des lieux, à leur mode de vie et aux conditions de peuplement des villes.

Images et représentations

Nous donnerons ici en exemple une recherche appliquée, commanditée par le conseil Régional de Midi-Pyrénées (Bonardi, Cassagne & Lefebvre, 1992) soucieux de l'image de sa région auprès des habitants qui la peuplent. Il s'agissait d'étudier la structuration, en termes d'organisation et d'agencement des divers composants, des images de cette région au travers de deux concepts : «ma Région» et «Midi-Pyrénées». L'idée sous-jacente conduit à poser que la conceptualisation «ma Région» en réfère davantage à un espace vécu, représenté et investi matériellement, cognitivement et affectivement, tandis que la région administrative («Midi-Pyrénées», entité géographiquement plus large) se mesure en des termes plus cognitifs et matériels qu'affectivisés, un espace perçu sur un mode descriptif ou, à la limite, cognitif.

L'approche psychosociale est typiquement celle des représentations et des images sociales. Le questionnement proposé se décline en deux temps pour chacun des concepts : un ensemble de questions à réponses libres concernant les éléments qui caractérisent l'espace régional, les hommes et lieux marquants de celui-ci. Ces questions permettant l'évocation d'images, sont suivies d'un questionnement semi-fermé destiné à apprécier l'importance de différents paramètres de représentations (relations interpersonnelles et qualité de la vie ; politique locale et régionale ;

patrimoine architectural; façon de vivre; institutions locales; secteurs rural et urbain; infrastructures routières; impact local de la construction européenne; connaissance de la région; âme et «personnalité»; lieux de vie; ouverture sur l'extérieur; langue régionale; tourisme; agrément de la vie). Les sujets devaient se prononcer à l'aide d'échelles sur 20 items. L'échantillon final se compose de 45 à 50 personnes pour chacun des huit départements que comporte la région[4].

Sur l'ensemble de la population et comme attendu, le concept «Ma Région» donne lieu à une image structurée autour d'un espace vécu. La représentation obtenue possède deux pôles : l'un, dominant, montre un espace vécu plutôt qu'un espace d'action, une spécificité appropriée et à défendre; l'autre pôle, secondaire, est celui des ressources et contraintes réelles ou potentielles. Il s'articule autour du constat d'un vieillissement de la population et déqualifie les ressources. Le lien entre les deux pôles se fait au moyen d'une affirmation de l'agrément de la vie dans «ma Région». L'ensemble est plutôt positif, enraciné dans le passé et le quotidien, mais prêt à s'ouvrir vers un avenir respectant les traditions et l'existant. La représentation est organisée par les éléments de vie (sentiments, ressources, potentialités, affects) plutôt que par les possessions concrètes, la vie politique ou les enjeux lointains de la construction européenne. Chez les moins de 35 ans, la représentation possède deux aspects de même poids : l'un actif, est tourné vers un avenir d'ouverture, l'autre passif, est négatif et axé sur le registre de la proximité avec la vie quotidienne. L'échappatoire est donc, pour ces jeunes, vers le monde extérieur à la région. Chez les plus de 35 ans, la représentation donne une vision de continuité passé/présent/avenir sans oppositions ni contradictions mais sur fond de constat de vieillissement de la population. La population urbaine dispose d'une représentation essentiellement positive : axée sur le vécu quotidien du passé et de la langue et sur l'image «offerte» à l'extérieur (ouverture, tourisme) comme à l'intérieur (agrément de la vie). Un bémol à ce tableau : l'impact négatif des technopoles sur les relations traditionnelles; une urbanité à la croisée du vécu et de l'avenir en quelque sorte. Quant à la population rurale, un pôle dominant de la représentation pose le présent en négatif et le futur en ouverture de la région. Plus secondairement, se lit une certaine nostalgie axée sur la perte et le déclin; l'image est à la fois inquiète et tournée vers l'avenir. Au total, pour «ma Région», les deux pôles dégagés dans l'analyse globale se modifient et se recomposent selon les divisions opérées, mais la structure reste stable : c'est du lieu où l'on vit que l'on pense l'avenir de sa région. Un avenir sans rupture entre le passé et le présent, un avenir d'ouverture, d'accueil et de partage des richesses et atouts locaux. La représentation est, dans le même temps, idéalisée car les institutions locales n'y participent qu'au titre de leur inefficacité. Quant à l'identité, elle est fruit du passé et s'appuie sur le vécu. Le concept « Midi-Pyrénées » a suscité pour sa part une mosaïque de positions, différenciées suivant les départements d'origine des personnes interrogées. La représentation globale comporte deux pôles de même poids : l'un prospectif, en mouvement, dans lequel coexistent technologie, emploi et culture, et qui s'organise autour de la responsabilité politique dans les disparités de développement des divers départements. Un second pôle de continuité entre présent et passé, mais qui reste un espace potentiel à animer. Le lien entre ces deux pôles est faible mais cohérent, et articule les acquis, le vécu et le futur sur un mode davantage souhaité et idéalisé que réel. Le problème qui se pose ici est celui de trancher entre une ou plusieurs images, une ou plusieurs représentations. « Midi-Pyrénées » semble vécu sur un mode plus actuel ou à travers un avenir plus réaliste que pour « ma Région » : y transparaît un souci culturel servant de lien entre passé et avenir, s'y manifeste le poids de la métropole toulousaine, mais le tout est plus éclaté, moins homogène que pour « ma Région ». Et en effet, dès que l'on analyse les réponses par sous-populations, la représentation devient plus floue, se brouille ; les éléments se redistribuent différemment, de nouveaux thèmes apparaissent et le sens des associations perd en clarté. Chez les moins de 35 ans, la représentation se scinde en trois pôles de poids inégal, mais chacun marqué par une bipolarité modernisme/tradition. Chez les plus de 35 ans, un aspect dominant montre une capitale régionale forte et reconnue au sein d'une région naturelle dont elle respecte les particularismes locaux et les traditions, malgré qu'elle confisque quelque peu à son profit la croissance régionale. L'autre aspect, secondaire et plus flou, fait coexister passé et présent, mais les disparités intra-régionales sont reconnues.

La sous-population urbaine présente ces deux mêmes images, mais avec des connotations plus marquées : la métropole est en marge et posée négativement, alors que la région naturelle, diversifiée, à dominante urbaine, économiquement forte et dynamique, présente tous les caractères d'une valorisation. Un aspect secondaire touche à la préservation de la spécificité culturelle malgré les disparités de développement. Quant à la sous-population rurale, sa représentation paraît inversée par rapport à celle de la population urbaine : la métropole, alliant modernisme, culture et traditions, est capitale nécessaire mais « dominatrice »; la région naturelle et assez forte mais s'urbanise par trop. On voit ici la marque de préoccupations plus immédiates, d'un regard sur l'existant et le présent.

En fin de compte, si l'on peut repérer aisément une représentation bien structurée et plutôt globale pour le concept « ma Région », l'appellation de patchwork conviendrait davantage à celui de «Midi-Pyrénées». Certains ensembles d'éléments sont valorisés ou dévalorisés mais sans forcément que des liens cohérents existent entre eux. L'espace régional est un espace reconnu et possède des aspects potentiellement structurants, c'est-à-dire des points stables (unité culturelle, réussite technologique respectant langue et culture et responsabilité des hommes politiques dans les disparités départementales de développement), mais l'organisation des éléments de représentation renvoie plus souvent à de l'assimilé qu'à du vécu, et l'on relève de fortes variations entre les sous-populations considérées. La représentation, si représentation il y a, semblerait donc plus proclamée que vécue, symptôme d'un manque d'investissement de l'espace Midi-Pyrénées par ses habitants. Le cadre régional serait en attente d'être véritablement peuplé, habité, vécu.

Ce que l'on retiendra en regard des représentations sociales étudiées sous l'angle des préoccupations de la géographie, c'est avant tout un fort dynamisme et une expansion notable à divers champs théoriques et diverses applications de terrain. Nombreuses sont les publications actuelles à lui octroyer une bonne place (voir par exemple : le livre du groupe CHAM'S' (1992) s'attachant à rapprocher géographie humaine et représentations ; la revue *Autrement* consacrant, en 1995, un numéro spécial à cette question, «Penser la terre»; ou les productions de Bailly & Beguin, 1995 ; Marconis, 1996 ; Pinchemel & Pinchemel, 1997 ; Retaillé, 1997 ; Bataillon, 1999) ou à réaffirmer les liens existant entre géographie humaine et psychologie sociale, *via* les représentations, au point même de qualifier l'approche des représentations de *New geography*, géographie humaine ou problématique comportementale (*cf.* Bailly & Beguin, 1995). Plus encore, le mode d'approche de la notion elle-même est remarquablement voisin de la démarche adoptée en psychologie sociale : «L'usage des représentations en géographie suppose le respect d'une démarche stricte, en trois étapes : tout d'abord une réflexion sur le choix de la problématique (que cherche-t-on et pourquoi?); ensuite une analyse des matériaux supports des représentations (les *médiateurs*, comme des textes, des images); enfin une mise en œuvre des méthodes destinées à organiser les représentations (analyses de textes, d'images, enquêtes...) pour interpréter les résultats. Utiliser ainsi les représentations, c'est ouvrir la géographie à un nouveau champ d'interrogations, c'est montrer qu'au-delà des apparences existent des liens subtils et complexes qui unissent les hommes à leurs milieux de vie. Cette géographie renvoie à l'expérience existentielle et illustre comment, en chaque lieu, s'articulent réel et imaginaire» (Bailly & Béguin, 1995, p. 29).

NOTES

[1] Un ouvrage collectif, pluridisciplinaire (Geipel, 1987), propose une synthèse de certains travaux sur la thématique «hasard et environnement». Ces travaux soulignent l'intérêt qu'il y a à privilégier le «référentiel-habitant» et à étudier les représentations propres à diverses populations.

[2] Ce rapport pratiques/représentations est au cœur des travaux psychosociaux actuels, fondamentaux pour ce qui regarde la dynamique des représentations. Nous y reviendrons en troisième partie de cet ouvrage.

[3] Il n'entre pas dans nos objectifs de donner ici un compte rendu ou un aperçu des procédures automatisées existant à l'heure actuelle. D'une part, parce que le domaine de l'analyse informatisée est en pleine expansion et les progrès rapides; d'autre part, un aperçu, même restreint, des capacités et potentialités de quelques logiciels de traitement introduirait, à notre sens, une trop grande complexité dans ce texte; enfin, le lecteur intéressé trouvera aisément la piste des outils de référence actuels (*cf.* par exemple, en psychologie sociale : logiciel ALCESTE [Reinert, 1978; 1990; 1993], TROPE [Ghiglione, Landré, Bromberg & Molette, 1998]; en géographie : logiciels DEREDEC [Plante, 1989] et SAGA [université de Grenoble II]). Il ne s'agit là que de quelques-uns des référentiels les plus usités, mais ils suffisent à donner un aperçu correct des possibilités de traitement des discours.

[4] Pour travailler la structure des images et représentations, les items du questionnaire semi-fermé ont été soumis à une série d'analyses de similitude sur la population globale; puis, celle de chacun des huit départements séparément; ensuite, en différenciant les populations par classes d'âge (moins de 35 ans et 35 ans et plus), et par la localisation de leur habitat (rural versus urbain).

DEUXIÈME PARTIE

LES REPRÉSENTATIONS EN PSYCHOLOGIE SOCIALE

Chapitre 5
Principes organisateurs de représentations sociales

L'étude des principes qui organisent les représentations figure parmi les pôles théorico-méthodologiques les plus porteurs à l'heure actuelle. Elle peut être datée des années quatre-vingt et constitue une façon de plonger au cœur des relations et des appartenances sociales, en étudiant la manière dont elles interviennent, au même titre que les dynamiques individuelles, pour faire des représentations partagées par des groupes sociaux de véritables systèmes dynamiques et évolutifs.

1. PRÉSENTATION

Suivant Doise (1984), tout individu qui communique avec d'autres participe à la construction de dynamiques interindividuelles et de rapports sociaux. Ce faisant, il contribue à reproduire et actualiser des normes sociales et des représentations idéologiques. Pour comprendre l'efficace des représentations sociales, il est donc nécessaire d'étudier les liens entre processus cognitifs et régulations sociales dans différents contextes relationnels[1]. Plus précisément, la tâche est double. Tout d'abord, on appréhendera la réalité sociale en analysant les différents niveaux qui la composent (Doise, 1982), c'est-à-dire les niveaux des mécanismes psychologiques, des relations interpersonnelles, des appartenances et statuts sociaux, et, enfin, le niveau idéologique des relations sociales générales. Puis, on étudiera les relations entre ces niveaux[2] puisque les représentations sociales (Doise, 1985, 1986; Moscovici, 1961) sont l'aboutissement de leur fonctionnement. Les représentations sont ici conçues comme des savoirs particuliers, qui contribuent au maintien des rapports sociaux, qui sont façonnés par eux, et qui, directement ou indirectement, véhiculent des savoirs sur ces mêmes rapports. Les choses se passent de la manière suivante : un métasystème, relativement stable, régule les rapports sociaux — concrets (de production, de pouvoir...) et symboliques — et agit sur l'organisation cognitive des individus. Les processus d'objectivation et d'ancrage des représentations, décrits par Moscovici (1961), assurent l'interface entre ce métasystème et les représentations sociales. Le fonctionnement est en fait complexe puisque les dynamiques sociales du métasystème agissent sur des dynamiques cognitives évolutives[3], et que leur articulation résulte de principes qui organisent les contenus des représentations et «sous-tendent les dynamiques symboliques des rapports sociaux» (Doise, 1990, p. 127). *In fine*, pour situer les représentations dans le champ des rapports sociaux, Doise (1986) rapproche théorie des représentations sociales (Moscovici, 1961) et théorie du champ de Bourdieu (1965, 1977). On sait que le champ correspond chez Bourdieu aux relations (opposition et hiérarchisation) qui régulent la répartition de la valeur sociale entre les différents objets sociaux ; les notions d'habitus et de dispositions servant à décrire le fonctionnement de l'individu dans chaque champ social.

Pour Doise, habitus, dispositions et représentations sont des fonctionnements sociaux spécifiques et dynamiques, regroupés dans des champs plus vastes et nécessaires au fonctionnement du champ idéologique. Dispositions et habitus procèdent de l'articulation des dynamiques individuelles et sociologiques — on lit dans le fonctionnement individuel l'influence des systèmes de communication et d'échanges symboliques — et se combinent avec le fonctionnement des représentations.

Plaçant, comme Moscovici avant lui, les communications au premier plan des facteurs participant à la formation des représentations sociales et leur servant de véhicule, Doise développe sa conception des principes organisateurs des représentations, que l'on peut lire au mieux dans une définition devenue classique : «Les représentations sociales sont des principes générateurs de prises de position liées à des insertions spécifiques dans un ensemble de rapports sociaux et organisant les processus symboliques intervenant dans ces rapports» (1985, p. 245). De l'avis même de son auteur, on retrouvera dans une telle définition un composé d'inspiration sociologique (en sa première partie) et psychosociale (en ses développements).

Cependant, le consensus que Doise, après Moscovici, récuse pour ce qui est de servir de base définitionnelle aux représentations, n'a pas ici sa place, ni non plus l'idée d'uniformité d'une représentation. L'accent est mis sur la spécificité et la multiplicité des expressions individuelles. La diversité des prises de position (s'exprimant au moyen d'opinions, d'attitudes, etc.), et la diversité des insertions sociales, constituent les deux grandes sources de variations produites à partir de principes organisateurs communs : «(...) du consensus comme d'un accord entre individus se manifestant par la similitude des réponses, on passe au partage de points de références, de prises de positions» (Clémence, Doise & Lorenzi-Cioldi, 1994, p. 122). Les principes organisateurs de représentations sociales regroupent, sans vocation à l'exhaustivité cependant, les principes d'opposition et de hiérarchisation attachés à la théorie du champ de Bourdieu, ceux de dichotomie, adaptation, assimilation et syncrasie décrits par Moscovici (1961), celui de différenciation catégorielle indissolublement lié selon Doise (1985) aux relations intergroupes et prenant sens dans les représentations sociales.

Quant à la définition *princeps*, elle inaugure un fonctionnement analytique des représentations sociales suivant trois aspects majeurs : principes organisateurs régissant d'une part, des positions individuelles et/ou d'autre part, des appartenances sociales, qui toutes deux s'organisent (et organisent) à un niveau plus macrosocial, celui des processus symboliques. On retrouve là l'expression première d'une volonté d'articulation psychosociale des différents niveaux de réalité (Doise, 1982), mais également celle des dynamiques représentationnelles et relationnelles (Moscovici, 1961). Doise reprend en effet les deux processus affectés par Moscovici à la formation et au fonctionnement des représentations — l'objectivation et l'ancrage — et y adjoint les principes organisateurs. La spécificité même de l'action de chacun de ces processus dans la formation, le maintien et la transformation des représentations sociales fait que leur étude doit s'envisager en premier lieu séparément (et les méthodologies d'approche marquent assez bien le particularisme de chacun d'entre eux), puis conjointement pour permettre une appréhension plus dynamique : «L'étude des représentations sociales ne sera jamais exhaustive (...) mais elle sera plus complète quand elle recourra à l'articulation de modèles et de niveaux d'analyse» (Doise, 1986, p. 91).

2. LES ÉMANATIONS MÉTHODOLOGIQUES DU «MODÈLE» DES PRINCIPES ORGANISATEURS

Le parcours d'étude de cette dynamique représentationnelle à trois dimensions est retracé au mieux dans l'ouvrage de Doise, Clémence & Lorenzi-Cioldi (1992). Les auteurs examinent certaines des possibilités offertes par la démarche statistique dans l'étude des représentations sociales, et les enrichissent d'exemples de recherches. Cependant, pour ce qui regarde l'étude des représentations sociales, on ne peut attendre de l'application de techniques statistiques plus qu'elles ne peuvent donner. L'ouvrage esquisse brièvement des orientations en matière de représentations sociales (le lecteur étant renvoyé pour plus ample information à d'autres écrits), et s'efforce d'en rechercher confirmation et validation dans une analyse «pluriméthodologique» des données. Les techniques statistiques utilisées le sont dans le but de répondre à des interrogations fortes touchant notamment aux régulations sociales et aux fonctionnements cognitifs qui interviennent dans la dynamique des représentations sociales. Cependant, on se gardera de tirer des conclusions statistiques «brutes» certaines explications en termes de processus cognitifs et/ou sociaux (*cf.* Flament, 1994b).

2.1. Le processus d'objectivation : méthodes d'investigation et de traitement des données

Par sa capacité imageante, il permet de séparer l'objet et le concept, de rendre l'abstrait substantiellement concret. Il va ainsi faciliter les communications, puisque «Tout se passe comme si le sens commun ne tolérait pas l'existence d'une liaison entre les éléments de savoir qu'il assimile et des systèmes de savoirs d'un autre ordre» (Doise, Clémence & Lorenzi-Cioldi, 1992, p. 14). Pour communiquer, il faut aux sujets, outre un langage commun, des repères et des croyances partagés. Cette «carte mentale commune» (*id.*, p. 121), c'est la structure représentationnelle. Elle est utilisée par les membres d'un même groupe, mais aussi déposée voire objectivée dans certaines réalités symboliques et matérielles d'une société, telles que des règles ou des lois. Carte mentale commune signifie donc référence des individus «aux même systèmes de signification institutionnalisés» (*id.*, p. 121). Etudier ainsi le processus d'objectivation d'une représentation amène à :

– explorer un contenu (les composantes communes à un groupe d'individus, dont on peut, par exemple, définir l'importance quantitative ou qualitative);

– rechercher une structure de représentation (l'articulation entre ces composantes);

– déterminer l'orientation du sujet vis-à-vis de l'objet de représentation (ses dispositions envers lui).

On remarquera que ces trois aspects correspondent trait pour trait au système tridimensionnel défini par Moscovici (1961) : information, champ des représentations et dimension attitudinelle.

La procédure utilisée pour obtenir de telles données est classique. Dans de nombreuses recherches sur les représentations sociales, on recueille directement les propos des individus, ce qui procure un matériel immédiatement ancré dans la réalité. Les procédures de type ouvert, par exemple entretiens non directifs ou semi-directifs, sont celles qui permettent la plus large expression de l'individu. On retranscrit ensuite les discours obtenus sur un mode thématique, ou en dégageant des éléments clés, des ensembles de termes, etc., suivant que ces discours sont pris comme tels ou destinés à des questionnements standardisés. Bref, on demande aux individus aussi bien de traiter librement de l'objet de représentation que de répondre à des questionnaires élaborés par le chercheur. Quant au traitement des données, il pourra se faire en trois temps :

– rechercher les composants de la représentation, c'est-à-dire repérer et délimiter son univers sémantique ;

– déterminer, dans le cadre du processus d'objectivation, l'organisation cognitive de la représentation, c'est-à-dire le système catégoriel que partagent les individus, ainsi que la façon dont ils traitent l'information, en utilisant «différents critères de découpage, d'ordonnancement et d'orientation des éléments du champ» (Doise *et al.*, 1992, p. 57) ;

– enfin, dégager l'attitude commune des individus envers l'objet de représentation ou, si l'on préfère, «la connotation évaluative du champ» (*id.*, p. 87).

Pour Doise *et al.* (1992), la matérialisation mathématique de ces différents aspects est à rechercher dans des familles d'analyse des données que l'on qualifie d'ordinaire de descriptives[4]. Elles ont le plus souvent pour base de départ une relation entre deux ou plusieurs questions, thèmes ou éléments énoncés par les individus, relations dont la concrétisation statistique peut se décliner en indices de proximité ou de distance, en matrices de corrélation ou de variance-covariance. On réalise une première interprétation en reconstruisant la logique mathématique qui préside aux différentes étapes des analyses, puis une seconde pour reconstituer la logique sémantique ou psychologique, le sens sous-jacent aux regroupements d'éléments et à leurs représentations géométriques. En clair, au-delà de l'aspect mathématique, c'est le contenu de la représentation et son organisation qui sont ici à rechercher.

Prenons le cas des éléments constituant une représentation sociale. Après obtention de discours ou de réponses structurées, Doise, Clémence & Lorenzi-Cioldi (1992) préconisent leur traitement en utilisant, par exemple, des analyses de classification hiérarchique, lesquelles reposent sur une méthode d'agrégation des données[5]. De telles analyses se font lorsqu'on présume que le discours obtenu est organisé, que les individus opèrent une classification des éléments qui le composent, et que cette organisation est plus ou moins partagée. On a alors intérêt à introduire une hiérarchie entre les thèmes ou termes obtenus. Le principe de construction de cette hiérarchie est simple : sur la base d'un indice de proximité (ou de distance)[6], on procède à des agrégations successives des éléments discursifs pris deux à deux en commençant par les éléments les plus proches (ou les moins éloignés si la base de calcul est un indice de distance) et ce, jusqu'au classement de tous les éléments présents. La résultante de cette procédure est matérialisée par un arbre hiérarchisé (ou dendrogramme) dont on interprète la structure en examinant le regroupement des éléments par blocs ou sous structures. Les assemblages ainsi repérés ont un contenu sémantique et sont révélateurs de la façon dont les individus organisent les éléments de représentation en catégories. A l'exclusion des variations individuelles, les analyses de classification hiérarchique mettent en lumière un univers imageant d'éléments définis par un ensemble de liens (proximités, distances, implications diverses), délimitent et composent la base représentationnelle commune.

Illustrons ceci d'un exemple. Dans une recherche sur la représentation sociale des droits de l'homme[7], Clémence, Doise & Lorenzi-Cioldi (1994) proposent à de jeunes lycéens de France (N = 255), du Costa-Rica (N = 250), d'Italie (N = 239) et de Suisse (N = 250), de juger 21 situations en termes d'atteintes aux droits de l'homme sur des échelles en quatre points allant de «oui sûrement» à «sûrement pas» (*cf.* tableau 2).

Les sujets questionnés associent les 21 situations qu'on leur propose à leur représentation de ce que sont les droits de l'homme, c'est-à-dire, soit qu'ils les évaluent en fonction de leur propre pertinence par rapport aux droits effectifs de l'homme, soit (et ce dernier cas de figure est moins intéressant car il signifie l'absence de représentation des droits de l'homme) qu'ils distinguent simplement ce qui est atteinte à ces droits de ce qui ne l'est pas.

Une classification hiérarchique permet aux auteurs de clarifier ce dernier point. L'arborescence obtenue (*cf.* figure 1) se lit de droite à gauche. Elle présente une première séparation des items en deux blocs : le bloc supérieur (items 4 à 9) est celui des atteintes manifestes aux droits de l'homme. Ces atteintes font référence aux personnes en situation de précarité : enfants (items 2, 4, 9, 10), prisonniers (items 1, 6, 7), problèmes au sein de la famille (item 3), maladie (item 8), racisme (item

Tableau 2 — **Les atteintes aux droits de l'homme (degré moyen d'atteinte [M] et écart-Type [Sd]) pour l'ensemble des sujets**
(tableau extrait de Clémence, Doise & Lorenzi-Cioldi, 1994, p. 130).

Items	M	Sd
1 - Quelqu'un est envoyé en prison sans qu'un avocat ait pu le défendre	3.54	0.94
2 - Un enfant est battu par ses parents	3.43	1.02
3 - Des hommes et des femmes meurent de faim	3.41	0.98
4 - On fait travailler des enfants dans une usine	3.38	1.04
5 - Des blancs empêchent un noir de louer un appartement dans leur immeuble	3.34	1.17
6 - Un prisonnier se bat en prison. Il est condamné sans qu'un avocat ait pu le défendre	3.34	1.04
7 - Un homme est mis en prison pour avoir protesté contre le gouvernement	3.29	1.10
8 - Des habitants d'un quartier empêchent la construction d'un centre pour les malades du Sida	3.26	1.02
9 - Des parents divorcent. Sans en parler aux enfants, âgés de 10 à 14 ans, le juge décide avec qui ils vivront	3.22	1.05
10 - Des parents obligent leurs enfants à arrêter leurs études	3.15	1.05
11 - Un gouvernement oblige les femmes à se voiler le visage pour sortir dans la rue	3.11	1.18
12 - Quelqu'un est déclaré fou et enfermé. Il proteste mais personne ne l'écoute	3.10	1.02
13 - Un mari empêche sa femme de sortir sans lui	2.93	1.00
14 - Un maire interdit à des gitans de s'arrêter et de camper dans sa commune	2.81	1.00
15 - Une femme empêche son mari de sortir sans elle	2.76	1.19
16 - Un homme soupçonné de meurtre s'est réfugié à l'étranger. Il est renvoyé dans son pays sans pouvoir s'expliquer	2.72	1.05
17 - Quelqu'un tue un cambrioleur qui est entré chez lui	2.63	0.97
18 - Des parents obligent leurs enfants à aller à la messe ou au culte	2.54	1.09
19 - Quelqu'un qui a une maladie contagieuse est envoyé de force à l'hôpital pour se faire soigner	2.36	1.08
20 - Certains ont des salaires beaucoup plus élevés que d'autres	2.34	1.04
21 - Dans une réunion on interdit à quelqu'un de fumer	2.06	1.02

15) ou condition féminine (item 11). Le bloc inférieur regroupe des items moins nettement compris comme relevant du domaine des droits de l'homme (items 13 à 18 sur la figure 1) et constituant des atteintes aux libertés fondamentales (liberté d'établissement, d'expression, d'information ou de religion). Ce second bloc, plus hétérogène, pourrait être dû à une certaine sensibilité des sujets à l'ambiguïté des situations décrites, puisqu'il se caractérise par des évaluations plus disparates (*cf.* les moyennes du tableau 2). Les auteurs font en outre remarquer qu'une telle ambiguïté vis-à-vis des situations regroupées dans le second bloc est déjà présente dans la déclaration universelle des droits de l'homme. Aussi est-on en droit de souligner l'aspect très consensuel de l'objectiva-

tion des droits de l'homme, la proximité des réponses obtenues avec la déclaration universelle montrant l'aspect social de ce savoir commun aux sujets. Plus précisément, on observe que «(...) les jugements moyens des situations présentées décroissent, avec un degré de variation comparable, des atteintes formellement les plus codifiées à celles qui sont le plus sujet à interprétation, et une analyse de classification hiérarchique indique une rupture entre les items inscrits clairement dans le domaine des DH de ceux qui sont plus discutables» (Clémence *et al.*, 1994, p. 133-134).

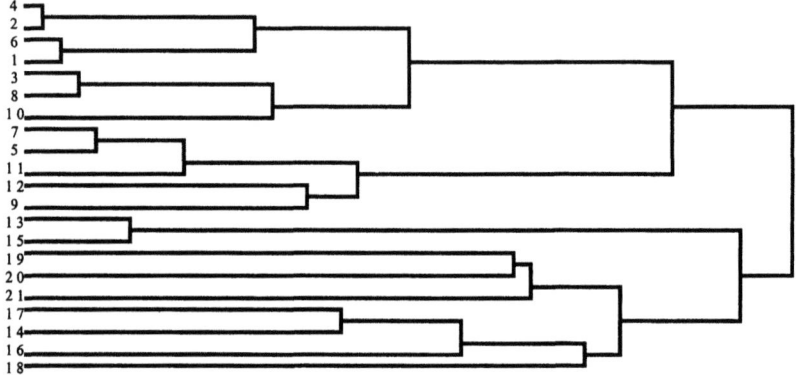

Figure 1 — Dendrogramme issu de la classification hiérarchique (méthode de Ward) des 21 items des atteintes aux droits de l'homme (extrait de Clémence *et al.*, 1994, p. 132).

Par cette procédure de hiérarchisation, on met en évidence ce qui relève, pour les sujets, des droits de l'homme (bloc 1), c'est-à-dire ce qui constitue leur représentation des droits de l'homme, et l'on détermine également (bloc 2) ce qui en fait moins partie. Nous sommes bien là au niveau du contenu d'une représentation. Mais, au-delà, les sous-structures du dendogramme délimitent une organisation de ce contenu en catégories et permettent d'apprécier cette organisation sur un plan sociétal plus large : celui d'un savoir commun «universel» matérialisé, pour les auteurs, par la déclaration universelle des droits de l'homme. Sur une seule analyse descriptive, on obtient par conséquent une vision large des référents individuels et sociaux relatifs à un objet de représentation. Reste que la structuration obtenue par agrégations successives d'éléments est partielle (elle est seulement une façon parmi d'autres de découvrir l'organisation d'une représentation car elle ne rend pas compte d'agencements plus complexes tels que les gradations d'éléments ou l'existence d'un thème commun à plusieurs catégories[8]) et quelque peu statique.

Dans l'élaboration conceptuelle et méthodologique dont Doise est l'initiateur, il va de soi que l'étude du processus d'objectivation constitue une étape dans l'analyse : celle de la délimitation des contours de l'objet de représentation. Celui-ci possède maintenant un fond commun d'éléments articulés entre eux et valués, si l'on veut « des classes sémantiques ou logiques communes » (Doise *et al.*, 1992, p. 98). Cependant, la prudence impose de s'interroger sur la place à accorder à ces dimensions. Si l'on retrouve chez Doise *et al.* (1992) l'idée qu'elles peuvent constituer des repères ou points de référence communs à un groupe social, la dynamique de fonctionnement du processus d'objectivation (que Moscovici éclaire en suivant la genèse et la formation d'une représentation, celle de la psychanalyse) n'est guère perceptible sous l'enveloppe statistique de son étude. Aussi, au-delà de la recherche des éléments objectivants, travaillera-t-on à rendre compte des variations individuelles et des appartenances sociales.

2.2. Les principes organisant les variations individuelles : méthodes d'investigation et de traitement des données

On se rappellera que l'individu est source de variations et qu'il a un rapport spécifique à l'objet de représentation : « Si on considère (...) que les représentations sont avant tout des principes organisateurs qui régulent les rapports symboliques, on peut accepter que cette organisation génère des différences et variations systématiques entre individus » (Doise *et al.*, 1992, p. 99-100).

Faisons retour sur l'étude de la représentation des DH. Nous disposons d'un fond commun, d'un savoir collectif concernant ce qui relève ou non pour les sujets de violations des droits de l'homme. Mais ce savoir peut-il s'organiser suivant quelques grands axes généraux ? Pour répondre à ce type de question, inhérente à la recherche des principes organisateurs d'une représentation, on peut ici encore utiliser des techniques statistiques descriptives permettant de visualiser les positions des sujets sur un espace à plusieurs dimensions. La famille des analyses factorielles s'avère particulièrement adaptée à cet objectif, puisqu'elle permet de condenser les données de départ (éléments ou variables) en recherchant des facteurs ou dimensions (constructions hypothétiques différentes des observables) qui puissent les organiser.

Le nombre de dimensions obtenu, toujours plus faible que celui des éléments initiaux, résume les données de départ en donnant des profils de réponses, et en dégageant ce qui organise la représentation de l'objet. Mais on conserve également la trace des réponses individuelles puisque les scores factoriels matérialiseront la position de chacun des sujets sur chacune des dimensions ou facteurs. Ces variations individuelles (par exemple degré d'acceptation ou de rejet d'un item, réponses positives ou négatives à une question, etc.) permettent donc de savoir comment s'organisent les différences entre les réponses des individus. L'interprétation d'une analyse factorielle se fonde à la fois sur des résumés statistiques (pourcentage de variations expliqué par chaque dimension construite, poids de chaque élément sur chaque dimension — ou saturation —, etc.) et géométriques (représentation graphique des dimensions prises deux à deux, des nuages de points figurant les variables initiales et/ou les sujets). Dans leur étude sur les DH, Clémence *et al.* (1994) mesurent les variations individuelles en utilisant une analyse factorielle en composantes principales, réalisée à partir des 21 items d'atteintes aux droits de l'homme (*cf.* tableau 2). Ces 21 items se regroupent en cinq facteurs (*cf.* tableau 3) qui rendent compte, ensemble, de 55,9 % des variations (pourcentage de variance expliquée). La représentation des DH s'organise alors autour de cinq principes. On y retrouve certes la distinction préalable (obtenue par classification hiérarchique) entre items relevant manifestement du champ des droits de l'homme (et qui saturent ici les facteurs 1 et 2) et items moins nettement inscrits dans cette problématique (plus présents dans les facteurs 3, 4 et 5). Mais on dispose également d'associations fortes entre les items qui contribuent le mieux à l'un ou l'autre de ces facteurs. On notera, par exemple sur le facteur 1, l'association entre le port d'un voile par les femmes (item 11) et l'obligation de culte faite aux enfants (item 18).

Plus en détail, le facteur 1 rend compte (saturations fortes des items) des atteintes aux droits de l'homme qui concernent la violation des libertés individuelles et de l'égalité des droits (items 5, 7, 9, 11, 12, 18). Le second facteur rassemble les atteintes aux droits des personnes et à la protection des enfants (items 1, 2, 3, 4, 6, 8, 10), atteintes qui s'opposent (coefficient négatif), sur ce facteur, à l'item 21 (interdiction de fumer). Le facteur 3 est surtout saturé par deux items (items 13 et 15) liés aux inégalités dans le couple et, d'une façon moins nette, par l'item 10 (arrêt des études d'un enfant sous contrainte parentale). Le facteur 4 met en relief des relations de pouvoir qui se matérialisent, pour certains groupes (gitans, meurtrier présumé, cambrioleur), par une sanction (items 14, 16, 17). Le facteur 5 enfin est, de l'avis des auteurs, celui de rapports sociaux étrangers aux droits de l'homme (items 19, 20), qui s'opposent (coefficients négatifs) par exemple aux violations touchant les droits des enfants (items 2, 4) ou des prisonniers (items 6, 7).

Au total, ce qui de prime abord relevait nettement du domaine des droits de l'homme dans la classification hiérarchique, se scinde ici en

Tableau 3 — **Matrice factorielle après rotation VARIMAX de l'Analyse factorielle en composantes principales sur les 21 items des atteintes aux droits de l'homme** (extrait de Clémence, Doise & Lorenzi-Cioldi, 1994, p. 136).

Items	Facteur 1	Facteur 2	Facteur 3	Facteur 4	Facteur 5
11	.75385	.13919	.14502	.02921	-.18594
5	.74930	.31806	.03933	.09291	-.19956
7	.73443	.21111	.00850	.08128	-.22135
12	.67430	.19814	.12137	.03176	.11487
9	.66327	.23828	.03347	.09665	.07929
18	.55112	-.16794	.28863	.04723	.08497
3	.22268	.65942	.14926	.20621	.19807
1	.35764	.64960	.22466	.14752	-.16300
21	.03123	-.62066	.20944	.31795	.08568
8	.26261	.58761	.25791	.16399	.12912
4	.18537	.54656	.37212	.20688	-.27540
2	.29391	.60350	.28588	.20728	-.32280
6	.26626	.49019	.23209	.32625	-.33509
10	.20959	.48698	.48463	.06789	.08986
15	.13354	.09092	.80132	.02863	.16538
13	.11384	.24741	.79297	.07221	.00284
14	.07310	-.03122	.16350	.73852	-.22327
17	.02085	.10135	-.01412	.55760	.16917
16	.12141	.21067	.00270	.51231	.20078
20	.02036	-.01458	.03818	.36657	.65238
19	-.10761	-.03053	.14538	-.01058	.60300
% variance expliquée	16.2	14.5	10.1	8.1	7.0

deux facteurs tournés pour l'un, vers la liberté individuelle, pour l'autre vers les droits. Quant à l'hétérogénéité apparente des items ne relevant pas des droits de l'homme, elle s'organise en fait ici sous trois facteurs regroupant chacun plusieurs des items concernés en un ensemble non dénué de cohérence psychologique, ce qui réintroduit (et valide) l'idée que la représentation s'organise suivant quelques principes fédérateurs.

Organisation des variations individuelles suivant des dimensions théoriques ou importance de ces variations pour chaque individu, nous avons maintenant une image plus dynamique de ce que pourrait être une organisation représentationnelle. Reste à travailler le niveau des appartenances, insertions et interactions sociales, ce qui revient à se pencher sur le processus d'ancrage des représentations dans la réalité sociale.

2.3. L'ancrage : méthodes d'investigation et de traitement des données

En 1992, Doise décrit trois formes d'ancrage des cognitions et représentations dans le champ social : un ancrage psychologique, qui marque l'intervention de croyances générales quasi sociales dans l'organisation individuelle et les rapports avec les autres ; un ancrage à la fois psychologique et social, qui rend compte de la manière dont les individus se représentent les rapports entre les catégories sociales ; et un ancrage social général dans lequel se lisent les rapports représentations/catégories sociales, les insertions partagées étant sources d'échanges particuliers modulant les représentations. Les ancrages sont certes multiples, mais il est toujours question d'observer l'individu en tant qu'acteur social, au moyen de ses positions et appartenances sociales. Plus précisément, on se posera la question de la force de l'adhésion de chacun des individus à la structure représentationnelle de base décrite au préalable par l'étude de l'objectivation et des principes organisateurs. Pour ce faire, on utilisera les ancrages sociaux des sujets, c'est-à-dire des variables indiquant certaines de leurs appartenances sociales. Dans l'étude sur les DH (Clémence *et al.*, 1994), c'est, entre autres paramètres[9], la nationalité des sujets qui fera office d'insertion sociale et sera prise ici en exemple. Pour tester l'impact de la nationalité sur l'organisation de la représentation des droits de l'homme, les auteurs utilisent les scores obtenus par les 21 items lors de l'analyse factorielle et leur associent, au titre de source de variation, la nationalité des sujets. Ils font ici appel à une analyse inférentielle, permettant de tester des hypothèses d'homogénéité entre les groupes (ici des nationalités différentes) : l'analyse de la variance[10]. Si l'on se limite aux principaux résultats obtenus, on peut dire que les auteurs valident en grande partie leur hypothèse d'intervention de la nationalité sur les jugements des sujets en termes d'atteintes aux droits de l'homme. Ils constatent, par exemple, que la violation des libertés fondamentales (facteur 1) est plus du domaine des droits de l'homme pour les lycéens de Suisse et du Costa-Rica que pour ceux de France et d'Italie. Ces derniers mettent davantage que les autres l'accent sur les droits des personnes (facteur 2), les aspects familiaux (facteur 3) et socio-économiques (facteur 3).

En fin de compte, le but que se fixe la théorie des principes organisateurs est bien de prendre en considération les variations entre individus et entre groupes quant à l'organisation et à la dynamique d'une représentation sociale. Ces variations sont à considérer comme des modulations s'opérant à partir de principes organisateurs communs. On comprendra donc l'utilité de l'étude concomitante de ces trois dimensions, pour une approche « éclairée » des représentations sociales. Cependant, il convient de mettre en garde contre toute association systématique d'une dimension de représentation avec un mode de questionnement et une technique d'analyse statistique donnée. L'objectif prioritaire est plus de fonctionner par une approche pluraliste (voire l'application confirmatoire de plusieurs méthodes statistiques à partir des même données de base) que de procurer un mode d'emploi efficient et achevé. La démonstration de l'utilité de certaines méthodologies, qui tisse le parcours de cette théorie (notamment dans l'ouvrage de Doise et al., 1992), ne devrait pas être comprise autrement : enrichir l'approche des représentations sociales en utilisant les performances et spécificités de certains types d'analyses à des fins de clarification de ces trois dimensions des représentations que sont l'objectivation, les principes organisateurs et l'ancrage. Enfin, on verra dans une telle démarche un apport indéniablement utile pour réaliser « l'état des lieux » d'une représentation donnée en un temps donné, ou pour comparer une même représentation en deux temps distincts et raisonner en termes de variations, mais non encore pour suivre la dynamique de changement des représentations. On recherchera plutôt, dans les données individuelles, un savoir commun ou partagé susceptible d'organiser les différences que l'on observera entre les positions individuelles et les appartenances sociales. A ce prix, on sera en droit de conclure que l'objet étudié fonctionne bien, dans la population retenue, comme une représentation sociale.

NOTES

[1] Le psychologue social doit s'efforcer de trouver réponse à la question « quelles régulations sociales actualisent quels fonctionnements cognitifs dans quels contextes spécifiques » (Doise, 1990, p. 115).
[2] On trouvera chez Doise (1984) un ensemble de recherches illustrant ces interconnexions entre niveaux.
[3] Doise, Deschamps & Mugny (1978) illustrent le marquage social en montrant comment le métasystème agit sur le système cognitif.
[4] Les techniques d'analyse auxquelles ces auteurs font référence pour rendre compte de la dimension d'objectivation se basent pour la plupart sur une représentation géométrique des données, allant du très classique « nuage de points » aux notions de représentations dans l'espace des variables et sujets (par exemple, Benzecri & Benzecri, 1980, pour les analyses de correspondance). Précisons ici que la prudence s'impose quant à l'emploi d'analyses statistiques de ce type dans l'étude de variables cognitives en lien ou non avec la dimension sociale, comme c'est le cas pour les représentations.
[5] Les auteurs envisagent également comme méthode d'approche de ces savoirs communs l'analyse de similitude exposée ailleurs dans cet ouvrage.

⁶ Un grand nombre de ces indices et plusieurs méthodes d'agrégation sont disponibles. Le choix final d'une procédure dépend de la nature des données initiales et des effets recherchés, car les indices et méthodes d'agrégation disponibles accordent un poids différent à chaque élément ou aux individus, et introduisent des pondérations par rapport à l'ensemble des éléments présents dans les données de base.

⁷ DH dans la suite du texte.

⁸ Doise *et al.* (1992) préconisent pour cela une matérialisation dans un espace à plusieurs dimensions rendue possible par des techniques telles que les analyses multidimensionnelles (de type MDSCAL de Kruskal) ou les analyses factorielles.

⁹ Les auteurs utilisent également le genre des sujets ainsi que leurs prises de position (jugement de normalité) quant au recours auprès d'un tribunal international.

¹⁰ Il s'agit d'un type d'analyse très largement utilisé en psychologie sociale expérimentale pour les tests d'hypothèses. Nous n'en reprendrons pas ici les grands principes que le lecteur trouvera détaillés dans la plupart des manuels de statistiques à destination des psychologues ou des chercheurs en sciences sociales (*cf.* par exemple, Abdi, 1987, ou Howell, 1998).

Chapitre 6
Le noyau central des représentations

1. PERSPECTIVES THÉORIQUES

Préoccupation majeure des années quatre-vingt, l'étude de la structure représentationnelle tire la plus grande partie de son inspiration d'une dichotomie fondamentale entre, d'une part, les éléments indispensables à la création et au maintien d'une représentation et, d'autre part, ceux plus dépendants de positions individuelles. Il faut alors envisager les représentations sociales comme des systèmes cognitifs hiérarchisés sur la base de deux dimensions, l'une centrale et l'autre périphérique. Délimiter ce qui constitue le «cœur» d'une représentation sera donc essentiel pour l'identifier comme pour décrire ou comprendre sa dynamique propre. Ainsi, deux représentations différeront effectivement l'une de l'autre si et seulement si elles n'ont pas le même noyau ou système central (*cf.* Moliner, 1994).

1.1. La centralité d'une représentation : noyau, zone ou système?

La plus ancienne et la plus fréquente des appellations est celle de noyau central (Abric, 1987; Flament, 1989; Moliner, 1989...), mais s'y sont tour à tour substituées celle de «zone centrale» puis, plus récemment, celle de «système central» (Abric, 1994a). Une telle évolution n'est pas neutre car le statut cognitif ou socio-cognitif des éléments distingués comme centraux dans une représentation a évolué avec ces appellations, et l'on s'achemine actuellement vers une définition plus consensuelle (Abric, 1994a; Moliner, 1994), en terme de système.

Par système, on entend le plus souvent un ensemble d'éléments qui s'articulent et interagissent entre eux, mais également avec leur environnement. Ainsi, «Une analyse du système doit permettre, dans le cadre d'un modèle explicatif préalablement adopté, de décrire, voire de prévoir, son fonctionnement à partir d'une description exhaustive des inputs, des éléments et de leurs interactions structurales» (Gervet, 1991, p. 772). Si l'on accorde (comme c'est d'ailleurs le cas, *cf.* Guimelli, 1994c) au centre d'une représentation une dimension fonctionnelle, il est manifeste que ce centre est mieux décrit par l'étiquette de système central que par celle de noyau ou de zone. Il est alors question d'un modèle explicatif qui décrit les éléments, les rapports qu'ils entretiennent entre eux, et permet également de prévoir le fonctionnement de la représentation. L'objectif d'étude de la dynamique représentationnelle (éléments, interactions et prévision en constituant pour Guimelli, 1994c, les paramètres indispensables) est alors mieux servi par l'appellation de système central. Cependant, le terme de noyau central demeure et tient lieu de terme générique à une théorisation qui traite pour lors tant de la structure que de la dynamique.

1.2. Que contient le système central ?

Globalement, on peut le dire composé d'un ensemble d'éléments cognitifs et normatifs. Mais, à dire vrai, les travaux expérimentaux ouvrent de plus vastes possibilités en la matière. Doraï est confronté à un système central de forme très schématique et le dit à cette occasion «(...) totalement ou partiellement équivalent au contenu d'un stéréotype social» (1989, p. 100); Vergès (1992) le fait coïncider avec des éléments opérationnellement définis comme prototypiques; Moliner (1992b et c) montre que des opérateurs normatifs sont à l'œuvre au niveau des schèmes attributifs impliqués dans le noyau central; Abric & Tafani (1995) enfin font coexister dans le noyau ces mêmes éléments normatifs (imprégnés des valeurs véhiculées par l'histoire de la société ou de la culture de référence de l'individu et de son groupe, comme c'est le cas par exemple de ce que l'on nomme des jugements) avec des éléments fonctionnels (lesquels renvoient à des activités opératoires telles que les pratiques), sans exclure cependant la possibilité d'éléments «mixtes», à la fois normatifs et fonctionnels.

Au-delà de ce contenu, il y a l'organisation. Si l'on s'accorde sur le fait que le système central est forcément un assemblage de plusieurs éléments, indispensables à la représentation, le débat reste ouvert quant aux modalités de cet assemblage (par exemple, hiérarchisation des éléments qui le composent). Egalement dans le cadre de l'existence réelle de ce système central, on évoque le fait qu'à défaut d'isoler des éléments qui soient indispensables à la représentation, on est porté à conclure, soit qu'il n'y a pas de représentation de l'objet considéré, soit que cette représentation peut être englobée dans une autre ou conséquence de cette autre, donc qu'elle n'est pas autonome. Ainsi, Vergès (1992, 1994) fait-il de l'argent un objet de représentation, puisqu'il parvient à en isoler le système central, tandis que Flament (1994b) réfute l'existence de cette représentation autonome de l'argent, dans la mesure où le système supposé central comporte des éléments qui ne lui appartiennent pas en propre mais qu'il partage, par exemple, avec la représentation du travail.

A notre sens, et à propos de ce que par commodité on appelle noyau central d'une représentation, une question préalable devrait être éclaircie : s'agit-il uniquement d'une structure opératoire ou d'une structure de contenu, que l'on pourrait assimiler à des épisodes définis culturellement voire contextuellement ? En l'état actuel des recherches, un diagnostic général et exclusif quant à l'étiquetage cognitif des composantes centrales d'une représentation n'est guère souhaitable. Mieux vaut s'en tenir, pour son caractère général, à l'orientation donnée par Abric (1989) : le noyau central de la représentation dépend, d'une part «de la nature de l'objet représenté» et, d'autre part, de «la relation que le sujet entretient avec cet objet» (p. 197). Cependant, ce même auteur rajoutera plus récemment à la centralité «(...) les systèmes de valeurs et de normes sociales qui constituent l'environnement idéologique du moment et du groupe» (1994a, p. 23), ouvrant ainsi une brèche non cognitive qui permet de relier le cœur des représentations à des paramètres relevant plus directement du fonctionnement social (*cf.* la «normativité» et les problèmes de dynamique plus loin dans cet ouvrage).

1.3. A quoi sert le système central ?

En première instance, il permet de donner sens et cohérence à la représentation, ce qui correspondrait à une «fonction génératrice» : il est «l'élément par lequel se crée, ou se transforme, la signification des autres éléments constitutifs de la représentation. Il est ce par quoi ces éléments prennent un sens, une valeur» (Abric, 1994a, p. 22). Les démonstrations de cette fonction créatrice sont nombreuses, la plus claire étant, à notre sens, celle d'Abric (1989). Celui-ci propose à des sujets de mémoriser une liste de mots associés au personnage de l'artisan, et délimite quatre conditions expérimentales selon que la liste de ces mots contient ou ne contient pas d'items faisant référence au noyau central de la représentation (déterminé au préalable), et selon que la représentation sociale de l'artisan est ou n'est pas explicitement invoquée. Lors des phases de restitution de l'information (en mémoire immédiate et en mémoire différée), Abric constate que les sujets évoquent des éléments centraux de la représentation de l'artisan, alors que ceux-ci ne figuraient pas dans la liste initiale à mémoriser. C'est, pour lui, une preuve du besoin de cohérence qu'éprouve tout individu, dans la mesure où ces fausses restitutions lui permettent de redonner sens à l'ensemble qu'il a mémorisé.

Le système central dispose également d'une «fonction organisatrice» : il «détermine la nature des liens qui unissent entre eux les éléments de la représentation» (Abric, 1994a, p. 22), ce qui fait de lui un système «unificateur et stabilisateur» (*id.*).

On comprendra aisément que ces deux fonctions ou propriétés ne peuvent s'appliquer qu'à un ensemble constitué des éléments les plus stables de la représentation, c'est-à-dire à ceux qui résisteront le mieux aux changements inhérents à l'évolution d'une société ou d'un groupe. En effet, dans l'étude précédemment citée, Abric (1989) constatera que les sujets enregistrent plus fréquemment en mémoire à long terme (une heure) des éléments qui appartiennent au système central de la représentation, que des éléments relevant du système périphérique.

Sur un temps plus long, Aïssani & Bonardi (1991), font le même type de constat : analysant la représentation d'une université (sur un échantillon de 100 étudiants la fréquentant, et sur deux années consécutives) avec l'objectif de repérer les évolutions possibles de celle-ci, ils observent que les éléments supposés centraux sont identiques d'une année sur l'autre (par exemple, l'université ressemble toujours à une usine, ses enseignants restent anonymes, etc.) et que leur fréquence d'apparition reste relativement stable. Quant aux éléments périphériques, ils varient mais quantitativement assez peu (on y retrouve, par exemple, le caractère scolaire de l'enseignement, le désordre administratif ou la passivité des étudiants). C'est aussi dans le fait que ceux qui évoluent (en l'occurrence ici qui se rapprochent du noyau central) relèvent d'un même univers sémantique (thématique des débouchés économiques) que l'on peut voir se matérialiser dans les préoccupations qui traversent la société toute entière (à l'époque crispée sur les problèmes de l'augmentation nette du chômage). Ceci pourrait être l'occasion d'une interrogation sur le problème (au demeurant complexe) des facteurs causaux du changement de certains éléments d'une représentation donnée.

Dans un tout autre ordre d'idée, on trouvera validation de ce caractère de permanence du système central dans une partie du travail de Moliner (1993a) où la réfutation par l'auteur d'un élément du système central de la représentation de l'entreprise aboutit à ce que les sujets ne reconnaissent pas l'objet de représentation, c'est-à-dire ne retrouvent pas, dans la description qu'on propose, une structuration qui corresponde à celle de leur représentation de l'entreprise. Suivant Moliner (1993a), cette mise en cause d'un élément central provoquera celle d'autres éléments pour aboutir à la non-reconnaissance de l'objet.

1.4. Le système périphérique

Versant contenu, il n'a rien à envier au système central et se compose, comme lui, d'un ensemble d'éléments ou de cognitions. Cependant, et ceci peut davantage prêter à confusion, on l'a également considéré comme un ensemble de schèmes (Flament, 1987, 1989). Si l'on en croit Vurpillot (1991), un schème se définirait à la fois comme une structure dynamique «qui se construit au cours de répétitions nombreuses d'actions ou de perceptions et qui évolue en fonction de nouvelles expériences» (p. 691); comme «un plan, un programme d'activités motrices observables et d'activités inférentielles et comparatives non observables» (*id.*); enfin, par le fait qu'il «ne retient que les traits essentiels qui définissent sa forme, les relations spatiales et temporelles entre ses constituants, et son fonctionnement» (*id.*). Or, seul le premier de ces trois aspects pourrait convenir à la définition des éléments périphériques, si l'on accepte, avec Flament (1987, 1989), d'une part, le primat de la praxis dans la dynamique représentationnelle, et, d'autre part, la fonction de prescripteurs du comportement qu'ont pour lui les éléments périphériques. Par ailleurs, si l'on retient, parmi les théories liées à la notion de schème, celle des scripts (Schank & Abelson, 1977) ou «séquence d'actes essentiels dans une situation» (Flament, 1989, p. 209), parce qu'elle est de loin la plus caractéristique, on peut à la rigueur dire qu'un script, tout comme un élément périphérique de représentation, est prescripteur de conduites adaptées à différentes situations de la vie quotidienne. Mais on ne peut assimiler complètement les éléments périphériques à des scripts, car on y perdrait alors une certaine idée de dynamique, capitale pour la théorie du noyau central.

Versant structuration, c'est l'idée d'une hiérarchisation qui caractérise le mieux le système périphérique, mais ceci plutôt par ce qu'il apporte à la structure centrale : «(...) proches du noyau central, ils [les éléments périphériques] jouent un rôle important dans la concrétisation de la signification de la représentation, plus éloignés ils illustrent, explicitent, ou justifient cette signification» (Abric, 1994a, p. 25).

Enfin, versant fonctionnement, le système périphérique est directement relié au système central : il constitue le côté opérationnel de la représentation sociale, du fait de sa sensibilité au contexte immédiat et de sa souplesse issue d'une certaine indépendance vis-à-vis des conditions historiques et idéologiques. Par conséquent, le système périphérique permet aux membres d'un groupe de s'approprier une partie de la représentation, tout en tolérant des modulations interindividuelles. Chacun peut donc ainsi, *via* le système périphérique, inscrire dans une représentation son histoire, son vécu, sa personnalité, et y apporter, ce faisant, une certaine hétérogénéité, ce qui permettra aussi bien des pratiques que des discours originaux. On parlera alors, à propos du système périphérique, de «fonction de concrétisation» puisque, en termes de prises de positions ou de pratiques sociales, il rend concrète la dimension normative et/ou fonctionnelle du système central.

Au total, le système périphérique d'une représentation se caractérise par l'hétérogénéité des éléments qu'il contient, les modulations individuelles ou interindividuelles qu'il autorise, donc une gestion possible des contradictions et, par conséquent, l'acceptation d'un certain niveau de conflit entre les éléments, mais aussi entre des prises de positions plus individualisées. Toutefois, si les éléments centraux et périphériques d'une représentation sont différents quant à leur nature, le système périphérique est complémentaire du système central parce qu'il est ouvert sur l'extérieur, exposé à une multitude d'informations en cohérence ou en discordance avec la représentation de l'objet, et particulièrement avec son système central. L'une de ses fonctions consistera donc à protéger le système central de ces informations contradictoires, à le défendre pour en assurer la permanence. Fonction de «pare-choc» (Flament, 1987) certes, mais aussi et peut être surtout fonction de «(...) régulation et d'adaptation du système central aux contraintes et aux caractéristiques de la situation concrète à laquelle le groupe est confronté» (Abric, 1994b, p. 79). Cette gestion de l'interface représentation/environnement, dévolue au système périphérique, fait de lui le lieu privilégié de changements et d'évolutions plus ou moins marqués. Système plus souple donc, mais également plus varié et plus variable que le système central. Ses changements ont été attestés dans de nombreuses recherches et tenus pour plus fréquents que ceux observés au niveau du système central. Ainsi, dans l'étude déjà citée de Moliner (1993a), la mise en cause d'un élément périphérique de représentation n'empêche pas les sujets de reconnaître l'objet de la représentation (voir également une recherche du même type et du même auteur (1989) sur un autre objet de représentation : le groupe idéal).

1.5. En résumé

Recomposons une vision d'ensemble de la représentation :
1. En matière de fonctionnement, le système central, normatif et stable, gère les incohérences et la diversité de la périphérie pour les rassembler fondamentalement autour d'une même norme socialement admise par le groupe de référence du sujet. La transgresser revient à changer de représentation, et par là-même de groupe. Or, si le principe d'économie cognitive veut qu'un changement radical de signification du système central soit rare, la dynamique identitaire nous apprend qu'il n'est pas non plus aisé pour un individu de quitter brutalement ses références groupales. Le système périphérique est prescripteur de comportements, souple et mobile. Dans la plupart des cas, la transformation d'une représentation doit logiquement s'effectuer en priorité au niveau de la périphérie puis, lorsque l'impact des informations ou des pratiques est suffisamment important, le système central pourra être affecté, voire aller jusqu'à se déstructurer, ce qui est à vrai dire assez rare. En effet, « si ces désaccords s'inscrivaient directement dans le noyau central, il y aurait destructuration et transformation très rapide de la représentation, ce qu'on ne constate pas. En fait, ces désaccords s'inscrivent comme des transformations des schèmes périphériques, sans remise en cause immédiate du noyau central » (Flament, 1987, p. 146).
2. Les deux systèmes sont composés d'éléments pouvant être reliés sur le mode d'une hiérarchisation, encore largement théorique pour ce qui est du système central. Les travaux en la matière nous apprennent que le plus sûr moyen de mettre au jour les rouages complexes de cette hiérarchie, est de travailler sous l'angle de la transformation des représentations, lequel permet d'observer au mieux le type d'éléments qui évolue et le statut qu'il occupera dans la structure. Par exemple, Roussiau & Soubiale (1996a) observent, dans une étude longitudinale, une évolution des éléments périphériques connexes (c'est-à-dire directement reliés au système central) ou structurellement proches de lui.
3. La distinction centralité/périphérie peut être comprise quantitativement, mais aussi qualitativement. Par exemple, dans une recherche de Flament (1981a), la représentation du groupe idéal s'organise autour de deux opinions centrales : « les relations y sont fraternelles » et « il n'y a pas de chef ». Un certain nombre d'autres opinions (du type « ses membres partagent un même objectif ») s'avèrent être approuvées ou

choisies avec la même force que les deux opinions centrales (quantitativement donc) par un grand nombre de sujets, mais elles appartiennent à la périphérie de la structure.

4. Enfin, les représentations sociales sont majoritairement composées d'items prescripteurs, à l'origine uniquement dans la périphérie (Flament, 1987), mais en fait, on admet que, dans une représentation sociale, «les deux aspects (prescriptifs et descriptifs) sont à chaque fois présents, distinguables au niveau discursif, mais non au niveau cognitif. Par exemple, un "péage" est un "guichet où il faut payer", et derrière la notion de confession, il y a un script» (Flament, 1994a, p. 38).

2. COMMENT REPÉRER ET IDENTIFIER DES ÉLÉMENTS CENTRAUX ?

A tant parler des aspects relatifs au contenu et aux fonctions de chacun des systèmes qui composent la structure représentationnelle, on pourrait facilement oublier que toute représentation s'appréhende en premier lieu par son système central, et ce au moyen d'une (ou plusieurs) méthodologie(s) et d'une (ou plusieurs) technique(s) spécifique(s). Et sur ce plan, on distinguera deux niveaux d'approche : on peut simplement repérer des éléments susceptibles de faire partie du système central ou bien s'attacher à les identifier avec plus de certitude. Les auteurs concèdent actuellement que la méthode permettant le repérage a bien souvent, faute de possibilités d'identification opérationnelles, servi à caractériser, donc à définir, le système central (Abric, 1984). Mais ceci relève des évolutions méthodologiques propres aux travaux sur la structure des représentations, et les deux modes de détermination restent encore valides actuellement.

2.1. Les méthodes de repérage du système central

Elles ont accompagné les débuts de la formalisation théorique du noyau central et de ce fait grandement contribué à sa distinguabilité actuelle. Deux techniques de repérage ont plus particulièrement été employées dans le cadre de la théorie du noyau central : l'analyse de similitude et, plus récemment, l'analyse prototypique et catégorielle.

L'analyse de similitude[1] *(Flament, 1962 ; Degenne et Vergès, 1973)*

Elle a soutenu de nombreuses réflexions tant méthodologiques (Flament, 1962, 1986 ; Degenne & Vergès, 1973 ; Flament, 1981a et b ;

Di Giacomo, 1981a et b; Degenne, 1985; Vergès, 1985; Aïssani, Bonardi & Guelfucci, 1990...) que théoriques (Flament, 1987; Doraï, 1989; Abric, 1989; Flament, 1989...), et a servi autant l'étude de situations concrètes décrivant un état représentationnel (Abric & Vacherot, 1976; Abric & Mardellat, 1983; Abric, 1984; Larrue, Cassagne, Domenc & Guelfucci, 1985; Neyrand, 1985; Singery-Bensaïd, 1985; Yapo, 1993; Domergue, 1995...) que l'abord des transformations et évolutions (Aïssani, 1991a; Aïssani & Bonardi, 1991; Roussiau, 1996a). En ce sens, elle est une référence incontournable pour l'étude structurale des représentations.

C'est en 1962, dans les *Cahiers du Centre de Recherche Opérationnelle*, que Flament propose pour la première fois d'adapter l'ADS à l'étude des représentations sociales. Son avantage est celui d'une approche à la fois combinatoire et structurale appliquée à l'ensemble des éléments susceptibles de composer une représentation. On ne s'intéresse pas à ces éléments pour eux-mêmes, mais plutôt pour leurs combinaisons. L'objectif de l'ADS est de simplifier un ensemble au départ complexe d'éléments, pour ne retenir que la structure la plus significative, c'est-à-dire celle qui se composera des relations les plus fortes entre les éléments. Ces relations sont statistiquement valuées à l'aide d'indices de similitude ou de distance[2]. Cela correspond parfaitement avec une définition de la représentation sociale comme «un ensemble de *cognèmes* (Codol, 1969)[3], organisé par de multiples *relations*; (...) ces relations peuvent être *orientées* (implication, causalité, hiérarchie...) ou *symétriques* (équivalence, ressemblance, antagonisme...), mais toutes peuvent se "dégrader" en une relation symétrique traduisant l'idée vague de : "aller ensemble"; (...) cette relation, en général, n'est *pas transitive* : si A va avec B pour certaines raisons, et B avec C pour d'autres raisons, il se peut fort que A et C n'aient aucune raison d'aller ensemble» (Flament, 1981a, p. 377). L'agencement d'une représentation ne sera alors perceptible qu'en utilisant des «(...) méthodes d'analyse des données dont les bases mathématiques respectent le caractère généralement qualitatif des données, et surtout, certaines idées qu'on peut avoir sur la nature des représentations» (Flament, 1981a, p. 376).

Les caractéristiques minimales de l'ADS permettent de l'appliquer à toutes sortes d'éléments et ensembles d'éléments (Bidart, Guidarini, Louis-Palluel & Vergès, 1991), et, dans le cas des représentations sociales, à des opinions, des savoirs, des croyances... ou de simples informations. On considère alors que ces éléments sont d'autant plus proches entre eux que de nombreux individus les retiennent (ou ne les retiennent pas) simultanément pour définir la représentation qu'ils se font d'un objet.

Mathématiquement, l'ADS dérive de la théorie des graphes et en utilise la terminologie, ce qui permet de «dessiner» la structure cognitive de la représentation sous forme de graphe arborescent associant deux à deux les items ou éléments. Ceux-ci ont, dans l'ADS, le statut de sommets, et sont reliés entre eux par des arêtes qui matérialisent, à l'aide d'un coefficient de similitude, la force de leur association.

Supposons l'existence de trois sommets I1, I2, I3, par exemple trois opinions. Entre chacune de ces opinions, trois indices de similitude (S(1/2), S(2/3), S(1/3)) serviront à évaluer l'intensité de leur relation. L'ensemble se présentera alors (cf. graphe 1) comme un graphe complet ou cycle, tous ses sommets étant reliés entre eux[4].

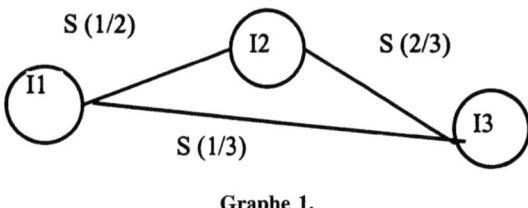

Graphe 1.

Ce graphe est valué parce que l'on a affecté à chaque arête la valeur d'un indice de similitude. L'application de l'ADS à un ensemble d'éléments de représentation permettra ensuite de ne retenir que la structure la plus significative du graphe complet valué. Reprenons le graphe de notre exemple (graphe 1) ainsi que les trois indices de similitude, et supposons que l'un de ces indices soit inférieur aux deux autres. La structure la plus significative possible s'obtiendra par élimination de l'arête la plus faible des trois (par exemple ici S(1/3)), ce qui donnera un nouveau graphe (graphe 2)[5].

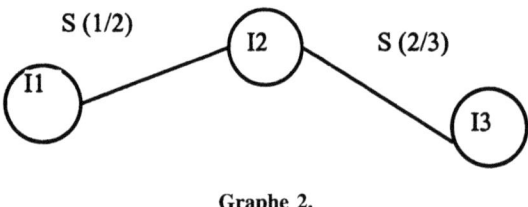

Graphe 2.

«L'opération de réduction consiste donc à simplifier le graphe complet de départ en supprimant la plus petite arête à chaque triangle»

(Degenne & Vergès, 1973, p. 473), opération nécessaire quand on dispose de nombreux sommets. Cette démarche de réduction repose sur différents algorithmes, qui permettent de réduire toutes les relations de similitude observées dans la matrice aux relations les plus significatives. A la fin de l'analyse, demeureront «non pas les arêtes les plus fortes, mais celles qui ne sont jamais les plus faibles dans leur environnement» (Degenne & Vergès, 1973, p. 477).

Imaginons cette fois-ci que l'on ait à analyser six items composant une représentation (ce qui est encore une fois assez peu). Le graphe complet valué (graphe 3), première étape de l'ADS, est déjà trop complexe pour être interprété en termes de relations entre items.

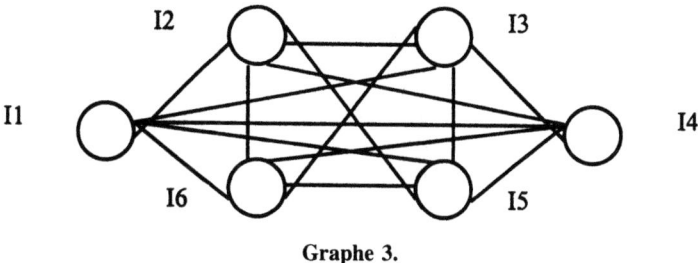

Graphe 3.

A ce graphe correspond une matrice de similitude qui fournit, pour chaque couple d'items, un indicateur «S» de similitude ou «D» de distance[6]. Ceci est rendu possible par la «propriété d'indépendance» des algorithmes par rapport aux indices. Il s'agit de savoir, par paire d'items, ceux qui ont été choisis ensemble par un nombre «x» de sujets, ou qui ont été rejetés ensemble par un nombre «y» de sujets. Le résultat de ces opérations est un arbre maximum (graphe 4) qui rend compte de la simplification du graphe de similitude initial.

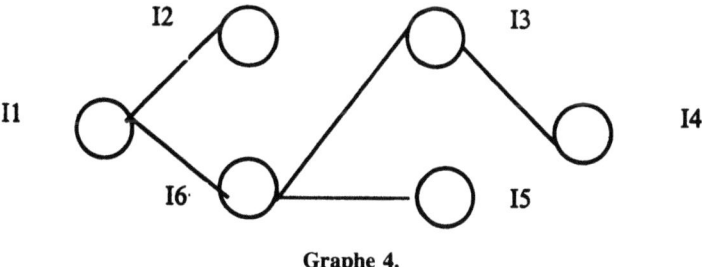

Graphe 4.

« On obtient la représentation la plus dépouillée qu'il soit possible d'avoir, en conservant la connexité » (Degenne & Vergès, 1973, p. 477) des items. Cet « arbre maximum », graphe connexe[7] et dénué de cycles[8], constitue la structure la plus simple en matière de liens tissés entre tous les items présents[9]. Dans le graphe 4, on peut effectivement aller de n'importe quel item à n'importe quel autre en utilisant les arêtes.

Cet arbre maximum servira à repérer les éléments qui composeront le système central, c'est-à-dire ceux qui seront fortement reliés entre eux et, de surcroît, liés à plusieurs autres éléments, et ceux qui appartiendront au système périphérique, c'est-à-dire *a priori* tous les éléments restants.

Cependant, pour que le repérage des éléments centraux soit plus complet, on tiendra également compte : de la nature de la distribution des réponses des individus, que l'on représentera sous forme de courbes (*cf.* Vergès, 1995); du champ sémantique des items potentiellement centraux ; ainsi que des informations supplémentaires que fournit l'ADS : le « filtrant des cliques ». Ce dernier met en évidence les relations de similitude entre groupes de plus de deux éléments (ou cliques), relations qui n'apparaissent pas, on l'a vu, sur l'arbre maximum. Pour peu que l'on observe les groupements qui se forment, sur le filtrant, aux plus forts indices de similitude, on sera à même de représenter graphiquement[10] comment, à un seuil donné, les cliques d'éléments peuvent s'inclure les unes dans les autres, ce qui apportera davantage de certitude pour repérer les éléments du système central.

Sans méconnaître les problèmes encore liés à la mise au jour de l'organisation interne d'une représentation et les divers efforts actuellement déployés pour les résoudre (Vergès, 1994; Moliner, 1994; Capozza, Robusto, Squarza & De Carlo, 1995), il convient de souligner que l'ADS présente un certain nombre d'avantages :

1. la simplicité du modèle mathématique rendant compte de l'organisation des données à analyser est un atout. En effet, on peut travailler « à partir de n'importe quel tableau de similitude »; « les procédures de traitement ne sont liées à aucune métrique » particulière, ou encore la « propriété d'indépendance des algorithmes par rapport aux indices » (Degenne, 1985, p. 21-22) permet une grande souplesse concernant leur utilisation.

2. L'ADS donne à voir des lieux de plus forte densité des relations de similitude, l'analyse du filtrant des cliques fournissant une appréciation des opinions qui « émergent » de l'ensemble des données recueillies. On obtient ainsi des organisations discriminantes d'items, ce qui permet de

statuer sur la hiérarchie structurale des éléments composant la représentation. Ce travail est important si l'on décide notamment d'analyser l'organisation du système périphérique (Roussiau, 1996a). Bref, on obtient des informations intéressantes pour l'analyse structurale de la représentation, mais également, si l'on s'intéresse à l'évolution de ces blocs ou organisations signifiantes, pour l'étude de la dynamique représentationnelle, les multiples indicateurs de l'ADS servant alors au mieux à rendre compte du changement d'état d'une représentation. Car, «Qu'il s'agisse de problèmes d'ancrage, de régulation des rapports sociaux ou d'évolution des représentations, la question qui se pose au chercheur est de savoir en quoi deux représentations ou deux états successifs d'une même représentation diffèrent. Selon nous cette question ne peut trouver sa réponse que dans l'examen de la structure des représentations étudiées» (Moliner, 1993a, p. 20); et, aurions-nous envie de rajouter, dans les indicateurs qui rendent compte de l'état de cette structure.

Cependant, comme l'ADS est une technique descriptive, elle rendra compte de l'évolution d'une structure représentationnelle uniquement dans les limites d'une visée comparative, et ceci, soit en postulant qu'une représentation, à l'origine unique, a pu évoluer suivant les pratiques différentielles développées par des groupes donnés (comme c'est par exemple le cas des travaux de Guimelli, 1989; 1994b), soit (comme dans les travaux d'Aïssani, 1991a), en comparant à plusieurs reprises une même représentation, ou différentes représentations entre elles.

L'ADS n'est donc en aucun cas utilisable dans une optique statistique de validation d'hypothèses comparatives (Roussiau, Jmel & Saint Pierre, 1997) : elle ne permet pas de tester la significativité d'un modèle, ni de rendre compte de (et/ou de comparer) cette significativité par rapport à un autre modèle. D'une certaine façon, cela relativise la pertinence de son utilisation dans des études comparatives ou longitudinales. Enfin, comme le rappelle Di Giacomo, on ne peut ignorer «l'énorme problème du caractère intuitif de l'interprétation des techniques descriptives» (Di Giacomo, 1981a, p. 430), ce qui s'applique bien sûr à l'ADS.

Pour finir, si l'on reproche souvent à cette méthode (et à juste titre) son caractère uniquement procédural (Moliner, 1994), on ne doit pas oublier pour autant la dimension qualitative introduite certes par le regard ou le système d'interprétation du chercheur, mais indispensable, notamment pour donner sens à l'organisation sémantique des éléments du système central (Morin, 1994).

Analyse prototypique et catégorielle (Vergès, 1992, 1994)

L'étude des représentations sociales se base fréquemment sur le recueil de données dites associatives (Di Giacomo 1981a; Le Bouedec 1984; De Rosa 1988, 1995...) : à partir d'un mot inducteur, on demande a des individus les termes qui leur viennent à l'esprit. Vergès (1992) propose d'appliquer, dans le cadre d'étude des représentations, une technique de traitement de ces mots associés en deux étapes, la première (ou analyse prototypique) consistant à croiser le rang d'apparition du mot avec sa fréquence, la seconde constituant une étape dite de catégorisation sous contrainte.

Dans l'analyse prototypique, le croisement du rang d'apparition des évocations avec la fréquence de ces évocations conduit à délimiter quatre zones dans lesquelles se regroupent les mots associés à l'inducteur de départ. La signification affectée à ces zones est bien sûr reliée à la conception théorique du noyau central, affectant une plus grande importance à certains groupes d'éléments qu'à d'autres.

Plus concrètement, on peut rendre compte de ces regroupements de mots à l'aide d'un tableau à quatre cases, mentionnant conjointement la fréquence et le rang d'apparition de chaque mot. Par exemple (*cf.* tableau 4), l'analyse prototypique de la représentation de l'argent (Vergès, 1992) réunit, dans la case 1, les éléments qui peuvent prétendre au statut d'items centraux «(...) car situés dans la case où il y a une congruence positive entre les deux critères (très fréquent et bien placé)» (Vergès, 1992, p. 205). Dans la case 4, sont regroupés les mots peu cités ou

	> à 1.8		< à 1.8	
	\multicolumn{4}{c}{rang moyen}			

fréquence				
> à 18	Travail (51)	Vie (23)	Pouvoir (24)	
	Bien être (48)	Vivre (18)	Loisir (33)	
	Bonheur (24)		Achat (20)	
	Confort (21)	*CASE 1.*		*CASE 2.*
	Richesse (22)			
< à 18	Salaire (15)		Santé (16)	Sécurité (14)
	Facilité (15)		Luxe (12)	Plaisir (13)
	Monnaie (14)		Voyage (15)	Economie (11)
	Fric (12)	*CASE 3.*	Nécessité (14)	Impôt (11) *CASE 4.*
	Billet (11)		Besoin (14)	

Tableau 4 — La représentation sociale de l'argent (Vergès, 1992, p. 205) : termes obtenus par analyse prototypique suivis (entre parenthèses) de leur fréquence d'apparition.

évoqués en dernier lieu ; ils sont plutôt caractéristiques d'une zone de représentation périphérique.

Les deux cases restantes donnent des informations ambiguës, puisque, dans un cas (case 3), le rang d'apparition est important mais la fréquence est faible, et dans l'autre (case 2), c'est l'inverse. Selon Vergès (1994, p. 238), cette ambiguïté s'interprète en posant que les deux cases considérées constituent « une zone potentiellement déséquilibrante, source de changement ». C'est alors dans ces deux cases que l'on devrait observer les changements les plus fréquents. Néanmoins, les items de la case 2 (à fréquence élevée) correspondent mieux que ceux de la case 3 à une hypothèse de changement car « l'élément périphérique saillant est un thème nouveau dans une représentation sociale en changement » (Flament, 1994b, p. 90), ce qui constitue une situation « d'interaction entre le central traditionnel et le nouveau encore utopique, qui fusionneront (peut-être) pour donner une représentation sociale nouvelle » (*id.*). Malgré le faible étayage expérimental d'une telle hypothèse, on ne peut manquer de noter la convergence de points de vue entre les deux auteurs, la saillance (c'est-à-dire ici la fréquence d'apparition) d'items périphériques étant pour eux une spécificité structurale et hypothétiquement fonctionnelle.

L'étape de catégorisation vient à l'appui de la précédente car il s'agit de regrouper, autour de notions prototypiques, les termes sémantiquement proches. La technique employée par le chercheur sera en général « (...) un mixte entre son propre système de catégorisation et celui qui semble émerger des données » (Vergès, 1992, p. 205-206). Toutefois, Vergès suggère comme principe de regroupement « celui du rattachement aux mots les plus fréquents » (Vergès, 1992, p. 206). La critique essentielle qu'appelle cette étape est dans la définition même de la technique employée : ancrées pour une bonne part dans la subjectivité du chercheur, les limites des catégories sont d'autant plus difficiles à cerner que, d'une part, certains items peuvent recouper plusieurs thèmes, et que, d'autre part, les catégories sémantiques redevables de chaque thème peuvent varier en degré de précision, c'est-à-dire avoir des contours plus ou moins clairs. Le choix est donc délicat, mais, paradoxalement, ne pas regrouper des mots synonymes ou très proches par le sens pourrait constituer un biais en amenant potentiellement à privilégier un thème qui s'actualiserait par un ou deux termes seulement et, corrélativement, à minimiser une autre thématique regroupant un grand nombre de termes.

Illustrons toute la difficulté de cette étape de catégorisation en nous référant à une étude consacrée à la représentation sociale de la politique

(Roussiau, 1996a). L'analyse catégorielle produit une organisation autour des onze termes les plus fréquents issus de l'étape d'analyse prototypique : (pouvoir ; magouille ; corruption ; mensonge ; hypocrisie ; parti ; gouvernement ; argent ; élection ; démocratie et ministre). On peut ensuite les regrouper en six catégories.

La première de ces catégories rassemble tous les problèmes de moralité (aspect de la politique bien connu et présent dans l'actualité du moment) et dispose d'une « ossature » de quatre termes aux fréquences élevées (« magouille ; corruption ; mensonge et hypocrisie »). Or, plusieurs sous-thèmes sont associés à ces quatre termes, qui traduisent majoritairement des jugements et évaluations négatifs[11]. Cependant, cette première catégorie présente aussi deux sous-thèmes peu fournis renvoyant à la moralité sous son angle positif (« intégrité et vérité »).

La seconde catégorie se concentre sur le thème de l'argent. Mais se pose le problème de son autonomie car elle s'avère liée à la précédente : sont associés à l'argent certains termes (par exemple : « argent-sale » et « argent-maître ») qui renvoient manifestement à l'aspect corrupteur de l'argent (« sale »), mais aussi au « pouvoir » (« maître »). Dans des recherches du même type (Roussiau, 1996a), le système central repéré comportait deux modalités : corruption et magouille. Or, ici, l'argent « sale » peut évoquer aussi bien l'une que l'autre. Par contre, le terme de « maître » évoque clairement le concept de « pouvoir ». Cette médiation sémantique du terme argent, redevable ici de la corruption ou du pouvoir selon les termes utilisés, inciterait, compte tenu de sa fréquence élevée, donc de sa position directement sous gestion par le noyau central (Flament, 1994b), à le penser comme élément du système périphérique, dont le sens serait organisé par la centralité de la représentation (Abric, 1994b). Par ailleurs, interrogés librement (dans le cadre d'une discussion) sur les problèmes institutionnels, les sujets de cette recherche (des étudiants) évoquaient la magouille comme origine de ces dysfonctionnements. En fin de compte, ce double regard sur un même terme conduit à lui conférer, dans l'analyse catégorielle, une autonomie sémantique puisqu'on y trouve aussi bien des synonymes du mot (par exemple, « fric ») que des aspects liés aux fonctions de l'argent (par exemple, « impôt ou taxe »), au pouvoir (« argent-maître ») ou à la magouille (« caisse-noire » ou « argent-sale »).

Si nous poursuivons l'examen des catégories délimitées dans notre exemple, vient en troisième position une catégorie pouvoir, à laquelle sont attribuées aussi bien des qualités valorisantes (« prestige » ; « art de plaire ») que dévalorisantes (« arrivisme ; démagogie ; beaux parleurs »).

Y sont également répertoriées des caractéristiques sociales («caste; privilège; ascension sociale»), des attributs du pouvoir («maître; seigneur»), ou même les états et actions qu'il induit («oppression; asservissement; influence; abus de pouvoir»). A verser également au crédit de cette catégorie, quelques synonymes du mot («puissance; autorité; domination»), et un terme fréquent mais à connotation ambiguë car il est aussi bien valorisant que dévalorisant : l'ambition comme moyen pour accéder au pouvoir dans le monde politique. Ces différents aspects ne donnent certes pas l'image d'une catégorie très homogène de termes.

Quant aux trois catégories restantes, elles se rattachent plus particulièrement à des problèmes institutionnels : la quatrième («idéologie politique et structure politique») possède deux sous-thèmes distinguant les différentes formes de l'idéologie politique («communisme; monarchie; fascisme; oligarchie; capitalisme; socialisme») et les structures permettant un fonctionnement politique («constitution; assemblée nationale; ministère; parti; Sénat»). Reste un petit ensemble de termes que l'on hésitera à répertorier comme idéologie politique car il présente plutôt les aspects concrets des divisions du monde politique («politique; partis; RPR; gauche; droite»).

La cinquième catégorie s'organise autour de l'action politique au sens large. Elle s'inscrit dans le champ institutionnel d'une façon formelle («vote; élection; campagne électorale; meeting») ou plus informelle et générale («concertation; confrontation; protestation»), sur le mode de la violence dans l'action («combat; lutte; révolution; violence; conflit») ou encore d'actions réfléchies («stratégie; diplomatie; enjeu politique»).

Enfin, la dernière des catégories présente les acteurs du monde politique sous l'angle d'une grande diversité : dénominations institutionnelles («chef d'état; ministre; président»), rang social («énarque; élite»), noms de famille («Chirac; Pasqua; Balladur»), ou aspects de dérision («Coluche; rigolos; guignols; sénile»). Le pouvoir (ici concrètement entendu, ce qui différencie cette catégorie de la troisième), est aussi présent («leader; dirigeant; gouvernant»), de même que les électeurs («électorat; citoyens»).

Développer ainsi ce qui ressort réellement de l'étape d'analyse catégorielle permet de mieux en percevoir les failles. En première critique, on pourrait signaler la difficulté de construction des catégories sémantiques elles-mêmes. Dans notre exemple, en effet, les trois dernières catégories, relatives aux «problèmes institutionnels», auraient pu n'en constituer qu'une seule, avec, en vis-à-vis, une catégorie «moralité» regroupant argent, corruption et pouvoir.

D'autres combinaisons auraient été également envisageables, ce qui mène à une seconde critique, relative celle-ci au choix des termes à inclure dans chaque catégorie. En témoigne, dans notre exemple, le flou de la notion d'ambition, ou le statut intermédiaire entre deux catégories de termes sémantiquement proches (voir par exemple la notion concrète de pouvoir associée à la catégorie des acteurs du monde politique). Enfin, l'on voit bien que la définition même des champs catégoriels est délicate, puisque la catégorie «action politique» peut regrouper de multiples termes, alors que les catégories «argent» et «pouvoir» sont des catégories sémantiquement plus restrictives. Ces choix ont bien entendu un impact sur le poids des catégories comme sur l'interprétation qui en découlera. Mais, à tout prendre, de telles critiques s'appliquent à tous les domaines de recherche utilisant des données naturelles ou suscitées comme base d'une analyse de contenu.

C'est donc muni de ces informations invitant à la plus grande prudence dans l'interprétation, que l'on peut, en fin de compte, analyser les résultats fournis par l'opération de catégorisation. Toujours dans notre exemple, on pourrait remarquer, entre autres particularités (*cf.* tableau 5), que la catégorie «moralité» comprend le plus grand nombre de mots différents (37 soit 10,5 %), que 85,4 % d'entre eux sont très fréquents et que le poids de la catégorie dans le corpus total s'élève à 19,2 %.

Tableau 5 — **Résumé appréciant le poids de chacune des catégories**
(Roussiau, 1996a, p. 324).

Catégories	Nbre de mots différents dans la catégorie	Fréquence (en %) des mots différents de la catégorie	Mots très fréquents (en %) de la catégorie	% d'occurences des mots de la catégorie sur la totalité du corpus
Moralité	37	10.5	85,4	19.2 (233)
Argent	11	3.1	79,6	4.4 (54)
Pouvoir	24	6.8	84	10.3 (125)
Idéologie et structure politique	34	9.7	91	21 (255)
Action politique	33	9.4	75,9	11.9 (145)
Acteurs politiques	25	7.1	81,7	7.7 (93)
Rebuts	*187*	*53.3*	*38,1*	*25.5 (310)*
Total	351	100 % (1215)	63 % (765)	100 %

En seconde position viendrait la catégorie ayant trait aux problèmes « d'idéologie et de structure politique » (34 mots différents ; 91 % de mots fréquents ; poids de la catégorie : 21 %), etc.

Pour achever l'examen catégoriel, le logiciel de traitement statistique des mots associés (Vergès, 1992) proposera une distribution des pourcentages des rangs d'apparition des mots, ce qui apportera une dernière aide pour l'appréciation des catégories. Notre exemple fournit ainsi deux histogrammes (*cf.* histogrammes 1 et 2) qui laissent entrevoir deux types de distributions :

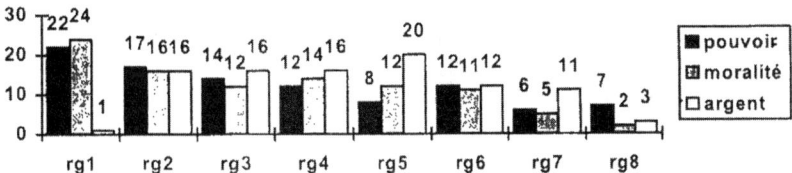

Histogramme 1 — Distribution des pourcentages par rang pour les catégories « pouvoir », « moralité » et « argent » (Roussiau, 1996a, p. 325).

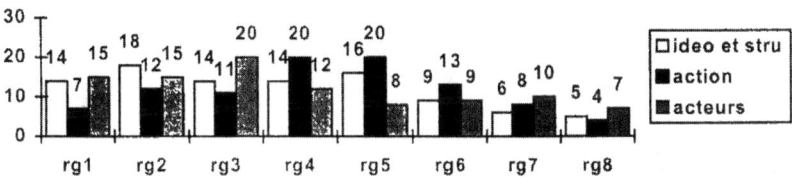

Histogramme 2 — Distribution des pourcentages par rang pour les catégories « idéologie et structure politique », « actions politiques » et « acteurs politiques » (Roussiau, 1996a, p. 325).

– Le premier type de distribution regroupe les catégories dont les pics de fréquence se situent au niveau des rangs moyens d'apparition (rangs 3, 4, 5 et 6), ici les catégories « actions politiques », « acteurs politiques » (histogramme 2) et « argent » (histogramme 1) essentiellement.

– Le second type fédère les catégories aux fréquences les plus élevées aux deux premiers rangs d'apparition (rangs 1 et 2), soit les catégories « moralité » et « pouvoir » (histogramme 1). Cette information, associée aux précédentes, permettrait de conclure à la primauté de ces deux dernières dimensions sémantiques dans la représentation étudiée, c'est-à-dire d'une moralité qu'il faut entendre à rebours car la politique en semble assez dépourvue.

Au total, malgré la part importante de subjectivité attachée à l'étape d'analyse catégorielle, la méthode de repérage proposée par Vergès

(1992) a pour elle deux atouts majeurs. D'une part, la maniabilité et la facilité de compréhension des procédures logico-mathématiques d'extraction des données, le traitement informatisé minimisant aussi les erreurs. D'autre part, cela permet de traiter des données obtenues à partir de la libre expression des individus, ce qui est important dans un domaine où, assez fréquemment, les questionnaires de type classique emprisonnent l'individu dans des opinions «préfabriquées» par le chercheur. Ainsi, sans que cet individu soit réellement expert de sa propre production discursive, le chercheur est à même d'adjoindre au «critère d'importance» (fréquence des évocations), un «critère individuel de signification» (certains mots sont plus en rapport que d'autres avec le thème de la représentation sociale) (Vergès, 1994, p. 236), ce qui revient à dire que «A la propriété quantitative on ajoute une propriété plus qualitative même si elle se présente sous forme numérique» (*id.*). Propriété que l'on peut encore assurer en demandant aux sujets de souligner les deux termes (évoqués par eux) qui paraissent à leurs yeux les plus importants[12].

Ce sont ces qualités même de l'analyse prototypique et catégorielle qui ont favorisé son utilisation dans le cadre de recherches de terrain (Morin & Vergès, 1992; Rousseau, 1998; Rousseau, Chalmin & Lecaillon, 2000; Rousseau & Le Blanc, 2001).

Reste enfin que ce type de procédure de repérage des éléments centraux relève du cadre théorique des prototypes, et qu'il y a toujours problème à soutenir que les cognitions du système central ne sont constituées que de prototypes ou de termes prototypiques. Nous avons déjà évoqué un problème analogue quand il s'agit d'assimiler le contenu du système central à un ensemble de schèmes ou à un stéréotype. Cependant, rappelons ici que les conceptions les plus actuelles (Flament, 1994a) établissent bien que ce n'est pas le contenu mais l'organisation de ce contenu — donc un système cohérent — qui caractérise une représentation sociale. Et l'agencement des données obtenu par l'analyse prototypique et catégorielle correspond parfaitement à une telle conception de structuration de la représentation. Les étiquettes affectées à chacune des cases de l'analyse prototypique, censée modéliser la structure représentationnelle, sont cependant appelées à évoluer encore. Reprenant certains travaux de Grize, Vergès & Silem (1987), Vergès (1994) met en regard deux études portant sur deux représentations sociales distinctes, et les tableaux d'analyse prototypique qui leur correspondent dessinent deux structurations différentes: pour la représentation du travail, chaque case reflète un champ sémantique spécifique, tandis que, pour celle des nouvelles technologies, les champs sémantiques s'interpénètrent les uns les autres et voisinent dans une même case. La première représentation pourrait être considérée comme autonome, car structurée autour d'un thème fort («gagner sa vie»), tandis que la seconde constituerait l'exemple même d'une représentation au confluent de deux autres représentations que l'on pourrait dire relatives, pour l'une, au progrès, pour l'autre, aux machines.

2.2. Les méthodes d'identification du système central

De facture plus récente que les précédentes, les méthodes dites d'identification constituent à l'heure actuelle un des moyens les plus fiables pour aborder la centralité d'une représentation. Deux techniques pour lors assez largement validées seront abordées ici : la mise en cause et l'induction par scénario ambigu.

La technique de mise en cause[13] *(Moliner, 1992a)*

Comme son nom l'indique, elle prend sa source dans un principe de réfutation. Ses référents théoriques étant principalement issus de la théorie du noyau central, elle repose par conséquent sur l'idée que les éléments organisant et donnant un sens à une représentation sont inconditionnels, non négociables si l'on veut. A quoi s'ajoute le fait que, la représentation agissant comme une grille de lecture spécifique de la réalité, mettre en cause l'un des éléments essentiels à son fonctionnement produira un changement de cette grille de lecture.

Opérationnellement, on présente aux individus un objet dont on s'est au préalable assuré qu'il est bien objet de représentation, tout en contredisant l'une de ses caractéristiques ; contradiction qui générera ou non un changement. Si les individus ainsi questionnés ne reconnaissent pas cet objet, l'élément que l'on a contredit est considéré comme central, puisque son éviction active une autre grille de lecture.

Pour reprendre l'exemple de la représentation du «groupe idéal d'amis» (Flament, 1982 ; Moliner, 1989), afin de vérifier, par la technique de MEC, que le système central de cette représentation est bien constitué des deux éléments amitié et égalité, il suffit de présenter aux individus un texte inducteur correspondant au groupe d'amis, mais s'achevant par une information contradictoire (en l'occurrence soit qu'il n'y a pas, dans ce groupe, de relation amicale — absence d'amitié —, soit que ce groupe possède un chef — absence d'égalité). Les individus se prononcent ensuite sur le fait que le groupe décrit est (ou non) un groupe idéal. Une réponse négative à cette question signifie que l'élément est central, une réponse positive qu'il est périphérique. Pour décider du statut (central ou périphérique) de chacun des éléments composant le contenu de la représentation, il conviendra d'effectuer une mise en cause de chacun d'eux. La tâche du chercheur peut donc s'avérer assez lourde.

L'Induction par Scénario Ambigu[14] *(Moliner, 1993a)*

Elle repose sur le même fond théorique que la MEC : montrer que la valeur symbolique d'une représentation passe par l'identification de ses cognitions centrales, puisque activer une cognition centrale référée à un objet revient à activer l'ensemble des schèmes constitutifs de la représentation. Lorsque des individus se trouvent face à des informations contredisant les éléments centraux d'une représentation donnée, deux cas de figure se présentent : soit il y a éclatement de la représentation et reconstruction d'une nouvelle représentation, soit les individus rejettent, non les informations qui leur sont données, mais l'objet de représentation qu'elles contredisent. Le principe «d'économie cognitive» et les nombreux travaux expérimentaux réalisés laissent penser que le second cas est le plus fréquent, ce qui constitue également une démonstration de l'aspect actif des représentations dans la construction de la réalité quotidienne. Pour cette démonstration, on utilise dans l'ISA un objet de représentation volontairement mal défini par le chercheur (décrit de façon suffisamment ambiguë pour pouvoir le présenter aussi bien comme étant ou n'étant pas objet de représentation). Si l'individu est capable de rattacher l'objet mal défini à sa propre représentation d'un objet, il «va appuyer son discours sur la représentation qu'il se fait de l'objet plus que sur la perception qu'il en a» (Moliner, 1993a, p. 11). Par conséquent, si l'on demande à des individus «d'énoncer les propriétés d'un objet mal défini que l'on aura explicitement rapproché d'un objet de représentation précis, on obtiendra les caractéristiques de cet objet tel qu'il est appréhendé à travers le filtre de la représentation. Par un classique processus d'inférence, les sujets vont prêter à l'objet mal défini des caractéristiques qu'il n'a pas objectivement» (Moliner, 1993a, p. 11). En comparant les cas où l'objet est défini par les individus comme objet de représentation avec les cas où il ne l'est pas, on devrait découvrir les caractéristiques centrales de la représentation de cet objet.

La procédure concrète se déroule sur quatre étapes. Prenons l'exemple de l'objet «entreprise» (Moliner, 1993a). Une pré-enquête (étape 1), menée auprès d'étudiants, a permis à l'auteur de collecter un ensemble de caractéristiques propres à l'entreprise. Ici les étudiants avaient pour tâche de rédiger un texte en réponse à la question : «Pour vous, qu'est-ce qu'une entreprise?». Une analyse thématique des textes a permis de conserver 14 items pertinents pour la représentation considérée. Dans une seconde étape, il appartient au chercheur d'élaborer un texte ambigu sans jamais nommer l'objet (entreprise) ni utiliser l'un des 14 items isolés à l'étape 1, mais en faisant en sorte que la description puisse, dans certains cas, être celle d'une entreprise (dans notre exemple la structure décrite, et nommée Solitec, peut s'appliquer à divers types de structures administratives connues). Ce texte ambigu, et ceci constitue la troisième étape, s'achèvera par deux scénario distincts (ce qui délimitera deux situations expérimentales), l'un rejetant l'objet (ici : «Solitec n'est pas une entreprise») de façon à l'éloigner explicitement du champ de la représentation, l'autre rapprochant au contraire la description de l'objet («Solitec est une entreprise») de manière à l'insérer dans le champ de la représentation étudiée. Dans les deux conditions expérimentales ainsi produites, les étudiants devront se positionner (ici à l'aide d'échelles en six points) sur les 14 éléments de représentation de l'entreprise définis par la pré-enquête, ce qui revient, pour eux, à préciser si Solitec possède ou non ces caractéristiques. De la comparaison des réponses des deux groupes expérimentaux, on pourra déduire, d'une part, les caractéristiques spécifiques à la représentation sociale de l'entreprise (donc centrales) car choisies uniquement lorsque sont rapprochés la description de Solitec et l'objet de représentation entreprise; et, d'autre part, celles qui figurent dans les deux conditions expérimentales (et seront donc périphériques). La quatrième étape prolonge la précédente en proposant, à fins de vérification, une mise en cause des items supposés centraux et périphériques dans la troisième étape, de façon à voir si l'objet de représentation est reconnu ou non comme étant une entreprise. Moliner (1993a) observe ici que, lorsque le texte ambigu se termine par la mise en cause d'un item supposé central en troisième étape (ici : «Solitec ne fait pas de profit et ce n'est pas sa vocation», Moliner, 1993a, p. 17), l'objet n'est pas reconnu. Par contre, lorsque l'élément mis en cause est périphérique (ici : «Solitec n'est pas un lieu de recherche et de création et ce n'est pas sa vocation», *id.*, p. 16-17), les réponses se partagent de façon sensiblement équivalente : pour la moitié des étudiants, l'objet décrit (Solitec) est une entreprise, pour l'autre moitié il ne l'est pas).

L'Induction par Scénario Ambigu est une méthode simple d'emploi, à la condition toutefois que le scénario soit correctement élaboré. Quant aux traitements statistiques utilisés, ils varient suivant les objectifs de la recherche : dans l'exemple qui nous occupe ici, Moliner (1993a) effectue des calculs de scores moyens pour chacun des 14 items utilisés, mais la troisième étape de l'ISA s'accommode également de l'application d'analyses de similitude, de classifications hiérarchiques ou d'analyses multivariées.

Le point faible de l'ISA, ce sont les textes ambigus. En effet, des objets de représentation concrets et précis (entreprise, études, groupe d'amis...) sont aisés à décrire dans de courts textes, tandis que des objets à portée plus large (notamment ceux pour lesquels l'aspect émotionnel et les répercussions affectives dominent) ne se prêtent pas forcément à la construction d'un texte de cette nature, et l'on s'essayerait avec un succès fort limité à un tel exercice rédactionnel pour des objets tels que la douleur, la mort, la maladie, la culture, etc.

2.3. Croisement des méthodes de repérage et d'identification : la représentation identitaire des gitans (Mamontoff, 1996)

Les diverses méthodes étayant la distinction structurelle entre éléments centraux et éléments périphériques d'une représentation peuvent également se penser sur le mode de la complémentarité. Les unes, de repérage, parce qu'elles laissent à l'individu une plus grande latitude pour ce qui regarde son expression personnelle, peuvent permettre des hypothèses fortes en matière de centralité, tout en évitant les erreurs potentielles d'une démarche trop stricte et trop fermée, ne convenant pas systématiquement à l'étude de tous les objets de représentation. Les autres, assurant un plus haut niveau de précision et permettant alors au chercheur de ne travailler que sur une partie des éléments de la représentation, pourraient former un second temps de la démarche, celui de l'identification, lorsque l'objet s'y prête. Cela permettrait d'étayer les hypothèses issues de l'étape de repérage et de travailler plus finement au plan de la hiérarchisation des éléments de représentation ainsi qu'à celui des mécanismes de leur évolution. On s'accordera à reconnaître que cela complexifie certainement la démarche, mais on compenserait par là les faiblesses sus citées des deux formes d'approche.

La recherche de Mamontoff (1996) en est un exemple intéressant. L'auteur croise en effet une méthode de repérage des éléments centraux (l'analyse de similitude) avec la technique de mise en cause. L'étude de terrain porte sur la représentation identitaire des gitans sédentaires et non sédentaires, et sur la nature des pratiques sociales afférentes à chaque groupe. Par tradition, les Gitans sont nomades, mais les évolutions socioéconomiques et les logiques politiques d'intégration, ont amené une partie de la population à se sédentariser, d'où une nouvelle forme de vie en société et des pratiques nouvelles et irréversibles. Il fallait donc se donner les moyens de comparer les représentations de ces deux populations. Suite à une pré-enquête à base d'entretiens libres et semi-directifs, Mamontoff réalise un questionnaire (*cf.* tableau 6) qu'elle administrera aux deux populations (sédentaires et nomades) en 1993, puis aux seuls sédentaires en 1995.

Tableau 6 — **Items du questionnaire d'analyse de la représentation sociale**
(extrait et adapté de Mamontoff, 1996, p. 69-70).

N° item	Item
1	Un Gitan doit voyager
2	Un Gitan doit être solidaire avec les autres Gitans
3	Un Gitan ne doit pas voler un autre Gitan
4	Un Gitan doit être croyant
5	Un Gitan doit faire des pélerinages
6	Un Gitan doit se marier très jeune (entre 13 et 16 ans)
7	Un Gitan peut choisir sa femme (ou son mari)
8	Un Gitan doit se marier avec un autre Gitan
9	Un Gitan doit se marier suivant le rite Gitan
10	Une Gitane peut conduire
11	Un Gitan peut divorcer (suivant le rite Gitan)
12	Les fiancés peuvent sortir ensemble avant le mariage
13	Un Gitan doit avoir des enfants
14	Un Gitan doit avoir beaucoup d'enfants
15	Un Gitan doit élever ses enfants en toute liberté
16	Une Gitane peut montrer ses genoux quand elle est mariée
17	Un Gitan peut avoir des projets d'avenir
18	Un Gitan peut s'instruire à l'école
19	Un Gitan peut travailler comme salarié
20	Un Gitan peut se soigner avec la médecine des Blancs

En 1993, la méthode d'analyse des réponses obtenues est l'ADS; en 1995, celle-ci est couplée à une MEC. L'arbre de similitude des sédentaires en 1995 (*cf.* graphe 5) produit deux items, (9 et 11) liés à un nombre conséquent d'autres items.

Ces deux items paraissaient organiser fortement la structure de la représentation en deux grands blocs, ce qui faisait d'eux des éléments centraux puisque c'est d'un fort degré de connexité, associé à une importante saillance des items et à leur rôle structurant qu'on pourra déduire leur caractère potentiellement central. Pour vérifier cette appartenance au noyau de la représentation, Mamontoff (1996) appliquera la technique de mise en cause aux items candidats à cette centralité. La procédure employée est simplifiée et donne, par exemple pour les items supposés centraux, les questions suivantes. Item 4 : «Les Gitans sont croyants. Un Gitan non croyant est-il un vrai Gitan pour toi?»; Item 9 : «Les Gitans normalement sont mariés par le rite. Une Gitane qui s'est mariée sans faire le rite, c'est une vraie Gitane pour toi?»; Item 11 : «Les Gitans normalement ne divorcent pas. Un Gitan divorcé, c'est un vrai Gitan

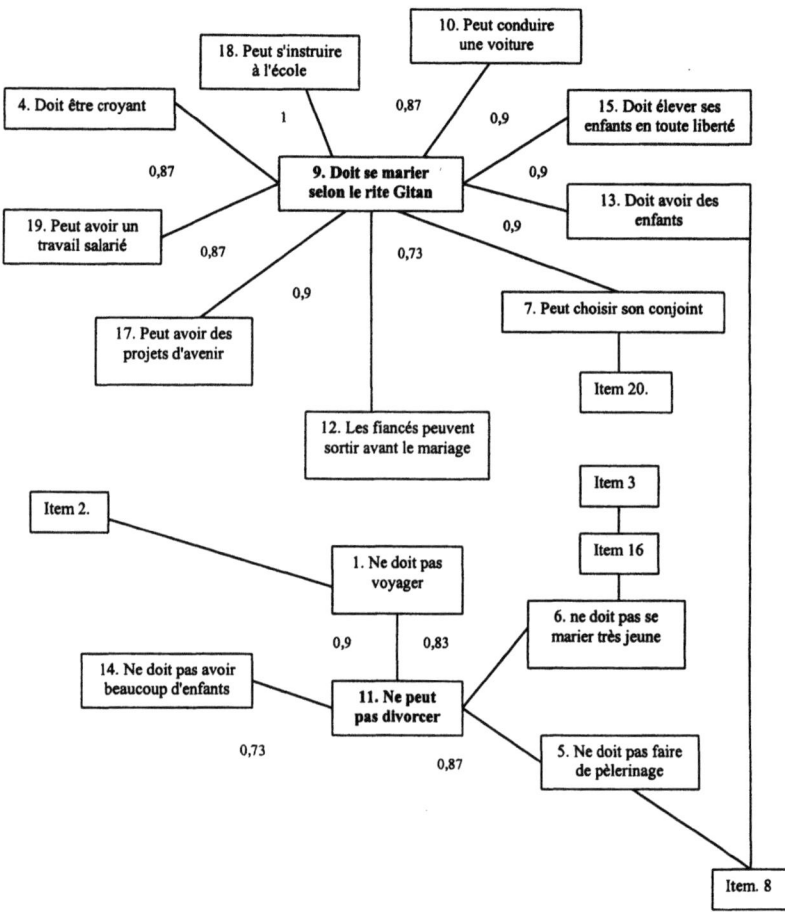

Graphe 5 — Graphe de la représentation des sédentaires, 1995 (extrait et adapté de Mamontoff, 1996, p. 77).

pour toi ? »... (1996, p. 75-76). Le nombre de rejets de chacune des propositions servira à l'identification des cognitions du système central. Celui-ci (*cf.* tableau 7) apparaîtra en fin de compte organisé autour des éléments liés à la croyance (item 4), au rite (item 9), au divorce (item 11) et aux enfants (item 13).

Tableau 7 — **Résultats obtenus suite à la technique de mise en cause** (Mamontoff, 1996, p. 78) d'éléments supposés centraux ou périphérique.

Items	Acceptation «C'est un Gitan»	Réfutation «Ce n'est pas un Gitan»	CHI2	P non équipartition
4. Etre croyant	23 % *	77 %	3,5	0,94
9. Mariage-rite	13 %	87 %	7,7	0,993
11. Pas de divorce	23 %	77 %	2,54	0,94
13. Avoir des enfants	10 %	90 %	9,6	0,998
14. Enfant élevé en liberté	67 %	33 %	1,1	0,7
18. Aller à l'école	100 %	0 %	17,32	0,999

* Quand le pourcentage de réfutation est élevé, nous sommes face à un élément inconditionnel donc central.

NOTES

[1] Abrégée en ADS dans la suite du texte.
[2] Différents indices de similitude et de distance sont disponibles (Degenne, 1985). Ils s'adaptent à la nature des données recueillies, mais également servent différents objectifs. Par exemple, si l'on choisit un indice de similitude, c'est que l'on souhaite, soit considérer les couples éléments conjointement retenus par la population (on utilisera à cette fin des indices type Jaccard), soit pondérer ces choix (conjoints) en tenant compte des rejets conjoints d'items (on pensera alors à un indice de similarité pairé).
[3] «Le cognème est la plus petite unité cognitive; c'est l'unité de base de toute élaboration théorique» (Codol, 1969, p. 22).
[4] Naturellement, dans l'étude d'une représentation réelle, le graphe obtenu est beaucoup plus complexe que celui de notre exemple, le nombre d'éléments composant la représentation (ou sommets) étant plus important.
[5] Sur un graphe réel, obtenu pour une représentation plus complexe, on procéderait de la même manière pour toutes les liaisons de plus de deux éléments, de façon à éliminer tous les cycles existants.
[6] Différents indices de similitude et de distance sont disponibles (Degenne, 1985). Ils s'adaptent à la nature des données recueillies, mais également servent différents objectifs. Par exemple, si l'on choisit un indice de similitude, c'est que l'on souhaite soit, considérer les couples éléments conjointement retenus par la population (on utilisera à cette fin des indices type Jaccard), soit pondérer ces choix (conjoints) en tenant compte des rejets conjoints d'items (on pensera alors à un indice de similarité pairé).
[7] On parle de graphe connexe quand d'un sommet du graphe on peut aller, par une chaîne, à n'importe quel autre sommet.
[8] On parle de cycle quand le premier sommet d'une chaîne (suite d'arêtes qui permet de passer d'un sommet à un autre) est le même que le dernier.
[9] Une mention spéciale reste à octroyer aux *ex aequo*, c'est-à-dire aux coefficients de similitude identiques, potentiellement responsables de la création de cycles. Ils amènent bien entendu un supplément d'information mais également, si l'on décide de conserver les

cycles ainsi créés, une redéfinition de l'arbre à partir duquel s'effectue l'analyse sémantique.

[10] « On appelle "filtrant" cette représentation, car c'est formellement un ensemble filtrant supérieurement » (Degenne, 1985, p. 17).

[11] Problèmes qui sont à l'époque d'actualité (« affaire du sang contaminé »; « responsable mais pas coupable »), dimension de ce qui est caché (« mensonge; illusion; supercherie; tromperie; tricherie; trahison »), problèmes de corruption (« dessous de table; pots de vin; escroquerie; malhonnête; profiteur... »).

[12] La procédure informatisée étant prévue pour permettre un certain nombre de calculs sur la base de cette information nouvelle.

[13] MEC dans la suite du texte.

[14] ISA dans la suite du texte.

Chapitre 7
Croisement des perspectives

1. THÉORIE DES PRINCIPES ORGANISATEURS OU THÉORIE DU NOYAU CENTRAL : FAUT-IL CHOISIR ?

Théoriquement et méthodologiquement, ces deux orientations sont étayées sur des paramètres distincts : ni les objectifs affichés, ni les modes d'approche des représentations, malgré la référence à une origine commune, les travaux de Moscovici (1961). Mais le choix entre l'une ou l'autre est-il inévitable ? Et doit-on, dans la foulée, envisager que l'une des approches s'adapte mieux que l'autre à l'étude des représentations sociales ? Répondre à une telle question reviendrait à souligner leurs différences plutôt que les points de convergence, ce qui pourrait, d'une certaine manière, conduire à les concevoir comme incompatibles ou opposées. La réalité est cependant moins tranchée mais aussi plus complexe :

– Doise (1992) par exemple, accorde à la théorie du noyau central le rang d'étape, importante certes mais étape tout de même, dans le parcours d'étude d'une représentation sociale. L'approche est utile pour aborder le contenu représentationnel et les liens entre les éléments qui le composent. On acquiert ainsi une meilleure connaissance des représentations et on progresse dans la formalisation théorique, puisque l'on sait ce qui est indispensable à leur existence et ce qui ne l'est pas. Mais, se borner à un regard aussi descriptif laisserait, en premier lieu, croire à l'existence de représentations fortement spécifiques et différenciées les unes des autres ; par conséquent, on diluerait ou négligerait complètement les liens inter-représentations. Ce dernier point de critique n'est pas totalement fondé dans la mesure où les tenants de la théorie du noyau central (Flament, 1987) prennent en compte la plus ou moins grande autonomie des représentations (voir par exemple, l'étude sur les correspondances entre trains menée par Abric, 1981, et les commentaires qu'en fait Flament, 1987). En second lieu, un parcours essentiellement descriptif à l'intérieur d'une représentation (et quelque peu entre les représentations également) néglige à la fois l'ancrage de celles-ci dans des dynamiques sociales ou groupales, et les différences entre individus. Et en effet, dans la théorie du noyau central, il est d'usage de réunir la majorité des opinions en un ensemble cohérent, c'est-à-dire de rechercher les éléments consensuels sous l'apparence de la diversité individuelle. Mathématiquement parlant, cela se matérialise, par exemple, au travers du calcul des scores moyens des réponses individuelles pour chaque élément composant une représentation. La théorie du noyau central n'aurait ainsi d'efficace qu'au plan du processus d'objectivation des connaissances, et encore y jouerait-elle le rôle simple mais pourtant indispensable de mettre en évidence le produit de cette objectivation, c'est-à-dire les paramètres d'une représentation organisée. Ce qui pose problème n'est pas tant qu'une telle perspective soit réductrice (même si en filigrane on peut penser que c'est bien de cela qu'il s'agit dans les critiques avancées) que le fait qu'elle constitue simplement une étape dans l'étude des représentations (« un moment dans un processus de construction d'une réalité, moment qui découle d'une formalisation d'un savoir concret et quotidien et qui, en retour, transforme ce savoir "naïf" en une nouvelle réalité », Doise, Clémence & Lorenzi-Cioldi, 1992, p. 21). Il est alors indispensable au chercheur de dépasser le cadre d'une délimitation des éléments centraux et périphériques s'il prétend étudier les différentes facettes d'une représentation sociale. Et il faut reconnaître que l'approche structurelle ne s'est pas fixée d'emblée de tels objectifs. On soulignera cependant, avec Guimelli (1994c), d'une part, que théorie du noyau central et théorie des principes organisateurs ont pour intérêt commun « l'organisation interne du champ représentationnel » (p. 15), les éléments qui le composent et leurs combinaisons. D'autre part, que ces deux orientations présentent une même centration sur la dynamique représentationnelle, puisque les représentations y sont conçues et traitées comme des entités collectives (Guimelli utilise à ce propos le terme de consensus) et communes ; ce qui s'exprime dans l'existence d'éléments centraux ou dans celle d'un métasystème (suivant la théorie que l'on évoque). La prise en compte de la diversité des expressions individuelles (dans la théorie des principes organisateurs), tout comme le sens attribué au consensuel et à l'individuel (dans la théorie du noyau central) témoigneraient enfin d'un même style de préoccupations : faire émerger, et si possible expliquer, les processus qui gèrent et font fonctionner cette double dimensionalité.

– Une autre façon de rapprocher ces théories consiste à les mettre sur un pied d'égalité et à pointer ce qui pourrait justifier leur coexistence. Pour Moliner (1995), la spécificité de la théorie du noyau central réside dans l'idée d'une fonction organisatrice, donc du caractère nécessairement consensuel du système central, assorti de l'expression d'une variabilité inter-individuelle dans le système périphérique. Quant à la théorie des principes organisateurs, on en recherchera le particularisme dans le triple mouvement des «points de référence communs» (1995, p. 47) aux personnes partageant une représentation; points de référence qui, d'être communs, se transforment en enjeux, sur lesquels viendront forcément se greffer des divergences individuelles. Tout ceci ne fonctionnera, bien sûr, qu'en lien avec les engagements sociaux des sujets. La dimension de consensus, indispensable aux représentations sociales, est donc présente, pour la théorie des principes organisateurs dans les enjeux, et pour la théorie du noyau central dans les opinions personnelles des sujets. Ainsi, «là où la théorie du noyau voyait un consensus, la théorie des principes organisateurs nous a révélé des divergences. C'est donc bien autour de la question du consensus dans le noyau que se noue le désaccord entre les deux systèmes théoriques» (Moliner, 1995, p. 50). Rechercher le consensus c'est, pour la théorie du noyau central isoler les caractéristiques qui définissent l'objet de représentation, ce qui n'exclut pas (*cf.* la théorie des principes organisateurs) que ces mêmes caractéristiques puissent donner lieu des prises de positions ou des jugements différenciés.

On aurait donc tout intérêt à fédérer ces deux aspects des représentations. Celui à visée descriptive (théorie du noyau central) et celui plus axé sur la valeur des jugements et la dimension évaluative des éléments de représentation (théorie des principes organisateurs). La première tentative en ce sens est visible dans la proposition d'un modèle bi-dimensionnel des représentations (voir, par exemple, Moliner, 1995) qui prend pour pivot cette idée qu'existeraient bel et bien deux formes distinctes de consensus que l'on aurait jusque-là confondues et qu'il convient par conséquent de poser sous un angle nouveau.

2. LE MODÈLE BI-DIMENSIONNEL

Reprendre au mieux ce qui caractérise les élaborations théoriques liées à l'existence de principes organisant les représentations ou de différences structurelles des éléments les composant suppose nécessairement d'opérer des recoupements théoriques entre ces deux approches et de mettre en œuvre une ou des méthodologies appropriées. Le parcours théorique et empirique qu'esquisse Moliner (1995, 1996) est à la fois familier et nouveau. Pour les besoins d'une conceptualisation des représentations en termes bi-dimensionnels, il révisera certains aspects de l'approche moscovicienne et de la théorie du noyau central.

2.1. Les apports des travaux de Moscovici (1961)

On se rappellera que cet auteur jugeait du contenu représentationnel suivant trois dimensions (l'information, le champ de représentation et les attitudes envers l'objet) et développait les conditions d'émergence d'une représentation en termes de dispersion de l'information, de focalisation et de pression à l'inférence.

Pour ce qui regarde les dimensions constitutives d'une représentation, Moliner en récusera deux :
– l'attitude parce qu'elle ne permet pas de rendre compte de tous les objets de représentation dans les termes souhaitables (il suggère de penser, par exemple, au sens que pourrait revêtir une attitude favorable ou défavorable à l'intelligence, à la maladie mentale, etc.);
– la dimension de l'information qui, telle qu'envisagée par Moscovici, n'autorise pas de graduation qualitative de l'importance des informations composant une représentation.

La révision que propose en conséquence Moliner (*id.*) s'accorde avec la proposition qui fait du contenu d'une représentation «un ensemble organisé de cognitions relatives à un objet» (Flament, 1994a, p. 37). Ces cognitions deviennent, sous la plume de Moliner, des connaissances élémentaires, activement acquises à partir des expériences et observations, mais également des communications et croyances élaborées par l'individu. Ces cognitions de base se fédèrent et s'organisent, si l'on peut dire, en structures cognitives plus générales, parmi lesquelles Moliner (1996) citera la famille des stéréotypes, qui orientent perceptions et conduites envers une personne appartenant à un groupe que l'on a «stéréotypé»; celle des catégories ou prototypes, qui permettent, pour les unes, de structurer, rassembler et simplifier l'information émanant de l'environnement, pour les autres, de figurer le modèle idéal-type qui résume le sens d'une catégorie ; la famille des scripts enfin, qui assument la guidance des conduites sociales élémentaires et fortement structurées. Une structure cognitive, quelle qu'en soit la nature, est donc un «schéma d'interprétation ou d'action (qui) relève, pour les individus, d'un processus d'optimisation obéissant au principe d'économie cognitive» (Moliner, 1996, p. 58-59). Reste à préciser que ces systèmes de cognitions n'intéressent la théorie des représentations sociales que pour autant qu'on les y rencontre : «chaque fois qu'ils seront élaborés à partir de cognitions issues du processus représentationnel, ils seront régulés par une représentation sociale qui jouera alors le rôle de métasystème (Doise, 1990)» (Moliner, 1996, p. 59).

Quant à l'émergence d'une représentation, Moliner (1996) remplacera les trois conditions établies par Moscovici par cinq critères qui font d'un objet donné le support potentiel d'une représentation[1] : «Il y a élaboration représentationnelle quand, pour des raisons *structurelles ou conjoncturelles*[2], un groupe d'individus est confronté à un *objet polymorphe* dont la maîtrise constitue un *enjeu* pour d'autres *acteurs sociaux interagissant avec le groupe*. Quand enfin le groupe n'est pas *soumis à une instance de régulation et de contrôle* définissant un système orthodoxe» (Moliner, 1996, p. 48).

2.2. Les perspectives ouvertes par la théorie du noyau central

Moliner en reprendra les grandes lignes. Mais il insistera, d'une part, sur le pouvoir structurant du noyau central et des cognitions qui le constituent; d'autre part, sur sa composition à base d'éléments fonctionnels ou normatifs (Abric, 1994a); enfin, sur les particularismes des éléments composant le système périphérique, notamment, leur conditionnalité (Flament, 1994a) — donc le fait qu'ils sont interchangeables — et leur caractère opérationnel, partant leur plus grande accessibilité. Pour Moliner, un seul vrai défaut à la cuirasse de la théorie structurelle, celui de n'avoir pas poussé au bout ses implications potentielles :

– La centralité d'un élément est le fait de son rapport particulier à l'objet de représentation. Elle est la cause et non la conséquence de critères quantitatifs tels que la saillance d'un élément de représentation ou sa forte connexité. Cette centralité est également qualitative puisque, dire d'un élément qu'il est central, c'est poser qu'il est indissociable de l'objet de représentation : sans lui point de représentation. Aussi, «chaque fois que des individus seront confrontés à des contradictions portant sur une cognition centrale, ils réfuteront, d'une manière ou d'une autre, l'information qui leur aura été proposée» (Moliner, 1996, p. 65).

– La théorie du noyau central développe un modèle unidimensionnel des représentations sociales, une approche visant à en décrire et en expliquer la structure. Elle néglige donc les aspects évaluatifs du fonctionnement représentationnel, pourtant traduits chez Moscovici (1961) dans la dimension attitudinelle des représentations.

Sur la base de ces révisions conceptuelles, Moliner va assigner aux cognitions élémentaires le rôle, intra-représentationnel, de décrire ou d'évaluer. Bref, une nouvelle dimension, évaluative celle-là, peut être affectée aux représentations, et compléter ainsi la dimension descriptive que fait valoir la théorie du noyau central. Le modèle bi-dimensionnel est dès lors établi : tout élément composant la représentation d'un objet est soit central, soit périphérique, soit descriptif, soit évaluatif. Le croisement de ces divers paramètres peut se matérialiser en un tableau à quatre cases (*cf.* tableau 8), chacune délimitant un champ de représentation :

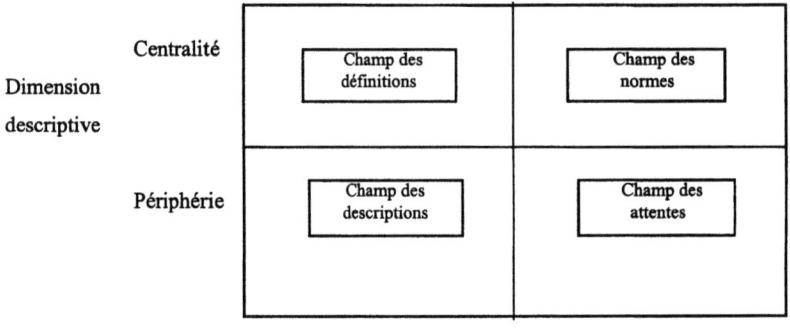

Tableau 8 — Illustration du modèle bi-dimensionnel d'une représentation sociale.

Dans sa partie centrale (cases supérieures du tableau 8), la représentation se compose d'éléments formant un champ définitionnel ou un champ normatif. On reconnaîtra dans le premier une émanation de la dimension descriptive produite par la théorie du noyau central : puisque ce champ est fonctionnel, il témoigne de la nature même de l'objet de représentation en le définissant. Quant au champ normatif, émanation de la dimension évaluative des représentations réintroduite par Moliner, il est en rapport avec la qualité de l'objet et délimite les activités d'évaluation : la norme fait que « les diverses formes d'apparition de l'objet seront évaluées et qualifiées de "normales" ou "d'anormales" » (Moliner, 1996, p. 98).

La périphérie représentationnelle (cases inférieures du tableau 8) correspond en tous points à la centralité. Des cognitions ou éléments descriptifs s'y organisent en un champ descriptif, lequel sert de vis-à-vis actif au champ des définitions présent dans le système central. Ses éléments matérialisent la diversité et la variabilité de la représentation, occupent son pôle opérationnel en gérant les informations en provenance de l'environnement et en faisant fonctionner un processus de catégorisation des apports extérieurs. Aux cognitions normatives du champ central évaluatif répondent, en périphérie, des cognitions évaluatives ou champ des attentes qui «correspond aux désirs et aux craintes du groupe social à l'égard de l'objet de représentation» (Moliner, 1996, p. 99). Ce champ autorise aussi l'expression individuelle, l'attitude de chacun envers l'objet de représentation.

Enfin, les cognitions évaluatives de la représentation sont une composante des cognitions descriptives : cela fonctionne comme une graduation, le «pôle minimal» étant occupé par les descriptions et le pôle maximal par les attentes les plus normées.

2.3. Le modèle bi-dimensionnel : niveau opératoire

Suivant Moliner (1988), la validation expérimentale de la théorie du noyau central a pris du temps parce que les méthodes employées (par exemple l'analyse de similitude) usaient de critères quantitatifs, et négligeaient les liens symboliques entre éléments centraux et objet de la représentation. Or, les méthodes de Mise En Cause et d'Induction par Scénario Ambigu que propose cet auteur peuvent y remédier parce qu'elles permettent une identification fiable des éléments du noyau central. Il les utilisera donc dans trois recherches destinées à valider la pertinence du modèle bi-dimensionnel des représentations.

1. La première d'entre-elles a servi d'exemple à la mise en exergue de la dimension évaluative (Moliner, 1988). L'auteur proposait à des individus de terminer un texte inducteur, descriptif de la représentation du groupe idéal d'amis, en choisissant, dans un ensemble d'énoncés réfutant un élément central ou périphérique de cette représentation, celui qui leur convenait le mieux. Ces énoncés avaient été rédigés en utilisant un mode d'énonciation probabiliste ou normatif. L'auteur constate que le groupe d'individus appelé à se prononcer à propos d'une cognition centrale le fait plutôt en retenant les énoncés normatifs ; celui confronté à la réfutation d'une cognition périphérique utilisant davantage le mode syntaxique probabiliste. Ceci démontre qu'une cognition centrale peut être évaluative : si l'on veut soutenir que le groupe idéal est d'ordinaire une structure non hiérarchisée, il faut utiliser un mode normatif, ce qui revient à préférer l'énoncé «(...) il est certain (...) qu'il n'y a pas de chef parmi les membres du groupe» (Moliner, 1996, p. 84), à la tournure «Il

peut arriver que...». Il s'agit bien là d'un jugement, donc d'un raisonnement sur le mode normatif.

2. La seconde expérience-test, utilisait la représentation de l'entreprise. Antérieurement et sur la base de l'ISA, Moliner avait isolé certains des éléments composant le noyau central de la représentation de l'entreprise. Il s'agissait maintenant de prouver la nature descriptive (notion de hiérarchie de l'entreprise) ou évaluative (notion de profit) de deux cognitions centrales. En suivant toujours le principe de réfutation, il proposait à 45 individus de décider, pour chacun des éléments centraux, entre le rejet de la notion d'entreprise ou l'étiquette de mauvaise entreprise, à partir de questions du type : « Selon moi, une entreprise qui ne ferait pas de profit... a) ne serait pas une véritable entreprise, b) serait une entreprise en mauvaise santé» (Moliner, 1996, p. 87). La formulation a) constitue une réfutation de nature descriptive, la formulation b) une réfutation de nature évaluative.

Les résultats obtenus semblent confirmer l'idée qu'un élément central évaluatif appelle plutôt une réfutation sur le mode de l'évaluation, le même rapport de descriptivité affectant l'élément et la réfutation qui y correspondent. De là la conclusion que ces cognitions, toutes deux centrales, n'ont pourtant pas le même statut. Dans un cas («hiérarchie»), les individus traitent de la nature d'une entreprise, d'un élément qui en constitue l'essence définitionnelle même ; dans l'autre («profit»), ils jugent de la structure elle-même, suivant qu'elle correspond ou non à une norme en la matière, puisque faire du profit est, pour toute entreprise, une nécessité de fonctionnement.

3. La dernière expérience mise en place par l'auteur, reposait également sur la représentation de l'entreprise et sur une procédure d'induction par scénario ambigu. Moliner y testait l'idée que les cognitions évaluatives représentent un cas spécifique de cognitions descriptives. Il est vrai qu'affirmer qu'une entreprise fait du profit peut être une façon de la décrire, mais en l'évaluant. D'où un test portant sur la réfutation de deux items proches par le sens : «la réalisation de profits» et «la vocation à faire du profit» (Moliner, 1996, p. 89); items par ailleurs identiques pour ce qui est de leur centralité. Comme pour l'expérience précédente, les individus étaient appelés à choisir entre deux propositions : le déni de la nature d'entreprise et l'affirmation de sa mauvaise santé. On observait alors que la réfutation de la vocation à faire du profit conduisait les individus à rejeter l'idée que la structure présentée est une entreprise, tandis que la mention de l'absence de profit dans la structure décrite, conduisait à en affirmer la mauvaise santé. Dit autrement, la

vocation à faire du profit est un élément qui décrit l'entreprise, son absence effective témoignant de sa mauvaise santé, ce qui constitue un jugement ou une évaluation de cette entreprise. Et l'auteur de conclure : « La spécificité des cognitions évaluatives réside donc, selon nous, dans le fait qu'il s'agit de cognitions descriptives valorisées par les individus » (1996, p. 91).

Ces trois expériences démontrent l'existence de cognitions centrales évaluatives. Quant à la périphérie de la représentation, le même type de validation en a été proposé, relativement au même objet de représentation que précédemment (l'entreprise), et sur un mode proche. Le caractère évaluatif des items périphériques retenus était ici testé dans une syntaxe qui proposait les alternatives d'obligation, de fréquence ou de préférence. Pour la périphérie, les résultats s'exprimaient davantage en termes de gradation, de pôle extrême de l'évaluation, « l'épanouissement personnel » dans l'entreprise étant plus souvent (en pourcentage d'individus) reconnu comme évaluatif que l'idée de « lieu de recherche et de création » relatif à l'entreprise. *In fine* la dimension évaluative acquiert le statut de « dimension structurante des représentations » (Moliner, 1996, p. 94).

Le cadre du modèle était désormais en place. Restait à en tester plus avant la validité, ce qui revenait 1. à le faire fonctionner et à l'élargir, au besoin en multipliant les études[3]. 2. A l'utiliser dans le cadre d'une approche de la dynamique représentationnelle sous l'angle de son évolution ou de sa transformation (Bonardi & Roussiau, 2000).

3. APPROCHE DÉCLARATIVE : LE MODÈLE DES SCHÈMES COGNITIFS DE BASE

3.1. Les perspectives théoriques de l'approche déclarative : les schèmes cognitifs de base[4]

Comme le précédent, ce modèle s'inscrit dans le droit fil de la théorie du noyau central (Guimelli et Rouquette, 1992). Il présente cependant une particularité qui lui confère une place à part. On explore d'ordinaire la connaissance d'un individu de deux manières distinctes : soit l'on s'attache à analyser un ordre d'utilisation spécifique des savoirs, et l'on se situe alors au niveau des connaissances dites procédurales qui sont traditionnellement utilisées dans l'analyse des représentations sociales, notamment quand on fait référence à la notion de script ; soit on ne tient pas compte de cet ordre d'utilisation dans une procédure particulière, et l'on se situe alors dans le domaine des connaissances dites déclaratives. Le modèle des SCB utilise cette dernière façon de concevoir les connaissances d'un sujet, et repose sur l'hypothèse qu'une bonne partie du savoir est organisée en schèmes cognitifs de base. Une telle modélisation répond au souci de dépasser les particularismes sémantiques pour aller vers une généralisation au moyen d'abstractions (Rateau, 1995a et b). La recherche d'invariants, tant au niveau descriptif qu'au niveau explicatif, oscille indéniablement entre certaines règles générales du fonctionnement socio-cognitif et le contexte spécifique (donc chargé de sens) duquel ces règles sont extraites (Rouquette, 1997).

Le modèle des SCB prend pour point de départ l'association de deux items (mots ou expressions) au moyen d'un opérateur formel, selon la formule séquentielle : terme inducteur — (opérateur) — terme induit. Les opérateurs proposés (*cf.* Rouquette, 1990), en nombre fini (28 opérateurs plus un opérateur nul), forment actuellement cinq familles primitives (ou schèmes cognitifs de base) : lexique (3 opérateurs), voisinage (3 opérateurs), composition (3 opérateurs) praxis (12 opérateurs) et attribution (7 opérateurs). Chaque schème cognitif ou famille de base (*cf.* tableau 9) est en fait une structure lexicologique formelle, sans doute indépendante du contenu lexical lui-même : « on s'intéresse aux fonctions du lexique dans l'agencement du discours et ses composantes lexicales entretiennent des relations qui sont identifiables et dénombrables » (Guimelli, 1994a, p. 177).

Prenons l'exemple du schème « lexique » (*cf.* tableau 9). L'un des opérateurs qui le constituent (SYN) renvoie à un item substituable, c'est-à-dire équivalent dans l'usage que l'on en fait. Si l'on dispose d'un terme inducteur (par exemple voiture), l'opérateur SYN s'appliquera à un terme induit de même utilisation (par exemple bagnole). Ce qui signifie approximativement : « le terme voiture est équivalent dans l'usage au terme bagnole ». Avec le schème praxis et l'opérateur UTI (lequel renvoie à l'outil utilisé par l'acteur), on peut obtenir une séquence : terme inducteur (mécanicien) opérateur (UTI) terme induit (clé); ce qui peut se traduire par : « le mécanicien utilise comme outil la clé » (Alonso, 1990).

Pour pouvoir estimer le degré d'associativité d'un terme inducteur aux termes induits par l'intermédiaire des différents schèmes et opérateurs, les auteurs ont proposé un indicateur dit de valence qui représente «(...) la propriété d'un item d'entrer dans un nombre plus ou moins grand de relations du type *"Inducteur* OPERATEUR *Induit"*» (Guimelli & Rouquette, 1992, p. 200). Cet indicateur est opérationnalisé « par le

Tableau 9 — **Les schèmes cognitifs de base et leurs opérateurs formels**
(adapté de Guimelli & Rouquette, 1992, p. 196-197).

Schème lexique :
1-SYN (renvoi à un item substituable, équivalent dans l'usage)
2-DEF (renvoi à un item définitoire, analogique ou tautologique)
3-ANT (renvoi à un item de signification opposée)

Schème voisinage :
4-TEG (renvoi à un item incluant)
5-TES (renvoi à un item inclus)
6-COL (renvoi à un item relevant du même terme incluant)

Schème composition :
7-COM (renvoi à un concept dont l'inducteur désigne une composante)
8-DEC (renvoi à une composante du concept inducteur)
9-ART (renvoi à une autre composante du même concept référent)

Schème praxie :
10-OPE (renvoi à l'action dont l'inducteur désigne l'acteur)
11-TRA (renvoi à l'objet sur lequel s'applique l'action de l'acteur)
12-UTI (renvoi à l'outil utilisé par l'acteur)
13-ACT (renvoi à l'acteur de l'action considérée)
14-OBJ (renvoi à l'objet sur lequel s'applique l'action considérée)
15-UST (renvoi à un outil employé dans l'effectuation de l'action)
16-FAC (renvoi à l'acteur qui agit sur l'objet considéré)
17-MOD (renvoi à une modalité d'action sur l'objet considéré)
18-AOB (renvoi à l'outil appliqué sur l'objet considéré)
19-TIL (renvoi à l'utilisateur de l'outil)
20-OUT (renvoi à l'action dont l'inducteur désigne un outil)
21-AOU (renvoi à l'objet sur lequel s'applique l'outil considéré)

Schème attribution :
22-CAR (renvoi à un attribut permanent du concept)
23-FRE (renvoi à un attribut du concept)
24-SPE (renvoi à un attribut occasionnel du concept)
25-NOR (renvoi à un attribut normatif)
26-EVA (renvoi à un attribut évaluatif)
27-COS (renvoi à un attribut causal)
28-EFF (renvoi à un attribut de conséquence, de but ou d'effet)

---

rapport du nombre de réponses positives aux expressions standards (c'est-à-dire le nombre d'opérateurs activés) au nombre total de réponses aux expressions standards» (*id.*).

3.2. Méthode d'investigation

La méthode proposée (Guimelli, 1990, 1994a) pour mettre en évidence les différentes propriétés évoquées ci-dessus comporte trois étapes :

1. une étape d'association continuée, durant laquelle on propose aux individus un mot inducteur et on leur assigne pour tâche de produire, par

écrit, trois mots ou expressions que leur suggère cet inducteur et qu'ils associent donc à lui (M1, M2, M3);

2. vient ensuite l'étape de justification des réponses[5]. Pour chacun des trois mots ou expressions produits, les individus rédigent une phrase expliquant les raisons de leur choix.

3. Dans l'étape trois, dite de catégorisation des réponses, les individus disposent de tous les opérateurs des SCB, chacun assorti de sa définition (voir exemple au tableau 10), de manière à rendre plus accessible chaque formulation. Ils doivent déterminer (en répondant par oui, non ou peut être), si chaque expression standard des SCB renvoie à la relation qu'ils ont eux-mêmes tissée entre le terme inducteur et chacun des termes induits. Par exemple, pour le terme inducteur «égalité» et pour trois termes qui lui seraient hypothétiquement associés (M1 : partage, M2 : même opinion, M3 : démocratie), l'individu devra apprécier la validité de chacun des opérateurs. Si pour le schème lexique, l'opérateur SYN et le terme induit «partage», l'individu coche la réponse positive, cela veut dire qu'«égalité» signifie pour lui la même chose (ou a le même sens) que «partage».

Tableau 10 — **Expressions standard relatives aux opérateurs de chaque SCB** (exemple tiré de Guimelli, 1990).

Famille (SCB)	Expressions standards	OUI	NON	Peut-être
1 - Lexique (SYN)	«Egalité» signifie la même chose que votre réponse, a le même sens que			
2 - Lexique (DEF)	«Egalité» peut être défini comme votre réponse			
3 - Lexique (ANT)	«Egalité» est le contraire de votre réponse			
4 - Voisinage (TEG)	«Egalité» fait partie de, est inclus dans, est un exemple de votre réponse			
5 - Voisinage (TES)	«Egalité» a pour exemple, pour cas particulier, comprend, inclut votre réponse			
6 - Voisinage (COL)	«Egalité» appartient à la même classe (catégorie) générale que votre réponse			
7 - Composition (COM)	«Egalité» est une composante, un constituant de votre réponse			
8 - Composition (DEC)	«Egalité» a pour composante, un constituant de votre réponse			
9 - Composition (ART)	«Egalité» et votre réponse sont tous deux des constituants de la même chose (du même objet)			

10 - Praxie (OPE)	«Egalité» fait votre réponse
11 - Praxie (TRA)	«Egalité» a une action sur votre réponse
12 - Praxie (UTI)	«Egalité» utilise votre réponse
13 - Praxie (ACT)	C'est votre réponse qui fait «Egalité»
14 - Praxie (OBJ)	«Egalité» est une action qui a pour objet, porte sur, s'applique à votre réponse
15 - Praxie (UST)	Pour faire «Egalité», on utilise votre réponse
16 - Praxie (FAC)	Votre réponse est quelqu'un (une personne, une institution...) qui agit sur «Egalité»
17 - Praxie (MOD)	Votre réponse désigne une action que l'on peut faire sur (à propos de, en cas de, à l'égard de) «Egalité»
18 - Praxie (AOB)	Votre réponse désigne une action que l'on peut faire sur (à propos de, en cas de, à l'égard de) «Egalité»
19 - Praxie (TIL)	«Egalité» est utilisé par votre réponse
20 - Praxie (OUT)	On utilise «Egalité» pour faire votre réponse
21 - Praxie (AOU)	«Egalité» est un outil que l'on peut utiliser pour votre réponse
22 - Attribution (CAR)	«Egalité» est toujours caractérisé par votre réponse
23 - Attribution (FRE)	«Egalité» est souvent caractérisé par votre réponse
24 - Attribution (SPE)	«Egalité» est parfois, éventuellement caractérisé par votre réponse
25 - Attribution (NOR)	«Egalité» doit avoir la qualité de votre réponse
26 - Attribution (EVA)	Votre réponse évalue «Egalité»
27 - Attribution (COS)	«Egalité» a pour effet (conséquence ou but) entraîne votre réponse
28 - Attribution (EFF)	«Egalité» a pour cause, dépend de, est entraîné par votre réponse

L'individu est donc ici le propre expert de sa production, il fournit les termes, justifie leur choix et explique leur mode d'association au terme inducteur. L'avantage principal d'une telle procédure est de gommer la subjectivité issue des techniques classiques d'analyse de contenu, souvent stigmatisées pour leur manque de fiabilité, parce que reposant sur des découpages et des choix de sens réalisés par le chercheur lui-même.

Une fois que le travail des individus questionnés est achevé, il revient au chercheur de mettre en évidence la valence des réponses à différents niveaux. La valence globale s'obtient en tenant compte, pour les trois termes induits et pour tous les individus interrogés, de la totalité des connexions positives obtenues sur l'ensemble des réponses données pour les schèmes et leurs connecteurs (modèle 28 connecteurs/5 schèmes). La formule appliquée est la suivante :

$$\text{Valence globale} = \frac{\text{Nombre total de réponses oui}}{28\,\text{connecteurs} \times 3\,\text{réponses associatives} \times N\,(\text{nombre de sujets questionnés})}$$

On peut aussi procéder à des analyses plus fines, séparément sur chaque famille de schèmes. On obtient alors des modèles partiels, par exemple : 3/1 (3 connecteurs, 1 schème) pour les schèmes lexique, voisinage et composition ; (12/1) pour praxie ; (7/1) pour attribution. A titre d'exemple, pour obtenir la valence du schème composition (3/1) on effectuera le calcul suivant :

$$\text{Valence Composition} = \frac{\text{Nombre de réponses oui aux 3 connecteurs du SCB composition}}{3\,\text{connecteurs} \times 3\,\text{réponses associatives} \times N\,(\text{nombre de sujets questionnés})}$$

Enfin des analyses au niveau même de chaque connecteur sont possibles, toujours sur la base du même type de formule :

$$\text{Valence Connecteur SYN} = \frac{\text{Nombre de réponses oui au connecteur SYN}}{3\,\text{réponses associatives} \times N\,(\text{nombre de sujets questionnés})}$$

Les travaux réalisés ont montré que, si le terme inducteur employé par le chercheur est un élément central, l'indice de valence globale sera plus élevé que si l'on utilise un terme périphérique. On obtiendra donc un ensemble d'éléments de représentation dont on pourra minimalement dire qu'ils sont centraux ou périphériques. Mais, dans ce modèle, la centralité est surtout qualitative. En démonstration de ceci, Guimelli & Rouquette (1992) ont proposé à des étudiants quatre éléments de la représentation du groupe idéal d'amis : deux centraux («égalité» et «amitié») et deux périphériques («appartenance à un même milieu social» et «convergence d'opinions»), dont l'un («convergence d'opinions») possède une saillance élevée. En utilisant ainsi un élément périphérique quasiment aussi saillant qu'un élément central, les auteurs pensaient valider l'idée de centralité qualitative (et non seulement quantitative), mais également la pertinence de la distinction centralité/périphérie. Ils confirment bien ces présupposés (puisque les deux éléments centraux obtiennent encore une valence globale supérieure à celle des éléments périphériques), et rejoignent ainsi la théorie structurelle pour laquelle les éléments centraux, parce qu'ils organisent la représentation dans son ensemble, entretiennent des relations plus importantes avec l'ensemble des éléments de la représentation que ne le font les éléments périphériques.

4. PERSPECTIVES STRUCTURALES DANS LA THÉORIE DU NOYAU

Les deux modèles que nous venons d'examiner enrichissent la théorie du noyau central d'une dimension évaluative (modèle bi-dimensionnel) et de la reconnaissance du niveau d'expertise des sujets eux-mêmes (schèmes cognitifs de base). De plus, un certain nombre d'avancées théoriques, assorties de travaux expérimentaux et de terrain, sont récemment venus enrichir encore la vision « manichéenne » d'une organisation représentationnelle scindée en système central et système périphérique, chacun d'eux recevant, à cette occasion, de nouvelles distinctions. Toutefois, une grande prudence s'impose encore dans ce domaine très nouveau, qui nous invite à considérer qu'il s'agit là tout au plus de pistes de recherche et de réflexion encore appelées à évoluer.

4.1. Peut-on parler d'une hiérarchisation des composants du système central d'une représentation?

Nous l'avons vu, c'est à Moliner (1988) que revient la démonstration d'une différenciation qualitative des éléments du système central, établissant par là une hiérarchie structurale et fonctionnelle des opinions composant une représentation sociale.

Tableau 11 — **Fréquence des réponses selon l'élément mis en cause dans la situation «groupe idéal»** (adapté de Rateau, 1995a, p. 41).

	Mise en cause Amitié	Mise en cause Egalité
1. Groupe idéal très typique	4	7
2. Groupe idéal assez peu typique	0	6
total 1 + 2	4 (8 %)	13 (27 %)
3. Non-groupe idéal mais y ressemble	18	19
4. Non-groupe idéal et n'y ressemble pas	26	16
total 3 + 4	44 (92 %)	35 (73 %)

Plus récemment, Rateau (1995a, expérience II) a montré qu'à l'intérieur même du noyau, existerait un second type de hiérarchie, basée sur le poids des éléments le composant. Certains d'entre eux auraient, en effet, un poids, c'est-à-dire une importance, supérieur aux autres pour ce qui concerne l'organisation et la gestion de sens qui leur est assigné. En clair, le degré d'inconditionnalité des éléments du système central pourrait varier. Pour tester puis mesurer cette hiérarchisation, Rateau (1995a) a utilisé la technique de mise en cause. Reprenant l'objet « groupe idéal d'amis », il proposait un texte inducteur[6] s'achevant par une mise en cause d'éléments centraux (« égalité » et « amitié »). Les individus confrontés au texte initial, puis aux phrases mettant en cause l'un ou l'autre élément central de représentation, devaient ensuite se prononcer sur la plus ou moins grande typicité du groupe d'amis ainsi décrit. Les résultats sont conformes aux attentes (cf. tableau 11).

En premier lieu, la distinction périphérie/centralité est bien retrouvée puisque la mise en cause d'éléments centraux aboutit au rejet de la grille de lecture « groupe idéal d'amis », avec 92 % de refus de l'objet pour une contradiction de l'item central « amitié », et 73 % pour l'item central « égalité ». De plus, l'amitié paraissant un critère plus nécessaire à l'existence d'un groupe d'amis idéal que l'égalité, on peut en conclure qu'il s'agit d'un élément de représentation « absolument nécessaire à la reconnaissance et à l'identification de l'objet » (Rateau, 1995a, p. 42). Rateau formalise cette différence de statut des éléments centraux en considérant que « certains sont inconditionnels » (*id.*, p. 43), c'est-à-dire non négociables, tandis que « d'autres sont normatifs au sens où ils n'expriment pas la certitude mais la normalité d'une situation » (*id.*). Dit autrement, on pourrait reconnaître que, dans la réalité, l'égalité des membres d'un groupe d'amis souffre exception, l'amitié, en revanche, ne peut jamais être occultée. Une nouvelle expérience (1995a, expérience III) permettra à Rateau d'étayer cette explication et de différencier un élément central « PRINCIPAL » (p. 47), l'amitié, présent dans l'idéal comme dans la réalité, et un élément central « ADJOINT » (*id.*), l'égalité, qui peut, dans la réalité, faire défaut à un groupe d'amis particulier, dont les personnes interrogées ont pu elles-mêmes faire éventuellement l'expérience.

En prolongement d'un tel apport, Rateau (1995a) fait l'hypothèse qu'existent ici deux représentations distinctes du groupe d'amis, ayant pour dénominateur commun le critère d'amitié. D'un point de vue théorique, ceci amènerait, à considérer « (...) l'existence de *réseaux de représentations* pour un groupe social et pour un objet donnés » (*id.*, p. 48), toutes possédant un ou plusieurs éléments centraux principaux, mais se particularisant au moyen d'éléments centraux adjoints. Une piste nouvelle est ainsi esquissée, qui touche à l'aspect dynamique des représentations : en autorisant des modulations et déplacements d'une représentation à l'autre à l'intérieur d'un même réseau, ce dernier peut s'adapter à la réalité du moment. En cas d'attaque du système central d'une représentation, il n'y aurait donc pas forcément évolution de celui-ci mais passage de l'une des représentations du réseau à une autre par substitution de l'un des systèmes centraux à l'autre, pour peu naturellement (*cf.* Rateau, 1995-1996) que cette attaque porte sur des éléments adjoints. Ceci revient à admettre que l'on peut «regarder les représentations en termes de réseaux et d'interdépendances entre significations et symboles, plutôt que comme des significations et symboles discrets et atomisés (...) on doit être sensible à l'existence d'interdépendances entre différentes représentations, et à la possibilité qu'elles ont d'avoir des centres communs (...)» (Markova, 1999, p. 59-60).

4.2. Réflexion autour des notions d'inconditionnalité et de normalité

L'aspect inconditionnel, incontournable, non négociable du système central d'une représentation est généralement bien admis. Cependant, la traduction empirique et opérationnelle de cette propriété n'est pas encore satisfaisante. Flament (1994a, p. 91) par exemple, critique la traduction de cette inconditionnalité dans les expressions que Moliner propose. Selon lui, employer à cet effet des termes tels que «il est certain que...» ou «cela implique que...» conduit à un refus des éléments qui suivent la formule «peut-être parce que ces expressions semblent trop catégoriques». Moliner y substituera donc des termes tels que «préférable», «souhaitable» ou «bon», et, en dernier lieu, la notion de normalité. Le saut conceptuel entre normativité et normalité est ici indéniable. Un tel choix n'est admissible selon Flament «... que si on retient l'hypothèse que ses sujets interprètent les termes qui leur sont proposés dans le contexte de l'opposition "fréquent/souhaitable" (hypothèse qui nous parait très plausible» (Flament, 1994b, p. 92). Cependant, «la terminologie de Moliner est ambiguë et il en est généralement ainsi dès qu'on parle de norme» (*id.*). En cette matière, la seule tentative d'explicitation revient à Flament (1999). Une supposition la guide : «les questionnaires que nous utilisons habituellement pour décrire une représentation sociale, sont en fait, largement, le reflet de discours normatifs attribués à diverses instances de référence» (p. 29). Pour la tester, l'auteur donnera pour consigne aux personnes interrogées de répondre à un questionnaire de représentation (Flament utilise ici une version modifiée du questionnaire de mise en cause employé par Moliner, 1996, pour la représentation des études) de façon à se faire bien (versus mal) voir de ces fameuses instances de référence que constituent pour des étudiants les enseignants, les personnes plus âgées qu'eux-mêmes (ici 40-50 ans) ou les pairs. La conclusion, quoique nécessitant des investigations ultérieures, paraît sans appel : «... les réponses que l'on recueille habituellement dans les études de représentation sociale sont largement (sinon totalement) le reflet complexe de divers modèles normatifs pertinents pour l'objet de la représentation » (p. 50). Dit autrement, le système central d'une représentation reflète une normativité contextuelle et sociale plus large, que pourrait certes actualiser une demande en termes de normalité (il est normal de...), mais qu'elle ne suffit pas à recouvrir dans la mesure où elle ne fait pas apparaître l'instance sociale à laquelle les sujets font appel pour juger de la normalité de l'élément que leur propose le chercheur.

Dans un tout autre cadre théorique, on relève aussi cette référence au versant normatif des représentations, outil théorique semble-t-il d'actualité. Ainsi Doise & Devos (1999) évoquent-ils l'idée de représentations sociales normatives : « Lorsqu'on communique avec autrui, on s'engage dans un contrat de communication (...). De même, lorsqu'on agit avec autrui on s'engage dans un contrat d'interdépendance. En fin de compte, toutes nos actions affectent plus ou moins directement autrui, tout comme nous sommes continuellement affecté(e)s par des actions de personnes connues et inconnues. Nous ne disposons pas de représentations de ces interdépendances multiples qu'on désigne sous le nom de globalisation. Mais sans aucun doute, des définitions normatives existent en rapport avec ces interdépendances. Par exemple, les déclarations des droits de l'homme peuvent être considérées comme des sortes de contrats cadres à actualiser lors de chaque action affectant autrui » (Doise & Devos, 1999, p. 22). Quoiqu'il en soit, on pointera là une nouvelle ouverture de la théorie du noyau central vers la dimension sociale ou sociétale des représentations, qui témoigne *a contrario* des limites d'une approche par trop cognitive et structurale de ce que Moscovici envisageait déjà comme une réalité complexe.

4.3. Le système périphérique est-il hiérarchisé ?

Si l'étude structurale du système central d'une représentation fait apparaître une plus grande complexité, il en va de même pour celle du système périphérique. Nous avons vu que l'analyse prototypique et catégorielle (Vergès, 1992) permet de mettre au jour des zones représentationnelles évolutives (dites zones potentielles de changement), qui ont une action spécifique dans la dynamique représentationnelle, puisque sources privilégiées de changement. Les hypothèses à formuler à leur propos sont nombreuses, mais on peut raisonnablement les envisager comme un espace sémantique ouvert, que certains éléments périphériques investiraient au besoin (par exemple, lorsqu'apparaissent des pratiques nouvelles), et dans lequel ils peuvent s'assembler en groupements signifiants. Ils se prépareraient ainsi, soit de manière isolée, soit sous forme d'agrégats aux combinaisons multiples, à intégrer le système central. Mais on peut tout autant supposer que, dans une représentation en cours de transformation, ces zones de changement servent de passage pour des éléments centraux perdant de leur valeur et de leur fonctionnalité jusqu'à devenir périphériques. Le noyau central pourrait ainsi être entouré d'une sorte « d'écorce » constituée justement par ces zones potentielles de changement. Le système représentationnel disposerait alors d'un centre et se développerait progressivement vers une périphérie dont les éléments les plus mobiles se retrouveraient quasiment aux marges du système. De tels mouvements ont été observés, par exemple, dans une étude de terrain longitudinale (Bonardi, Larrue & Roussiau, 1998), et pour différents objets de représentation. Sans que l'on soit en mesure d'évoquer ni les moteurs, ni le pourquoi de telles migrations, on observe cependant que, lorsqu'il y a déplacement d'items entre la centralité et la périphérie, cela se fait effectivement au sein des zones potentielles de changements : des éléments centraux et périphériques migrent vers (ou de) ces zones. Rappelons également que, chez Moliner (1996), les éléments du système périphérique sont descriptifs ou évaluatifs mais que les nuances existantes attestent de la présence d'un continuum descriptif/évaluatif, chaque élément pouvant être plus ou moins l'un ou l'autre. D'autres travaux ont éclairé de nouvelles facettes de la sériation des éléments périphériques ; nous en examinerons ici trois.

La sous-structuration périphérique (Katérélos, 1993)

La représentation sociale d'un objet se définit par rapport à un groupe social donné, lequel présente des spécificités de l'ordre des attitudes, des connaissances et des pratiques. Il en va ainsi, par exemple, d'un corps social donné. Et on peut fort bien imaginer que des circonstances particulières amènent une partie de ce groupe social à adopter des comportements spécifiques par rapport à l'objet de représentation. Comment évolue alors l'univers représentationnel de ce sous-groupe ? Katérélos (1993) répond à cette question par la suggestion qu'existeraient une ou plusieurs sous-structurations périphériques. L'objet de représentation qui lui sert à développer son propos est la relation éducative ; la population concernée, les instituteurs, corps social et professionnel considéré comme relativement homogène. *A priori*, il est amené à penser que les instituteurs exerçant dans des quartiers de type classique ou dans des ZEP (zones d'éducation prioritaires) ont une représentation différente de la relation éducative. Cependant, il observe, d'une part, que, dans une même représentation et chez les deux types d'instituteurs, il est fait appel prioritairement à la pédagogie de type libéral, et secondairement à une pédagogie traditionnelle. D'autre part, que, suivant les besoins, le système relationnel normal (pédagogie libérale) peut céder la place à une pédagogie plus traditionnelle. Les deux types de relations pédagogiques coexistent donc mais peuvent être sollicités tour à tour. Dit autrement, la représentation de la relation pédagogique posséderait un système central axé sur le relationnel libéral, donc non remis en cause par les pratiques et circonstances liées à l'exercice de la profession, et une sous-structure périphérique suffisamment formée et forte pour être apte à remplacer le système central si les circonstances l'exigent. Cette sous-structuration périphérique peut être activée avec une fréquence forte et peut fonctionner de manière autonome. C'est ce qui expliquerait l'appel plus fréquent des instituteurs en ZEP à cette sous-structure (pédagogie traditionnelle de type autoritaire), mais le maintien dans cette population d'une représentation basée sur la pédagogie libérale : «(...) du fait de leur expérience quotidienne, ce système (la sous-structure périphérique) est hypertrophié et surtout structuré de façon quasi-autonome» (Flament, 1994b, p. 102).

Que l'on parle de délégation de gestion du système central à cette sous-structure périphérique (Rouquette & Rateau, 1998) ou de préservation du principe organisateur central de la représentation (Flament, 1994b), la subordination d'une sous-structure périphérique à un système central constituerait, dans tous les cas, un mode de gestion économique de la réalité puisqu'il y a activation rapide d'une grille de lecture adaptée aux situations rencontrées. Ainsi, dans des conditions spécifiques et périodiques, plutôt que de changer le système central, donc la représentation, les individus en viendraient à activer préférentiellement certaines parties de la périphérie, qui, momentanément, pourraient se substituer au système central.

Saillance différentielle des éléments de la périphérie

Nous savons que certains éléments périphériques ont une saillance identique à celle des éléments centraux et «(...) qu'un élément périphérique saillant, tire sa saillance d'un lien direct avec le noyau central» (Flament, 1994b, p. 88). L'idée directrice d'une telle explication tient au lien conditionnel entre un élément périphérique saillant et un élément central. Ce dernier peut-être actualisé de différentes manières dans la périphérie, par exemple l'élément central «égalité» peut se traduire en périphérie par des éléments tels que «mêmes opinions», «mêmes goûts», etc. On est alors en droit de penser que l'importance, ou la saillance, de l'élément «mêmes opinions» provient de son lien sémantique direct avec l'élément «égalité» du système central. Il s'ensuit, toujours selon Flament (1994b), que cet élément périphérique saillant peut constituer un thème nouveau dans une représentation sociale en changement : «(...) plus que de gestion par le noyau central, il s'agit d'interaction entre le central traditionnel et le nouveau encore utopique, qui fusionneront (peut-être) pour donner une représentation sociale nouvelle» (Flament, 1994b, p. 90). Cette hypothèse manque certes d'étayage expérimental, mais on relèvera la convergence des explications théoriques qui voient dans la saillance d'items périphériques une spécificité structurale et hypothétiquement fonctionnelle.

Les particularités du système périphérique que nous venons d'énoncer ne sont pas automatiquement à distinguer; des éléments périphériques saillants peuvent se trouver dans des zones potentielles de changement ou bien dans des sous-structurations périphériques. Mais pour lors seule une analyse descriptive et une méthodologie stricte sont à même de permettre la mise en évidence précise de la nature structurale d'un élément périphérique. Cependant, ces avancées pourraient permettre de traiter la différence de statut entre éléments centraux et périphériques à un autre niveau, celui de la dynamique, donc du fonctionnement, des processus représentationnels sous-jacents au modèle théorique. Toutefois, une analyse combinant description et dynamique ne peut s'envisager (ou se développer) qu'à partir du moment où le modèle sera compris dans son intégralité, ce qui laisse pour l'instant perplexe au vu de la complexité d'un concept (celui de représentation) qui a pour particularité de combiner plusieurs niveaux d'analyse (Doise, 1982).

Organisation de chaînes sémantiques dans la périphérie

Par chaînes sémantiques, on entendra toutes les formes de liens auxquels les éléments périphériques peuvent prétendre, ce qui donne une organisation spécifique. Au fur et à mesure de l'application de différentes méthodes d'analyse des composants représentationnels, on a repéré un certain nombre d'indicateurs permettant une description plus fine de la structuration du champ sémantique. Vergès (1994, p. 250) en signale deux, utilisés l'un par Aïssani (1991a) — nombre d'arêtes de l'arbre maximal qui aboutissent à un même item — l'autre par Katerelos (1993) — indice «K» permettant un calcul des distances entre items. Arrêtons-nous sur la proposition d'Aïssani (1991a), issue de l'application de l'analyse de similitude, parce qu'elle a été, sous une forme ou sous une autre, plus souvent utilisée. L'auteur pose que l'on peut considérer comme importants les items reliés à au moins trois autres items dans l'arbre de similitude. Un item central est alors minimalement un item à forte connexité, et plus précisément un item qui est relié (ou connexe) à au moins trois autres de même valence (soit positive, soit négative). Proximité et valence des items sont testés par Aïssani dans une recherche traitant de l'évolution d'une représentation sous l'impact d'un message. Ce qui nous importe ici c'est que l'auteur observe, chez des individus soumis à influence, des augmentations ou des diminutions dans les liens des items au départ fortement connexes, alors qu'il n'en observe pas quand les individus ne sont pas soumis à influence.

Par ailleurs, la localisation d'un item au sein de la structure représentationnelle est une donnée importante : en bout de chaîne sur un arbre maximum de similitude, il est en général moins important pour l'organisation et le fonctionnement de la représentation que s'il est proche du noyau ou connexe à plusieurs autres. Une organisation d'items, c'est-à-dire un ensemble connexe, pourrait donc être de plus de poids que des items en nombre égal mais disséminés dans la structure puisqu'il est attesté que les items prennent sens, au niveau local, les uns par rapport aux autres (Abric & Mardellat, 1983). Une autre recherche (Roussiau, 1996a et b) montre que le choix le plus pertinent, dans le cadre d'étude de la transformation des représentations, consiste à croiser plusieurs critères, ici le nombre des items retenus, leur place dans la structure, leur degré de connexité et leur proximité sémantique. Enfin, Aïssani suggérait «(...) d'étudier l'impact du message dit "périphérique" (...) en se demandant si l'effet de transformation est le même selon que la contradiction porte sur un, deux, trois, quatre (ou plus) thèmes périphériques» (1991a, p. 246).

Différents indicateurs, valides dans le cadre des méthodes de repérage du système central, existent donc; mais c'est semble-t-il du croisement de plusieurs de ces critères que découlent les modifications les plus nettes de la représentation. Les validations restent cependant incomplètes et parfois contradictoires avec les théorisations antérieures. Par exemple, il n'est nullement assuré qu'accroître le nombre d'items de représentation que l'on contredira ou tentera de faire évoluer, suffise à maximiser le changement. De plus, les résultats d'Aïssani (1991a et b) ou de Roussiau (1996a et b) attestent d'un faible changement lorsque l'on contredit des éléments périphériques liés entre eux. A l'opposé, lorsque ces éléments sont disséminés dans la structure représentationnelle périphérique, cela produit davantage de changements, ce qui laisserait supposer que la contradiction d'un agencement compact d'éléments, du fait même de la prégnance des liens existant entre eux, produit plutôt un effet de résistance au changement dans l'ensemble de la structure représentationnelle (Roussiau & Bonardi, 2000). Il est donc tout à fait souhaitable de continuer dans cette voie quelque peu délaissée, qui consiste à «défricher» l'organisation du système périphérique, car, comme le rappelle Flament, «ceux d'entre nous qui prirent au sérieux l'idée de noyau central d'une représentation sociale, lancée par Abric en 1976, en furent éblouis au point de ne voir qu'à peine ce qui fut alors désigné, de façon peut-être dédaigneuse, comme la périphérie» (1994b, p. 85). Inscrire la périphérie dans une relation de complémentarité fonctionnelle avec la centralité amènerait donc des informations plus précises sur les logiques psycho-sociales du fonctionnement interactif des deux systèmes.

4.4. Limites et perspectives

Achevons l'examen de ces ouvertures en forme de complexification de la théorisation structurelle du noyau central par un bilan. Si l'on adopte pour celui-ci la schématisation coutumière à une présentation des données issues d'une analyse de similitude (*cf.* figure 2), on constate que l'on passe d'une simple «insertion» de la zone centrale dans une sphère périphérique plus large (schématisation classique des débuts de la théorie) à une multitude de différenciations potentielles entre des éléments identifiés, soit par leur nature (évaluative versus descriptive), soit par leur plus ou moins grande stabilité (sous-structurations périphériques, éléments principaux ou adjoints), soit par leur localisation (système central, système périphérique, zones potentielles de changement), soit enfin par leurs interrelations (éléments périphériques saillants ou non, connexes ou non). A tout le moins, on gagne en distinction et en précision, mais une telle vision d'ensemble ne pourrait être obtenue que grâce à une uniformisation théorico-méthodologique non encore réalisée.

Pour lors, trop peu de travaux ont répliqué expérimentalement les découvertes en matière de dimensions structurales, et quelques rares recherches se sont prioritairement appliquées à comprendre leur utilité dans le fonctionnement d'une représentation sociale. Aussi, seule la distinction périphérie/centralité peut être aujourd'hui consensuellement approuvée et défendue par les chercheurs. Mais, s'en tenir à cette seule dichotomie appauvrit considérablement la compréhension plus générale du phénomène représentationnel. Il faut dire que, parallèlement, expérimenter sans bases théoriques solides sur les divers aspects de structuration précédemment entrevus revient à bâtir un échafaudage conceptuel quasiment sur du sable. Du côté de la description des composantes, on manque encore d'études qui pourraient reproduire, par exemple, la hiérarchie des éléments du système central ou encore les sous-structurations périphériques, et il est clair que de ce côté l'exploration doit se poursuivre. Quant aux zones potentielles de changement, l'idée est conceptuellement séduisante, mais, méthodologiquement parlant, seule

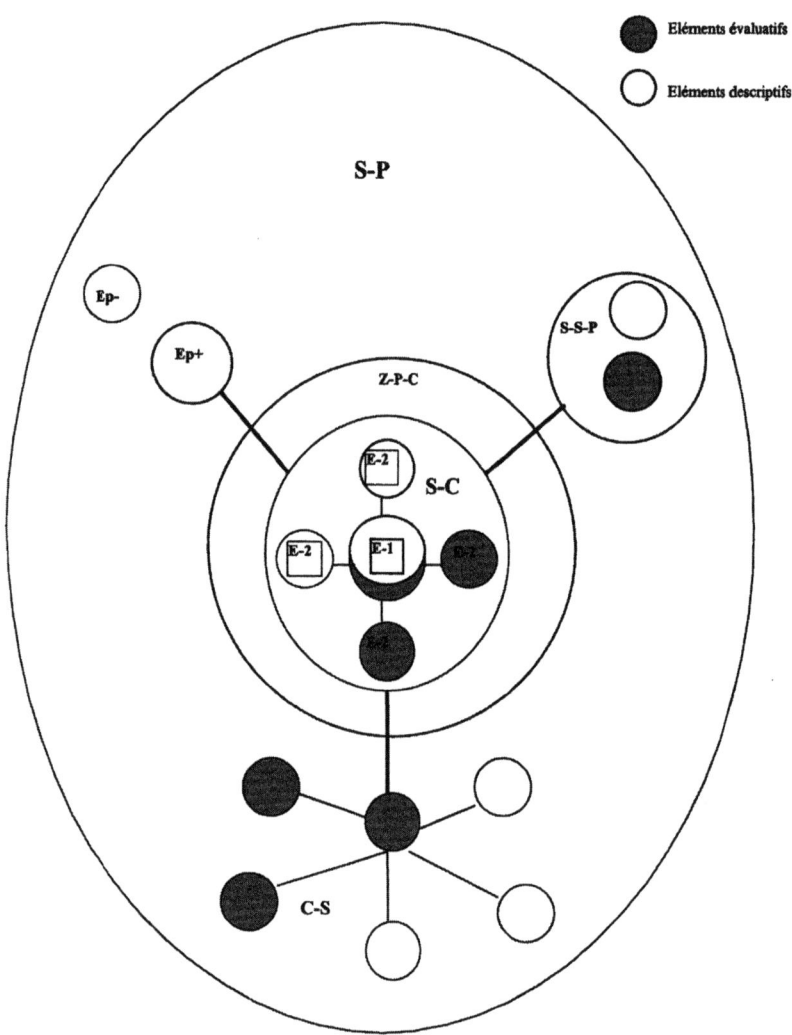

Figure 2 — Analyse structurale d'une représentation sociale : les nouvelles perspectives.
ZPC (zones potentielles de changement); SP (système périphérique); SC (système central); SSP (sous-structuration périphérique); E1 (éléments principaux); E2 (éléments secondaires); EP+ (éléments périphériques saillants); EP- (éléments périphériques non saillants); CS (chaînes sémantiques).

l'analyse prototypique permet sa mise en évidence. Il en va de même pour les chaînes périphériques dont l'étude reste cantonnée à une méthodologie de repérage des éléments (l'analyse de similitude). Ici fait défaut l'application de nouvelles méthodes afin d'éviter de confiner ces acquis dans les strictes limites d'une méthodologie descriptive. En fin de compte, cette dépendance des théorisations, ou mieux des ouvertures théoriques, à une méthode exclusive d'investigation et de traitement des données, et le problème inverse du développement de méthodologies non encore assorties de conceptualisations adéquates faute de reproductions suffisantes des effets observés, ne pourrait produire, au mieux, et pour le seul courant d'étude du noyau central des représentations, qu'une association du type une théorisation/une méthode, dont on concevra aisément l'étroitesse. S'il reste important, malgré tout, d'ouvrir les perspectives, il ne l'est pas moins de les valider aussi largement que possible. En effet, lorsqu'on évoque la stabilité des éléments centraux d'une représentation on est en droit de se demander si cette stabilité est la même selon que cet élément central est premier ou adjoint (Rateau, 1995a et b) ou selon qu'il est évaluatif ou descriptif (Moliner, 1996). Sur ce dernier point en effet, une seule étude (Bonardi & Roussiau, 2000) laisse penser à plus de stabilité des éléments centraux descriptifs. Quant à la périphérie, peut-on supposer que les zones potentielles de changement sont garantes de la stabilité des éléments centraux, ou, au contraire, qu'elles constituent un levier à actionner pour permettre la transformation? Hormis une recherche de terrain (Bonardi, Larrue & Roussiau, 1998), la spécificité de ces zones n'a pas été envisagée avec plus de finesse en situation strictement expérimentale. Le problème se pose de la même façon pour les sous-structurations périphériques (Katerelos, 1993) ou pour les dimensions évaluatives et descriptives de la périphérie (Moliner, 1996). Autre est le statut des chaînes sémantiques de la périphérie dont on a tenté de comprendre les mécanismes. Les recherches utilisant des chaînes périphériques dans le cadre d'étude de la transformation des représentations à partir de mécanismes d'influence sociale (Aïssani, 1991a et b; Roussiau & Soubiale, 1995-1996; 1996a et b), ou d'engagement (Roussiau, 1996a et b; Roussiau & Bonardi, 2000; 2001) ont montré des différences évolutives liées aux types d'éléments ou d'associations d'éléments choisis (éléments connexes, structurellement proches du noyau central, éparpillés dans la représentation, de même champ sémantique, isolés ou en groupes), avec prépondérance, au niveau de l'efficacité, pour les éléments non connexes entre eux. Ces perspectives d'étude, novatrices sont il est vrai relativement complexes. Reste que l'on ne pourra sans doute guère rendre mieux compte de ces acquis qu'en faisant appel à des apports théoriques excédant le cadre de la théorie du noyau central, voire du paradigme des représentations sociales pour comprendre un phénomène «polymorphe», à l'image des objets qu'il étudie.

NOTES

[1] Pour un exposé détaillé de ces cinq points, on se reportera à la première partie du présent ouvrage.
[2] C'est nous qui soulignons.
[3] On se reportera pour plus de détails aux différentes recherches que Moliner évoque dans son ouvrage de 1996 : représentation de l'entreprise chez des chômeurs de longue durée ou des étudiants, représentation des études pour des étudiants en psychologie.
[4] SCB dans la suite du texte.
[5] Cette phase est importante car elle permet notamment au sujet d'actualiser l'opérateur à l'origine de sa réponse. La production discursive étant difficilement séparable des opérations cognitives mises en œuvre par l'individu, elle est de ce fait indispensable. Pour en faire la preuve, Guimelli et Rouquette (1992) constituent quatre groupes d'individus, deux réalisant la procédure expérimentale en entier, (l'un confronté à l'item central [amitié] et l'autre à l'item périphérique [opinions]), et deux autres groupes confrontés aux mêmes items, mais avec une procédure amputée de l'étape 2. Les résultats montrent que, lorsque les individus ne sont pas amenés à justifier leurs réponses associatives, les valences des items centraux et périphériques sont proches, ce qui n'est pas le cas quand l'étape de justification est présente.
[6] Ce texte est identique à celui utilisé par Moliner (1988, p. 762) dans son expérience *princeps*.

TROISIÈME PARTIE

DYNAMIQUE ET TRANSFORMATION DES REPRÉSENTATIONS SOCIALES

«La représentation reçoit un statut privilégié quand il va s'agir de rendre compte des transformations du monde social et de l'efficace politique. Celles-ci sont rapportées au changement dans la représentation de la réalité sociale chez les acteurs sociaux, au terme de processus qui engagent la "légitimation" et la "mise en acceptabilité" des discours alternatifs concernant cette réalité sociale (...)» (Jodelet, 1991, p. 19).

Chapitre 8
Position du problème
et premières recherches

Une représentation «n'est pas un objet stable ou un système clos, mais une configuration absorbante, essentiellement dynamique, capable d'intégrer des informations nouvelles en les reliant de manière spécifique à des informations mémorisées, capable de dériver des opinions particulières d'attitudes déjà installées» (Rouquette, 1994, p. 173-174). On conviendra qu'une représentation joue, à ce titre, «le rôle d'appareil adaptatif, gestionnaire de sens» (*id.*, p. 174), ce qui suppose que toute représentation évolue, se recompose, se transforme plus ou moins progressivement voire disparaît. Si l'idée d'adaptation et, conséquemment, d'évolution ou de transformation n'est pas récente (*cf.* Moscovici, 1961; Jodelet, 1989b), les travaux spécifiquement axés sur ce point se développent depuis relativement peu de temps. Mais, dans tous les cas, une interrogation centrale a présidé aux recherches explicitement rattachées à la transformation des représentations : les facteurs déterminant ces modifications, sont-ils plutôt liés aux comportements effectifs des individus ou bien aux communications interpersonnelles et sociales? Cette problématique «manichéenne» masque mal la complexité du problème sous-jacent, aussi bien au niveau des pratiques sociales qu'à celui des discours quotidien ou idéologique. Il est en effet nécessaire de savoir de quels comportements ou de quelles pratiques sociales l'on parle lorsqu'est évoquée la primauté de la praxis sur le discours dans la transformation des représentations. S'agit-il de comportements représentés, c'est-à-dire inférés par le discours, ou bien de comportements effectifs? Et l'on sait bien toutes les difficultés qu'il y a, pour le sujet, à établir une cohérence entre la logique de ses idées et celle de ses actes

(Wicker, 1969; Joulé, 1989). Quant aux communications (orales ou écrites), faut-il ou ne faut-il pas qu'elles s'inscrivent dans le temps d'une interaction sociale pour modifier une représentation ? Là encore, les implications sont fort différentes et peu étudiées. Si l'on ajoute à cela les conditions liées au contexte discursif (conditions de production du discours) comme au contexte social (contexte idéologique et statut social du sujet et du groupe auquel il se réfère : Abric, 1994a), l'on conçoit toute la difficulté qu'il y a à saisir la logique de fonctionnement dynamique des représentations. Traditionnellement, les pratiques ont été considérées comme un levier de changement tout à fait privilégié (Flament, 1994b), cependant, des recherches récentes semblent accorder aux communications (Mugny, Moliner & Flament, 1997) comme à l'idéologie (Bonardi, Roussiau & Larrue, 1998 ; Rateau, 1999), un pouvoir non négligeable dans cette dynamique représentationnelle. Les choix de recherches réalisés pourraient en fait revenir à deux orientations : a) prendre en compte les transformations intra-représentationnelles, conditionnées par des facteurs sociaux (tels que les pratiques effectives des sujets) ou par l'intervention du chercheur introduisant lui-même un moteur censé produire une telle évolution. Le regard s'oriente ici préférentiellement vers ce qui, du contenu ou de la structure, a évolué sous l'impact du facteur de changement considéré. b) Envisager, outre l'évolution interne, l'intrication des représentations sociales avec d'autres niveaux d'appréhension du monde (par exemple, la recherche d'informations ou les ressorts idéologiques qui orientent la conception des sujets) de manière à saisir les liens complexes qui peuvent exister entre eux. Ce qui revient par conséquent à approcher le contexte qui a lui-même suscité une évolution de représentation.

La transformation des représentations étant une problématique en pleine évolution, il apparaît nécessaire d'en retracer le cheminement chronologique.

Le premier temps de ce parcours est celui des recherches prenant pour cadre des situations naturelles. Elles ont montré plus que démontré les changements qui surviennent avec le temps dans les représentations sociales, leur visée étant en effet plus descriptive qu'explicative.

Prenons le cas de l'étude de Di Giacomo (1981a) : suite à une session résidentielle de sensibilisation aux phénomènes de groupe, l'auteur constate que la représentation du groupe expérimental, c'est-à-dire ici sensibilisé à la dynamique des groupes, évolue en regard de celle d'une population dite de contrôle. Cependant, il ajoute que « rien ne permet strictement parlant de postuler l'origine de cette différence d'évolution » (Di

Giacomo, 1981a, p. 418). Son travail porte d'ailleurs largement la marque des problèmes existant au niveau des méthodes d'analyse des représentations, notamment à propos de la mesure de leur évolution. Il soulève ainsi un certain nombre de questions touchant au changement des représentations, questions qui portent à la fois sur des aspects méthodologiques, expérimentaux et théoriques. Mais l'on se souviendra surtout qu'aucun facteur susceptible de matérialiser l'origine des transformations observées n'a pu être identifié. Dans le cadre d'une étude longitudinale, Jodelet (1982)[1] signale également l'évolution d'une représentation sociale, celle du corps. Elle passe successivement d'une centration biologique et médicale forte à une centration manifeste sur la dimension du corps-plaisir. Jodelet constate ainsi que «(...) à un rapport distant se substitue une approche vécue et les messages morbides et fonctionnels perdent en prégnance par rapport à des expériences dynamiques et jouissives. La connaissance s'en trouve également modifiée, un désintérêt pour le corps biologique en faveur d'un corps lieu de jouissance, amène à se détourner d'une approche scientifique biologique» (Jodelet, 1984b, p. 376). L'origine de ce changement est supposée et ses facteurs potentiels simplement évoqués. Il s'agirait, pour Jodelet, de «la diffusion de nouvelles techniques corporelles et de nouveaux modèles de pensée» (*id.*, p. 376). Il est clair que le terrain par lui-même ne permet pas, ou du moins est-ce fort délicat, un contrôle des variables expliquant les transformations constatées. Mais la théorie des représentations sociales venait de fait, par l'intermédiaire de ces toutes premières études, consolider l'écart qui la séparait déjà des représentations collectives, ne serait-ce que par l'empan temporel du changement; de une semaine pour l'étude de Di Giacomo (1981a) à quinze années pour celle de Jodelet (1984b).

La question de cet empan temporel nécessaire à toute évolution est complexe et de nos jours encore activement discutée : pour certains, le changement est possible rapidement — le temps d'une expérimentation en laboratoire — alors que pour d'autres il est plutôt question de générations humaines. En effet, pour des raisons historiques ou socio-économiques, certaines représentations seraient plus difficilement modifiables que d'autres. Par exemple, Vergès (1989) est amené à constater la lente évolution des représentations économiques, tandis que Mugny, Moliner et Flament (1997) semblent montrer qu'au laboratoire un message contradictoire peut modifier profondément la représentation du groupe idéal d'amis. Ces prises de position déterminent les second et troisième temps des recherches consacrées à la dynamique représentationnelle. Le second temps (chapitre 8) est celui où l'on s'attache à déterminer les éléments du contexte quotidien susceptibles de jouer dans la transformation d'une représentation, le troisième temps (chapitre 9) portant quant à lui la marque des tentatives expérimentales de modification des représentations. Reste que évolution ne signifie par forcément, d'une part, changement total de système de représentation, des degrés dans l'évolution peuvent exister; d'autre part, changement définitif dans la représentation puisque l'on a parfois observé des retours d'une représentation à son état initial. En fait, c'est la nature du changement produit que l'on interroge ainsi.

NOTE

[1] On peut signaler, dans la même veine, les travaux d'Herzlich (1969) sur l'évolution des représentations de la santé et de la maladie.

Chapitre 9
Quand les facteurs à l'origine de la dynamique représentationnelle sont invoqués

A la suite des premières recherches on a tenté, et ce en situation naturelle comme en situation expérimentale, de comprendre l'origine de ces évolutions représentationnelles en utilisant pour ce faire des variables indépendantes invoquées telles que les pratiques sociales ou l'idéologie. Dans les divers travaux réalisés sous cette perspective, on a observé assez largement que les pratiques comme les communications, non manipulées mais contrôlées par le chercheur, accompagnent, chez les individus producteurs de ces pratiques ou soumis à certains modes de communication, des représentations différenciées.

1. COMMUNICATIONS ET REPRÉSENTATIONS SOCIALES

La psychologie sociale nous enseigne que la communication joue un rôle essentiel dans les relations inter-individuelles. C'est pourquoi elle a rapidement attiré l'attention de chercheurs s'interrogeant sur les facteurs à l'origine de la modification des composantes d'une représentation. On a vu précédemment que, pour Moscovici (1961), la communication, dans ses diverses dimensions sociales, agit sur la dynamique sociale ainsi que sur l'élaboration et l'évolution des représentations. Elle occupe donc nécessairement une place capitale dans l'étude des représentations sociales.

1.1. Communications interindividuelles et quotidiennes

Outre le fait que, dans un groupe, des représentations partagées sont actualisées collectivement au travers des relations interpersonnelles, il est manifeste que l'échange sur ces représentations contribue autant à leur maintien qu'à leur évolution. Ce processus dynamique des interactions ordinaires, maintes fois mentionné (*cf.* par exemple, Grize, 1989; Trognon & Larrue, 1988; Windisch, 1982), peut être tenu pour un facteur de changement au niveau des représentations sociales. On verra notamment, au travers des analyses du sociologue Windisch (1982, 1989) sur le langage xénophobe dans la Suisse des années 70-80, un cas exemplaire d'une telle dynamique évolutive. S'appuyant essentiellement sur les courriers de lecteurs, citoyens suisses ordinaires, défendant (ou luttant contre) des idées xénophobes et nationalistes, Windisch fera apparaître non pas l'ancrage thématique de ces idéologies, dans le sens où la population serait sensible au seul contenu des messages, mais un soubassement plus profondément enfoui. Il est ici question d'une logique du discours et de la pensée susceptible d'être applicable à l'ensemble de la réalité sociale. Son efficacité première est de «faire passer» en profondeur les idées ou thématiques elles-mêmes. En bref, des structures socio-cognitives, actualisées dans des formes de pensée et dans des logiques discursives propres, servent de moteur au développement des idées xénophobes. Partisans et adversaires de ces idées luttent ainsi entre eux à partir de thèmes et d'objets de représentation spécifiques (immigrés, chômage, nation...), abordés dans une logique argumentative particulière, qu'ils font valoir auprès de la population. Notons également la présence d'une dimension affective fortement tranchée dans le jeu du pour ou du contre, de l'aimer ou du détester. Un même objet peut ainsi susciter des représentations très contrastées suivant l'angle sous lequel on l'examine, suivant la situation dans laquelle il s'insère, suivant enfin le type d'interlocuteur auquel on s'adresse. Il y va donc également des représentations que l'on a de son groupe d'appartenance et des autres groupes sociaux en présence. Pourrait alors s'appliquer aux représentations, telles que Windisch les découvre, une maxime que l'auteur affecte plus largement au langage quotidien, à la pensée et aux actions sociales : «N'importe qui ne fait, ne pense et ne dit pas n'importe quoi, n'importe comment, à n'importe qui, n'importe quand, n'importe où, dans n'importe quelle situation, à n'importe quelle fin, avec n'importe quel effet» (1989, p. 175). Une fois pointées, les différences entre groupes et sous groupes sociaux en matière de représentations sont à considérer comme des variations représentationnelles plutôt que comme un changement chronologiquement entendu. Windisch (1982) relève cependant, dès la question de départ de son travail, la réalité des changements représentationnels intervenus en matière de xénophobie : «Comment un discours qui était celui de quelques individus, voire d'une "secte", est-il devenu, en l'espace d'une dizaine d'années, acceptable pour près de la moitié de la population d'un pays?» (1982, p. 10).

Sans indiquer spécifiquement les moteurs de ces changements, c'est bien de représentations sociales qu'il est question. Celles-ci ont évolué parce que certaines logiques discursives et certaines formes de pensées sont entrées en résonance avec des problèmes sociaux d'actualité à un moment donné (notamment l'augmentation de nombre d'immigrés sur le sol suisse et les problèmes de chômage). Accréditant ces logiques, certains groupes sociaux suisses ont considérablement évolué dans le sens d'une plus forte xénophobie, laquelle se manifeste au travers des représentations d'objets-cibles de ces idéologies.

1.2. Communications médiatiques

Le rôle de ce type de communications était déjà une hypothèse forte chez Moscovici (1961). Il a en effet montré que les modes de communication médiatiques jouent un rôle conséquent pour ce qui est de l'évolution des représentations sociales. S'intéressant à la nature de différents supports journalistiques et à leur impact dans la diffusion des connaissances sur l'objet psychanalyse, Moscovici (1961) montrera de quelle manière les représentations de la psychanalyse se modifient quand elles sont actualisées sous des systèmes de communication tels que la diffusion, la propagation ou la propagande : «L'étude des représentations sociales de la psychanalyse apprend bien comment celles-ci varient avec les rapports de communication et comment elles ne constituent nullement des entités immuables même s'il existe des points de repère communs permettant aux acteurs sociaux de se situer différemment» (Palmonari & Doise, 1986, p. 20)[1].

Si l'on s'attache à analyser globalement et rapidement ces modes de transmission de l'information, on peut dire que :

a) La diffusion d'information par les médias n'a pas vocation directe à exercer une influence sur les récepteurs du message (le public), mais sert à transmettre un savoir. A chacun ensuite d'assimiler ces connaissances en fonction de ses propres cadres de référence et systèmes d'interprétation.

Elle s'adresse à un public large et ne prend pas en compte les insertions sociales spécifiques.

La diffusion est donc mode de transmission d'un savoir commun opérant dans une zone que l'on pourrait qualifier de neutre idéologiquement parlant : « L'effort essentiel de l'émetteur dans la diffusion est, d'une part, d'établir une relation d'égalité, d'équivalence entre lui et son public, et, par voie de conséquence, de s'y adapter. Autrement dit, on cherche à former une sorte d'unité entre la publication et le lecteur, tout en maintenant une différenciation des rôles. Ainsi, des publications comme *France-Soir* ou *Marie-France*, lorsqu'elles traitent de la psychanalyse, ne s'instituent pas comme des sources d'information capables ou désireuses d'orienter leurs lecteurs, mais comme des organes de *transmission* d'un savoir commun qu'il est nécessaire de partager » (Moscovici, 1976, p. 317).

Pour Moscovici (1976), huit traits particularisent la diffusion :

− l'émetteur n'a pas d'intentions déterminées ni même d'orientations clairement définies ;

− le récepteur n'est pas un groupe structuré ni orienté dans ses convictions ;

− par conséquent, émetteur et récepteur des messages sont imprécis et définis de façon plutôt générale ;

− les médias de ce type visent à exprimer les idées du public, c'est la *vox populi* ;

− ce qui fait l'objet des communications est organisé de telle sorte qu'une certaine distance soit maintenue entre l'émetteur et le contenu ou l'objet des messages, ce qui laisse place à de possibles réajustements de part et d'autre ;

− les messages eux-mêmes sont distillés de façon discontinue ; un support de communication donné conserve donc une certaine autonomie ;

− si les communications influencent bien certaines « conduites particulières » (*id.*, p. 330), le rapport communication de l'émetteur/conduites, ne sera qu'occasionnel et fortuit ;

− enfin, la diffusion dispose d'une certaine efficacité, même si sa vocation première n'est pas de provoquer des comportements déterminés et collectifs de son auditoire.

On peut alors penser la diffusion d'informations ou de connaissances comme un moyen d'exposer des points de vue divergents voire contradictoires, dans le but d'informer le public mais sans chercher délibérément à le convaincre de la prévalence d'une conception ou d'une autre à propos d'un objet. Cette perspective « démocratique » de répartition du savoir nouveau s'accommode d'une grande liberté de propos, sans orientations particulières si ce n'est de transmettre de l'information au plus près du point de vue des uns et des autres.

b) La propagation véhicule déjà un ensemble de significations à donner à l'objet de représentation. Celui-ci apparaît sous un jour particulier ; un sens, une orientation préférentiels lui sont donnés. Il y a là une manière d'évaluation de l'objet adressée à des catégories de public forcément sensibles à l'argumentaire utilisé. Moscovici montrera comment la presse du groupe catholique, qui protège son espace idéologique, parviendra à intégrer en partie la théorie psychanalytique, en privilégiant certaines de ses facettes conceptuelles (l'éducation par exemple), c'est-à-dire celles qui ne choquent pas sa propre conception du monde. Pour les autres (la sexualité par exemple), les catholiques jugeront que la psychanalyse leur accorde une place excessive. Dans un tel cas, l'émetteur de connaissances devra minimiser ou modérer la portée des domaines en contradiction manifeste avec le discours catholique. On s'accommode ici d'une théorie nouvelle en l'utilisant et en l'interprétant en référence à des principes religieux établis. Lorsque la transmission des informations sur la psychanalyse adopte le mode de la propagation, Moscovici (1976) lui reconnaîtra quatre traits spécifiques :

– son aire d'action est limitée mais directe, puisqu'un groupe défini est interpellé par les messages ;

– elle doit intégrer les messages et donc l'objet qu'ils mettent en avant dans le cadre d'un référentiel qui existe déjà ;

– elle a forcément un objectif, celui de faire accepter par tout le groupe une conception de l'objet mûrement établie par certains membres du groupe ; conception qui est appelée à devenir celle que le groupe affichera aux yeux des autres ;

– par conséquent, son but premier n'est pas de susciter ou de renforcer des conduites, mais de proposer des connaissances qui permettent à chacun des récepteurs de trouver une cohérence entre l'objet nouveau et tout ce qui existe déjà dans le groupe en matière de normes et de comportements. On ajoute ainsi un surcroît de sens à de l'existant.

c) Quant à la propagande, elle possède une finalité plus nette, dans la mesure où elle est au service de l'action, potentielle ou future, et ce relativement à l'objet de représentation. Elle joue sur les conflits entre groupes sociaux et est à usage exclusif d'un groupe, aux appartenances sociales clairement marquées (groupement politique par exemple). En quelque sorte, elle lui impose un regard, une représentation de l'objet, et règle par là les interactions de ce groupe avec d'autres. Elle opère de ce fait dans un climat plus conflictuel : lorsqu'un groupe identifié marque le refus global d'un objet, il affichera une certaine rigidité par rapport à celui-ci. Le point de vue de la presse communiste sur la psychanalyse est à cet égard éloquent : cette science est perçue et décrite comme pseudo-science ou science bourgeoise, elle est traversée de critiques qui la stigmatisent et l'identifient à une forme d'envahissement de la culture bourgeoise. On la dit donc «pilotée», notamment par les Etats-Unis, et à visées plus politiques que thérapeutiques. La propagande est alors «(...) une modalité d'expression d'un groupe en situation conflictuelle et d'élaboration instrumentale, en vue de l'action, de la représentation qu'il se fait de l'objet du conflit» (Moscovici, 1976, p. 442).

On comprendra que ces modes de communication distincts agissent, en premier lieu, sur l'élaboration de la représentation d'un objet, mais peuvent, par la suite, générer des transformations plus ou moins profondes de cette même représentation. Les formes de communication qui participent à l'élaboration et à la cristallisation des représentations sociales, telles qu'envisagées par Moscovici, sont de l'ordre de l'espace public, puisqu'il s'agit de communications accessibles à tous. Il est dommage qu'un travail de cette ampleur n'ai pas été renouvelé à propos d'autres objets de représentation.

Dans certains volets de ce travail de recherche, Moscovici fait également une large place au discours individuel, à une expression relevant davantage du domaine du privé. Entretiens et interrogations diverses lui ont permis de mettre en évidence la manière dont chacun vit et théorise la psychanalyse. A ce niveau, plus microsocial, il donne à voir comment vit et se forme la représentation d'un objet particulier, mais également en quoi et sur quels plans une telle représentation est, d'une part, redevable à la fois d'une logique et d'une forme de raisonnement que l'on a pour habitude de nommer le sens commun, et, d'autre part, des idéologies qui l'animent et des croyances qui l'orientent. De même, on observe qu'à ce niveau, toute représentation d'un objet est le lieu de conflits interpersonnels, les communications générant confrontation et/ou comparaison des représentations de chacun.

On verra enfin, dans les écrits de Rouquette (par exemple, 1994 et 1996) sur les communications de masse et les rapports inter-groupes qui en découlent, un espace où peuvent vivre les représentations : «Comme signature simultanée des différences inter-groupes et d'identité intra-groupe, la représentation sociale a une valeur polémique. Elle est tour à tour, selon le point de vue adopté, objet d'attaque ou argument d'attaque ; elle justifie l'agression commise ou explique l'agression subie. Son horizon permanent est la violence» (1994, p. 185).

2. IMPACT DES PRATIQUES SOCIALES SUR LES REPRÉSENTATIONS

Le statut de facteurs privilégiés de la transformation représentationnelle a fait des pratiques sociales l'objet de nombreuses études. Un ouvrage entier a été consacré à leurs rapports avec les représentations (sous la direction de Abric, 1994) et un nombre conséquent de travaux ont abordé leur impact sur la transformations des éléments composant le contenu des représentations, et ce jusqu'au point d'établir un modèle de transformation des représentations par les pratiques qui occulte l'ensemble des autres facteurs potentiels : «Malgré nos efforts, nous n'avons, jusqu'ici, pu trouver trace de modification d'une représentation sociale sous l'influence d'un discours idéologique; seules les pratiques sociales semblent avoir quelque effet», disait même Flament (1994a, p. 49).

Mais qu'entend-on exactement par pratiques sociales? Largement définies, il s'agit de «(...) systèmes complexes d'actions socialement investis et soumis à des enjeux socialement et historiquement déterminés» (Abric, 1994c, p. 7). Et on les retrouve alors associées aux représentations aussi bien dans les recherches de terrain (*cf.* par exemple Jodelet, 1989b) développées par les premiers travaux, que comme émanation de la théorie du noyau central, au titre de variable explicative du changement d'état d'une représentation. Une série de recherches, en contexte social réel et toujours dans ce cadre théorique, fournit un bon exemple de l'approche des pratiques sociales.

Suite à un ensemble de mouvements dans le champ médico-social s'étendant sur une dizaine d'années (voir les revendications de 1988 et de 1991), le dispositif législatif français a tenté d'homogénéiser les pratiques effectives, par exemple avec la réforme hospitalière de 1991 qui voit la création d'une direction et d'une commission du service de soins infirmiers, avec participation aux instances décisionnelles (conseil d'administration, C-M-E...). Il est utile de rappeler ici que le secteur sanitaire et social français est concerné par une nouvelle définition de sa raison sociale au niveau de la requalification économique de l'acte de soin, et à celui d'un besoin de reconnaissance sociale accrue des corps soignants. Cette tentative d'unification du corps professionnel infirmier est ancrée autour de plusieurs points : développement d'une activité de recherche spécifique; réactualisation du décret de compétence (mars 1993); et modification de la formation initiale des personnels infirmiers (30 mars 1992), débouchant sur un diplôme d'état unique et polyvalent. La profession a en effet été longtemps définie à partir de qualités féminines («minutieuse», «humaine»...), héritage légué à l'infirmière par son ancêtre la religieuse. Et la raison de la difficile transformation de qualités relationnelles en qualification est sans doute liée à cet héritage lointain. Se pose alors le problème de la capacité et de la flexibilité des différents acteurs sociaux face aux systèmes de transformations sociales et aux nouvelles attentes liées à leur rôle professionnel. L'un des enjeux forts de la mutation du corps infirmier est, on le comprend, la remise en question des cadres de références acquis en termes de connaissances techniques, de valeurs, d'enjeux identitaires..., donc de la représentation sociale du rôle de l'infirmière. Il y va là du fonctionnement des groupes dans les institutions. La première étude de ce champ social, menée par Guimelli & Jacobi (1990), avait eu pour objectif d'analyser l'impact de deux types de pratiques sur la représentation de la fonction infirmière : le rôle prescrit — ou rôle traditionnel — qui fait de l'infirmière une simple exécutante des actes établis par les médecins; et le rôle propre, dans lequel l'infirmière dispose d'une autonomie pour certains actes et de reconnaissance d'un savoir qui lui appartient en propre. Le changement de représentation naîtrait, pour ces auteurs, de l'émergence de pratiques nouvelles, c'est-à-dire, dans notre cas, de l'adoption du rôle propre (plus récent) en lieu et place du rôle prescrit. Faisons la part des choses : cette adoption de pratiques nouvelles peut certes être impulsée par la volonté des infirmières elles-mêmes, mais il faut que leur initiative soit relayée, favorisée, voire même prescrite, par la structure hospitalière dans laquelle ces personnels exercent leur profession. La population de cette étude était constituée d'une quarantaine d'infirmières diplômées d'état. Après une étape d'homogénéisation permettant de différencier celles dont les pratiques relevaient du rôle traditionnel de celles accédant à des pratiques nouvelles (rôle propre), on distribuait à toutes un même questionnaire constitué d'une liste de 20 tâches, représentatives de la fonction infirmière, avec pour consigne de les classer par ordre d'importance. La mise en évidence de la structure représentationnelle s'est faite au moyen d'analyses de similitude distinctes pour les infirmières ayant un rôle traditionnel et pour celles ayant accès aux nouvelles pratiques. La comparaison des arbres maximum qui en résultent, fait apparaître des structurations différentes de la représentation : lorsque les infirmières ont accès à des pratiques nouvelles, ce sont les items renvoyant aux tâches relatives au rôle propre qui sont activées (c'est-à-dire jugées importantes) et inversement, pour les infirmières ayant des pratiques plus anciennes, ce sont les items liés au rôle prescrit qui sont activés. Et c'est certes une évidence que ce lien fort entre représentations et pratiques, l'accroissement des pratiques nouvelles contribuant à enclencher un changement de la représentation. Guimelli (1994b) s'attachera une nouvelle fois à étudier l'impact de ces mêmes pratiques sociales différenciées sur la représentation de la fonction infirmière, mais en utilisant une autre méthode d'appréciation des changements survenus (celle des schèmes cognitifs de base). Il observera alors «(...) que la valence relative à l'item "rôle propre" est largement supérieure dans le groupe "pratiques nouvelles". Dans la mesure où la valence peut être considérée comme un indicateur particulièrement sensible de la centralité qualitative, on peut conclure que l'item "rôle propre" devient central dans la représentation des sujets lorsque la fréquence des pratiques nouvelles s'accroît et prend de l'importance dans leur activité quotidienne» (Guimelli, 1994b, p. 101-102). Poursuivant sur la même thématique, mais sous une perspective théorique et méthodologique quelque peu différente, Roussiau, Gauthier, Jougla & Dupuy (1998) ont mené auprès de 149 infirmières une recherche répondant à une double demande des responsables mêmes de la formation des infirmières :

– mettre en évidence des transformations représentationnelles de manière à mieux comprendre à quel niveau intervenir pour accompagner ce changement ;
– utiliser un outillage méthodologique pertinent, qui privilégie la mise en évidence d'indicateurs permettant un tel accompagnement.

Le recueil de données, par la technique des associations libres à un inducteur, a permis un traitement discursif informatisé. Le logiciel employé pour cela (ALCESTE, cf. Reinert, 1990, 1993) associe les résultats d'une Classification Hiérarchique Descendante à une analyse Factorielle des Correspondances. On obtient ainsi des «profils» d'individus utilisant préférentiellement certains éléments de représentation. Ici deux principaux profils se dégagent : l'un d'eux est centré sur la valorisation du rôle technique de l'infirmière, ce qui le rapproche du rôle traditionnel dévolu à cette profession ; l'autre partage la population en deux sous-groupes, qui, soit privilégie les valeurs de compétence, de responsabilisation, d'autonomie et de reconnaissance, soit se caractérise par la mise en avant de valeurs ayant trait aux qualités individuelles de la personne infirmière (motivée, efficace, disponible, humaine). En clair, deux facettes du rôle propre.

Les programmes de formation des nouvelles générations, ainsi que les pratiques professionnelles spécifiques, laissent penser que la profession d'infirmière réunit encore des groupes porteurs de conceptions et d'identités différentes.

Dans les trois recherches que nous venons d'évoquer à propos d'un même objet de représentation, l'usage de méthodologies variées a permis de valider l'existence d'un impact des pratiques sur la représentation que se font les infirmières de leur profession. Si l'interdépendance pratiques sociales/représentations ne paraît faire aucun doute actuellement, on peut se demander en revanche si des modalités particulières peuvent préciser cette interdépendance. Par exemple, il est admis (*cf.* Flament, 1989) que deux types de pratiques peuvent modifier la structure d'une représentation : celles qui la contredisent explicitement et celles qui, tout en ne la contredisant pas, sont rarement effectives. Des circonstances spécifiques, telles que la redéfinition d'une profession peuvent alors activer ces pratiques admises de manière à les rendre effectives voire très fréquentes.

Et, dans un tel cas, la nature de la transformation pourrait varier dans la mesure où les pratiques (reconnus contradictoires), génèrent trois types de transformation possibles :

1. Lorsqu'elles sont anciennes et admises par la représentation — c'est-à-dire non contradictoires mais rares — l'évolution est progressive. Dans un travail sur la représentation de la chasse et de la nature chez des chasseurs languedociens, Guimelli (1989) constate que celle-ci est centrée sur les techniques cynégétiques traditionnelles, mais contient déjà des thèmes de type écologiste. Pour différentes raisons (baisse du gibier, pression des écologistes, opinion publique...), les chasseurs ont dû en venir à des pratiques écologiques effectives (repeuplement, alimentation...), donc nouvelles pour eux. Ces pratiques ont alors activé certains schèmes périphériques de représentation qui leur correspondaient et, conséquemment, la structure de la représentation s'est modifiée. Une telle activation a permis aux éléments périphériques concernés de fusionner avec des éléments centraux pour former un nouveau thème (un nouveau noyau) : « la gestion du territoire de chasse ». La modification s'est ici faite sans rupture brutale avec la représentation initiale. Guimelli dénombre à cette occasion trois sortes de schèmes périphériques : dormants, c'est-à-dire « présents et disponibles dans le champ représentationnel mais mis en sommeil par l'absence de pratique »; actifs, « rendus dynamiques au niveau de la représentation par la mise en œuvre des pratiques nouvelles »; et éveillés, c'est-à-dire « activés, mais à un degré moindre, chez les sujets qui ne mettent pas en œuvre les pratiques nouvelles, mais qui sont tout à fait d'accord pour qu'elles le soient, et qui ne le font pas, dans la plupart des cas faute de temps » (Guimelli, 1989, p. 136).

2. En cas de contradiction explicite des pratiques avec la représentation, ces pratiques agiront tout d'abord au niveau des schèmes normaux qui composent la représentation. Sous leur influence, ces schèmes vont intégrer la nouveauté contradictoire et, ce faisant, se transformer en ce que Flament (1989) nomme des « schèmes étranges ». On parlera alors de

transformation «résistante». La structure de ces schèmes étranges est composite et recouvre : «le rappel du normal; la désignation de l'élément étranger; l'affirmation d'une contradiction entre ces deux termes; la proposition d'une rationalisation permettant de supporter (pour un temps) la contradiction» (Flament, 1989, p. 212; *cf.* également Andriamifidisoa, 1982; Domo, 1982). Par exemple, dans une étude consacrée à la représentation des métiers chez de jeunes femmes exerçant une profession habituellement réservée aux hommes, le schème étrange apparaît sous la forme : «C'est un métier d'homme (rappel du normal), que les femmes (désignation de l'élément étranger) peuvent faire aussi bien que les garçons (énoncé d'une contradiction, par rapport à l'implicite de l'infériorité féminine), puisqu'elles sont plus minutieuses qu'eux (proposition d'une rationalisation permettant de supporter la contradiction)» (Flament, 1989, p. 213).

3. Enfin, «lorsque les nouvelles pratiques mettent en cause directement la signification centrale de la représentation, sans recours possible aux mécanismes défensifs mis en œuvre dans le système périphérique» (Abric, 1994b, p. 83), la transformation de la représentation est brutale. A ce moment là, et pour peu que les nouvelles pratiques apparaissent comme définitives et irréversibles, la représentation se modifierait en profondeur, puisque son noyau central serait atteint directement. Cependant, ce type de transformation n'a été observé dans aucune recherche de terrain[2].

C'est de l'étude de cet ensemble de paramètres de transformations qu'est issu le modèle global d'évolution des représentations (Flament, 1994a). Il comporte quatre temps : tout d'abord, des circonstances (sociales ou naturelles) externes se modifient; puis c'est au tour des pratiques sociales qui leur correspondent d'évoluer; ce sont elles qui déclencheront alors des transformations, en général au niveau des prescripteurs conditionnels de la représentation (c'est-à-dire de ses éléments périphériques); mais, le cas échéant, les transformations se manifesteront au niveau des prescripteurs absolus (les éléments du système central). Etant plus théorique que fonctionnel, ce modèle ne peut être tenu pour un mode d'emploi définitif et clos sur lui-même. En effet, on peut encore s'interroger sur ses capacités à décrire la réalité, sur le fait qu'il soit ou non à même de rendre compte de l'ensemble des changements des représentations, et ce quel que soit le niveau de généralité de ces dernières. On peut tout de même, à l'heure actuelle, appréhender plus précisément l'environnement social de ces transformations, au moins sur trois plans :

1. Les circonstances d'émission de nouvelles pratiques. Elles sont évoquées surtout par les tenants du primat de la «praxis» dans la transformation des représentations sociales. Dans certaines recherches (Guimelli, 1989), en effet, on a pu apprécier le poids, sur la structure des représentations, de circonstances fortuites. Cela conduit à admettre qu'un changement dans les pratiques, et par conséquent dans la représentation de l'objet concerné, peut tenir à quelque chose de purement conjoncturel : «des gens peuvent être contraints à des pratiques entrant en contradiction avec une représentation» (Flament, 1987, p. 149). Dans ce cas, forcément, se mettent en place «des mécanismes visant (maladroitement) à maintenir la cohérence, puis des mécanismes rétablissant la cohérence en modifiant la représentation» (*id.*). On pourra donc définir ces circonstances externes comme «n'importe quel état du monde hors de la représentation sociale, c'est-à-dire relevant d'une causalité étrangère à la représentation sociale (par exemple, la myxomatose du lapin ne dépend en rien de représentations sociales propres aux chasseurs)» (Flament, 1994a, p. 49).

2. La persistance de ces circonstances en tant qu'elle détermine l'adoption définitive ou temporaire des nouvelles pratiques. Si les circonstances sont temporaires, le sujet les percevra comme telles, et les pratiques nouvelles qu'il devra adopter seront conçues dans ce cas comme réversibles. Les modifications de la représentation de l'objet se situeront alors au niveau des prescriptions conditionnelles du système périphérique, le système central n'accusant pas de changements. En revanche, si les circonstances sont appelées à se maintenir, le sujet sera amené à considérer que les pratiques nouvelles qu'il développe ont un caractère irréversible. Au niveau de la représentation, la restructuration sera profonde puisque, à terme, il y aura changement de l'identité de la représentation par la mise en place d'un système central différent. Une telle restructuration sera nécessaire parce que de nombreuses incohérences vont apparaître dans le champ représentationnel, mais également parce que le sujet trouvera de «bonnes raisons» lui permettant de justifier ces pratiques nouvelles. Le tout donnera un autre statut à ces incohérences, c'est-à-dire celui d'éléments à cohérence nouvelle.

3. Les «bonnes raisons» qu'évoque l'individu ont pour origine la rationalisation (Flament, 1987), c'est-à-dire une recherche de cohérence entre pratiques et représentations, exactement comme le sujet évite les comportements dissonants avec ses attitudes (voir la théorie de la dissonance cognitive, Festinger, 1957). Pourtant, ce processus de rationalisation, présumé à l'œuvre dans les représentations, a été fort peu étudié et l'on se contente pour lors de poser que c'est de l'accumulation de bonnes raison (leur origine comme leur nombre) que viendra le change-

ment de représentation. Toutefois, les bonnes raisons ont une origine différente suivant les types de transformations : en cas de transformation résistante, elles se situent hors du champ de la représentation et s'imposent aux individus ; lors d'une transformation progressive, elles sont localisées dans la représentation de l'objet et simplement activées par l'apparition de pratiques nouvelles ; enfin, pour une transformation brutale, la modification suit l'intervention massive de bonnes raisons, localisées hors du champ de la représentation mais qui mettent en cause directement le système central de celle-ci.

Tout ceci étant posé, il convient de souligner :

– D'une part, que le domaine de recherche liant la transformation des représentations à l'adoption par l'individu de pratiques nouvelles reste ouvert à de plus amples investigations. Le modèle d'évolution en quatre temps demande à être précisé et étayé de recherches plus largement ouvertes aux pratiques sociales effectives, c'est-à-dire, d'une certaine façon, aux évolutions qui traversent nos sociétés modernes. Pour y parvenir, on pourra multiplier les objets de représentation pris en considération, et envisager un second temps, expérimental celui-là, qui permette d'examiner plus finement les modalités de transformation des représentations sous l'impact de pratiques nouvelles que des sujets seraient amenés, par des manipulations expérimentales appropriées, à adopter.

– D'autre part, la complexité sociale laisse penser que cette relation linéaire entre pratiques et représentations, si elle explique, et en détail, des mécanismes de changement, ne peut suffire à rendre compte de tous les moteurs susceptibles de générer des transformations de représentations, de quelque nature qu'elles soient. Des travaux récents, faisant jouer comme intermédiaires de cette relation pratiques/représentations de nouvelles variables, préparent en effet la voie à l'étude d'aspects du phénomène de transformation jusque là inexplorés.

Pour finir, cette vision du changement des représentations dans le mouvement — pratiques vers représentations — souffre d'une absence de mise en évidence du mouvement inverse, des représentations vers les pratiques. Aucune recherche n'a encore pu indiscutablement conclure à l'existence (comme à l'impossibilité d'existence d'ailleurs) d'un mouvement qui ferait que, sous l'influence d'un facteur ou d'un autre, une représentation soit amenée à se transformer, et que, toujours pour raisons de cohérence, les pratiques d'un groupe se modifient alors. Cependant (*cf.* Ibanez, 1989), on a théoriquement envisagé qu'il puisse en être ainsi et que le rapport représentation — pratiques puisse fonctionner dans les deux sens, ce qui reviendrait à établir que « ce n'est pas que l'on agisse conformément à ce que l'on pense (ou à ce que l'on se représente[3]); mais *ce que l'on pense balise l'action possible*» (Rouquette, 1994, p. 176).

3. PRATIQUES SOCIALES, IDÉOLOGIE, NIVEAU D'INFORMATION ET REPRÉSENTATIONS SOCIALES

Dans notre quotidien, des phénomènes sociaux complexes sont à l'œuvre et se conjoignent parfois pour produire des réactions sociales ou groupales face à des événements, des actes individuels et collectifs, ou des discours socialement et idéologiquement situés. Nous avons insisté ailleurs sur l'importance que Moscovici (1961) accordait aux communications comme facteurs d'évolution des représentations sociales. Nous avons également mentionné que tout discours ou tout message est assorti d'une contextualisation forte : il est émis par un individu ou un groupe, identifié par les appartenances sociales de son auteur, et, par conséquent, par les idées que celui-ci défend dans le cadre de ses appartenances. A la limite, on pourrait envisager que tout discours émanant d'une communauté est idéologiquement situé. Et ce positionnement idéologique pourrait même prévaloir sur le contenu informatif du discours, ce dernier n'étant représenté que par les informations nouvelles qu'il apporte, l'agencement des idées qu'il développe, etc. Nous savons également que, pour Moscovici (1961), une représentation peut se développer sur la base d'un faible potentiel informatif : l'individu n'a besoin ni d'une information abondante, ni d'un contenu objectif, pour développer, à propos d'un objet spécifique, une représentation sociale. De ceci, il ressort que les appartenances sociales, que l'on pourrait, potentiellement et entre autres, matérialiser par certaines options idéologiques des individus, peuvent avoir un impact sur la construction et l'évolution d'une représentation donnée. Il est vrai que le terme même d'idéologie, intuitivement clair aux yeux de tous, ne peut pour lors recevoir de définition opérationnelle univoque et incontestable.

– Deconchy (1989, 1999) en fait un ensemble cohérent de représentations et d'explications de notre environnement ainsi que des relations qui le composent; ensemble qui n'est pas fondé sur des critères d'objectivité, de rationalité ou de vérification, au sens hypothético-déductif que lui accorde la science, mais sur la croyance en la véracité du contenu discursif qui le sous-tend. Mais, du point de vue de ses tenants, ce que prône une idéologie c'est bien une vérité, une évidence, quelque chose de réel et de fondé qui, par conséquent, s'opposera aux autres idéologies (celles que l'on ne défend pas soi-même), que l'on considérera alors comme des croyances. En somme, pour un individu donné, l'idéologie ce sont les croyances, les ensembles de représentations, les explications des autres mais non les siennes propres. Et il y va bien là de l'affectivisation des informations et des discours : y adhérer c'est les accepter pour vrais, ne pas y adhérer c'est les considérer au mieux comme des croyances, au pire comme des utopies ou des déviances institutionnelles et collectives.

– Pour Beauvois & Joule (1981), l'idéologie est conçue comme une superstructure qui renverrait «aux évaluations quotidiennes que font les acteurs sociaux des objets essentiels de leur environnement» (p. 17). L'idéologie se composerait alors «d'un ensemble de savoirs, de croyances et de valeurs associées à un objet de l'environnement» (*id.*).

De telles définitions permettent en elles-mêmes d'envisager d'explorer, à l'aide des outils psychosociaux dont nous disposons, les paramètres d'une idéologie, soit de façon large, soit également en utilisant l'expérimentation (Deconchy, 1980, 1999). En effet, toujours suivant Beauvois & Joule (1981), on peut y parvenir «... en demandant à l'acteur social de prendre position à l'égard de cet ensemble d'objets en termes plus globaux, par exemple en termes de pour ou contre...» (p. 17). S'il s'agit quasiment ici de mesurer des attitudes, cela revient cependant, de l'avis de ces mêmes auteurs, «à demander aux sujets de se positionner en termes de contenus idéologiques» (p. 18).

Du point de vue des rapports entre les idéologies et les représentations sociales, le problème est plus complexe. Un colloque entier, consacré à ce sujet dans les années quatre-vingt-dix (Aebischer, Deconchy & Lipiansky, 1991), montre bien l'étendue des travaux restant à réaliser effectivement. Disons ici simplement que le débat est ouvert et les positions diversifiées :

– Si l'on peut concevoir l'idéologie comme un «savoir systématique et organisé sur la société» (Doise, 1990, p. 147), ou comme une construction intellectuelle et historique qui serait soutenue par un système quasiment logique (Moscovici, 1986), et si, enfin, on peut tenir les représentations sociales pour des blocs de savoirs opérationnels développés à propos d'un objet spécifique, il est alors logique de supposer que les représentations sociales émanent d'une pensée idéologique donnée. Et ce, tant parce qu'elles y sont en quelque sorte incluses (Ibanez, 1989), que parce qu'elles donnent une vision plus partielle, plus concrète et, par conséquent, plus épurée de la réalité que l'idéologie (Echebarria-Echabe & Gonzalez-Castro, 1993).

– Mais, plus concrètement, comment cela peut-il fonctionner ? A ce propos, on a évoqué l'idée de reproduction idéologique (Beauvois, 1984), ce qui revient à dire que l'idéologie produit ou inspire des représentations, mais aussi contribue au maintien de représentations spécifiques. On a également pensé que l'idéologie limitait la production de représentations différenciées, nouvelles ou originales (Moliner, 1993b) parce que, tout système idéologique étant régulé par des fonctionnements institutionnels parfois rigides, il prescrit ou interdit, et en tout cas sélectionne, l'intégration de bon nombre d'informations. D'une certaine manière, une idéologie pourrait dicter à ses tenants des représentations toutes faites d'objets sociaux déterminés. A un moindre degré de rigidité, on admettra que l'idéologie contribue à la formation des représentations (Abric, 1994a et b) parce que le noyau central de ces dernières s'origine forcément dans le contexte quotidien, social, historique ou idéologique qui définit les normes et les valeurs des individus et des groupes. Les représentations emprunteraient donc à l'idéologie, mais celle-ci, en retour, leur permettrait de s'insérer dans le système des croyances générales (Doise, Clémence & Lorenzi-Cioldi, 1992).

On le voit, les liens théoriquement posés entre idéologies et représentations peuvent être divers. Sur le plan empirique, force est de constater que les recherches sont peu nombreuses et que l'on se borne pour lors à asseoir l'idée de leurs rapports. Dans ce cadre, des travaux comme ceux d'Echebarria, Elejabarrieta, Valencia & Villareal (1992) ont montré que des groupes socio-politiques (de droite, de gauche et écologistes), qui défendent des idées différentes, produisent des représentations différentes d'un même objet (dans ce cas l'Europe).

A titre d'illustration de cette gamme de travaux, nous développerons ici une série d'études se rattachant plutôt aux perspectives développées par l'école genevoise (Doise, Clémence & Lorenzi-Cioldi, 1992) de par leurs enracinements théoriques et méthodologiques. S'interrogeant sur le positionnement des représentations dans la réalité sociale, les auteurs ont travaillé à l'interaction de plusieurs variables intervenant, à des titres divers, sur la structure et les composantes d'une représentation sociale : les pratiques sociales, l'idéologie et le niveau d'information des sujets.

3.1. Pratiques sociales, idéologies et représentations sociales

Le lien tissé entre elles est redevable de paramètres dont nous avons précédemment traité (*cf.* Bonardi, Larrue et Marchand, 1995). La dynamique abordée est bien sûr complexe, et porte sur l'action des pratiques et de l'idéologie au niveau des mécanismes de formation et de transformation des représentations. La représentation d'un objet y est conçue, de façon classique, comme une structure cohérente et organisée, composée d'affirmations, de concepts et d'explications logiquement articulés entre eux. L'idéologie est identifiée comme un ensemble de croyances évaluatives plus larges, qui englobe l'objet de représentation ici considéré, mais également un certain nombre d'autres objets. Son intervention, au niveau de la représentation étudiée, consiste donc à fonder la cohérence de celle-ci avec une approche plus générale de l'environnement social des individus interrogés. Nous avons précédemment traité des liens entre représentations sociales et pratiques. Cependant, conserver ici la relation univoque pratiques-représentations, par ailleurs bien établie, ferait jouer à l'idéologie un rôle uniquement en rapport avec les représentations, sans atteindre aux pratiques, ce qui est quelque peu contradictoire avec ce que l'on sait par ailleurs des matérialisations concrètes d'une idéologie. Aussi, s'articulant aux travaux antérieurs (par exemple, Echebarria-Echabe & Gonzalez-Castro, 1993), la conception tripartite idéologie/représentations/pratiques tient-elle compte plus largement de leur intrication : les représentations sociales s'élaborent conjointement à partir de certains paramètres idéologiques et des pratiques sociales effectives des individus. Les composantes idéologiques comme les composantes représentationnelles relativement à un objet donné sont donc susceptibles d'évoluer sous influence conjointe des pratiques et de l'idéologie globale. Quant au lien de ces pratiques avec l'idéologie, ils ne sont pas d'emblée posés comme linéaires. Si, pour Beauvois & Joule (1981), l'idéologie est garante de la cohérence acte-idéologie (*via* le processus de rationalisation des conduites, qui fait appel à de nouvelles valeurs idéologiques), alors les conduites ou pratiques précèdent l'idéologie et, par conséquent, sont le moteur de son évolution. Si, à l'inverse, l'idéologie est première par rapport aux conduites qu'elle détermine (Doise *et al.*, 1992), ou régule (Moliner, 1993b), alors c'est elle qui les prescrit et les fait évoluer. En l'absence de validation, et pour pouvoir observer ce qu'il en est réellement pour une représentation donnée, mieux valait accepter ici l'idée de rétroaction entre pratiques et idéologie : « Nous ajustons nos croyances à ce que nous faisons réellement pour pouvoir continuer à penser que ce que nous faisons correspond à ce que nous croyons » (Ibanez, 1989, p. 45). L'objet de représentation envisagé dans cette recherche (Bonardi, Larrue & Marchand, 1995) est l'Europe, la population concernée, des chefs d'entreprise et cadres commerciaux (155 sujets) issus de différents secteurs économiques, et d'entreprises de taille et d'ancienneté variables. Le contexte de l'étude s'inscrit sur fond de construction européenne, les préoccupations de l'époque plaçant au premier plan la coopération économique entre pays membres. Celle-ci est valorisée, des aides sont débloquées, des règles de fonctionnement esquissées. L'enjeu est bien sûr d'accroître la compétitivité économique des entreprises en développant un partenariat durable. Cependant, cette coopération en est à ses prémisses et peu d'entreprises françaises la pratiquent effectivement. Aussi les auteurs ont-ils sélectionné, pour critère de pratiques sociales, l'absence ou la présence, dans les entreprises dirigées par les personnes interrogées, de pratiques de coopérations (exportations, filiales, etc.) au niveau européen. De telles pratiques peuvent ne pas exister (c'est le cas pour 55 sujets), ou exister, mais, qu'elles soient anciennes ou récentes, être fortement (57 sujets) ou faiblement (43 sujets) développées. Les individus questionnés prennent ainsi acte d'un changement des circonstances sociales et s'y adaptent ou non.

L'idéologie des décideurs économiques interrogés est, dans cette recherche, envisagée sur deux plans :

1. Celui de leur engagement politique, que traduisent des options générales, étayées sur le partage, traditionnel en France, entre la gauche et la droite, avec également une option centriste. En clair, les décideurs économiques sont identifiés par les idées de gauche (28 sujets), de droite (77 sujets) ou centristes (50 sujets) qu'ils développent dans un cadre plus large que celui de l'objet de représentation concerné.

2. Celui d'un engagement vis-à-vis d'une politique économique spécifiquement européenne, c'est-à-dire autant les conceptions en matière de coopération européenne, que des croyances évaluatives à propos de la construction de l'Europe. Les auteurs ont donc distingué des décideurs partisans de l'Europe (69 sujets), adversaires de l'Europe (48 sujets) ou encore sans opinions en la matière (38 sujets). Qu'il s'agisse de pratiques ou d'idéologie politique et européenne, les niveaux établis l'ont été en fonction d'une série de questions appropriées, qui permettent aux individus interrogés de se positionner sur plusieurs dimensions. La partition entre les sujets développant différents types de pratiques ou d'idéologie politique et européenne fut, quant à elle réalisée, à l'aide de classifications hiérarchiques.

Quant à la représentation de l'objet Europe, elle a été appréhendée à l'aide d'un questionnaire composé de 36 items répartis en six thèmes relatifs aux différents aspects de la construction européenne : politique, économique, social, culturel et scientifique, pays membres de la CEE et place de l'Europe dans le monde.

Les résultats obtenus au niveau des variables (idéologie politique, idéologie européenne, pratiques, représentations sociales) considérées par couples (traitement des données par ACP et Anova) font apparaître

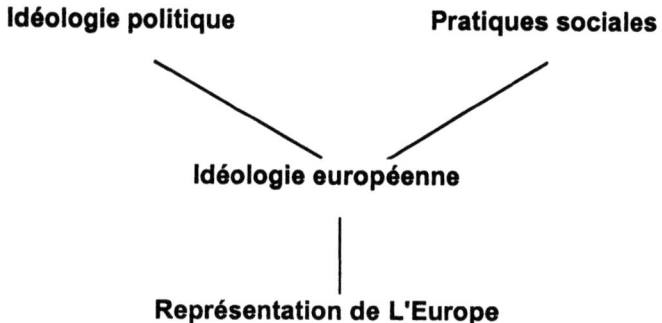

Figure 3 — Liens entre idéologies, pratiques et représentation de l'Europe (extrait de Bonardi, Larrue & Marchand, 1995, p. 125).

deux dimensions nettement distinctes de l'objet Europe : l'une de représentation, l'autre idéologique. Quant aux pratiques, elles sont plutôt redevables de paramètres idéologiques européens que de la représentation elle-même, puisque tout semble se passer comme si les décideurs économiques ayant de nombreuses pratiques socio-économiques de dimension européenne, se rapprochaient d'une idéologie pro-européenne, ceux étant en position inverse, de faible développement des pratiques, manifestant plus de réticences idéologiques.

La confrontation de l'ensemble des variables donne par conséquent un schéma relationnel plus complexe que celui tissé entre pratiques et représentations (cf. figure 3) : si l'idéologie politique apparaît surtout liée à l'idéologie européenne, et plus tendanciellement à la représentation de l'Europe, les pratiques européennes n'affectent que la seule dimension idéologique de l'Europe.

En clair, la représentation sociale de l'Europe serait redevable d'une idéologie européenne, elle-même en rapport avec l'idéologie politique des individus, d'une part, avec les pratiques européennes, d'autre part. De là, on peut inférer que les pratiques européennes pourraient agir (en les modifiant) sur la dimension idéologique de l'Europe, mais demeureraient sans impact direct sur la dimension représentationnelle. Le rôle des pratiques, tel que mis en lumière dans cette recherche, tendrait à corroborer les éléments obtenus dans le champ des théories de l'engagement (Beauvois & Joule, 1981 ; Joule & Beauvois, 1987) : l'engagement dans des conduites produit l'idéologie qui permet de les reconnaître comme légitimes. Corrélativement, on est amenés à relativiser le rôle des pratiques comme facteurs privilégiés du changement des représentations, puisqu'elles seraient ici subordonnées à une évolution préalable de la composante idéologie européenne (Deconchy, 1993). La dynamique de la genèse et de la transformation d'une représentation n'obéirait donc pas au seul mouvement allant du particulier (apparition de pratiques nouvelles) au général (évolution de la représentation), mais le particulier serait passé au crible du général (ici l'idéologie politique et européenne), avant d'être reparticularisé en représentation. On relèvera finalement une intrication de sens entre éléments nouveaux et savoirs préexistants, dont la nature serait plus socio-cognitive que simplement cognitive puisque l'élément nouveau sert de grille de lecture pour interpréter l'environnement, mais exprime également l'identité du groupe (ici l'idéologie politique) et sa place par rapport à d'autres groupes présents dans le champ politique. Il s'agirait alors plus de jugement, d'évaluation de l'objet, que de simple connaissance ou méconnaissance, car cet objet est redevable d'enjeux socio-économiques et de pouvoir, c'est-à-dire, en fin de compte, d'une dimension idéologique (*cf.* également Rateau, 2000).

3.2. Pratiques sociales, idéologie, niveau d'information et représentations sociales

Dans une seconde recherche (Bonardi, Roussiau & Larrue, 1998), traitant également de l'articulation entre idéologie et pratiques sociales d'une part, représentation sociale de l'autre, on a également pris en compte le niveau d'information des individus.

On sait qu'une représentation ne s'érige pas forcément sur un fond informationnel conséquent, qu'elle peut être assez fortement imperméable aux informations circulant dans l'environnement (Moscovici, 1986). Mais l'on sait également que les adhésions idéologiques déterminent et orientent la recherche d'un certain type d'informations, de nature à corroborer les informations déjà tenues pour vraies, ou du moins à ne pas aller à leur encontre. Quant aux liens entre pratiques sociales et information détenue par les individus, l'absence de recherche permettant de les établir clairement pousse à considérer, d'une part que, pour un bon développement des pratiques nouvelles, il faut à l'individu un certain niveau d'information, et, d'autre part, que l'information, lorsqu'elle s'articule à des croyances idéologiques, est de manière ou d'autre déjà filtrée et sélectionnée, ce qui laisse penser que l'idéologie peut prescrire certaines conduites ou pratiques dépendantes d'un certain contexte social. Connaissances et recherche d'informations seraient, dans certains cas, orientées par le contexte social, et, dans d'autres, par les choix idéologiques des sujets. Au total, les auteurs ont supposé que les pratiques sociales, le niveau d'information acquis sur un objet et l'idéologie pouvaient avoir une action sur la structure et les éléments qui composent une représentation sociale.

Pour atteindre un tel objectif, les chercheurs ont recueilli — pour l'objet Europe et pour une population d'étudiants de 1er cycle — 414 questionnaires portant sur les représentations, les informations et pratiques sociales de niveau européen, ainsi que sur l'idéologie politique des sujets. Des analyses multivariées ont permis de mettre au jour, comme précédemment, des relations complexes entre les éléments de représentation privilégiés par les individus, leur niveau d'information, les pratiques qu'ils mettent en œuvre et leur orientation idéologique. On observe ainsi que la variable idéologie politique a l'impact le plus marqué sur la représentation; viennent ensuite les pratiques sociales puis l'information. Le moindre impact de la variable information va dans le sens de ce que l'on sait de l'orientation et de la sélection que l'individu réalise dans sa recherche d'information. Cette dernière est cependant importante puisque un bon niveau d'information sur l'objet de représentation va de pair avec des pratiques sociales y correspondant, lesquelles sont plutôt le fait ici d'une idéologie de droite ou de gauche que d'une idéologie du centre. Enfin, les individus les plus documentés sur l'Europe sont ceux qui affichent une idéologie de gauche, ceux de droite et du centre l'étant à des degrés moindres. Ces résultats étayent l'idée d'un fort ancrage des représentations dans le positionnement idéologique des sujets (Echebarria et al., 1992 ; Bonardi et al., 1995). Ils montrent, une fois encore, que les pratiques sociales ne sont pas un déterminant direct de la transformation des représentations, l'idéologie politique et le niveau d'information intervenant sur cette relation. Enfin, il apparaît que l'on peut avoir une représentation d'un objet sans nécessairement posséder une information abondante et objective à son endroit, ce que l'on savait cependant déjà.

Au-delà de la mise en évidence de l'importance de facteurs autres que les pratiques dans la structure et le contenu d'une représentation, les résultats obtenus dans ces deux recherches poussent à considérer plus avant l'ancrage social des représentations en approfondissant l'intrication des éléments qui fondent leur contenu (images, croyances, attitudes, information...), mais surtout en reliant ces représentations au fonctionnement quotidien des individus, aux relations qu'ils tissent entre eux dans le cadre de leurs appartenances sociales, ainsi qu'à l'impact des communications sociales sur l'émergence et la transformation des représentations.

4. ANCRAGE ET TRANSFORMATION DES REPRÉSENTATIONS

Des travaux récents de Viaud (1996, 1999) proposent une perspective originale d'approche des transformations d'une représentation, perspective qui recentre sur le processus d'ancrage. La question que pose ce chercheur (titre d'ailleurs de sa thèse) est la suivante : y a-t-il réellement changement des représentations sociales ou bien plutôt déplacement social des individus dans l'espace des représentations? Suivons plus précisément la pensée de l'auteur : «En plaçant les insertions sociales et les interactions que les individus sont amenés à mettre en œuvre en raison de ces mêmes insertions au cœur de ces dynamiques, on peut être conduit à reformuler le problème de la transformation des représentations sociales, ou au moins à en éclairer d'autres aspects (...). La méthode longitudinale conduit à faire porter l'attention sur les processus d'ancrage et à replacer l'étude des dynamiques représentationnelles dans un contexte plus large (un champ devrait-on dire) conduisant à pouvoir analyser conjointement dynamiques cognitives et sociales (Doise, 1992)» (Viaud, 1999, p. 103). Il ressort de ces réflexions que l'attention quasi-exclusive des chercheurs aux modifications représentationnelles comme produit de l'objectivation, amène à aborder la question sous un angle restrictif qui ne peut à lui seul rendre compte du phénomène dans toute sa complexité et sa globalité. Donner au processus d'ancrage une dimension plus active dans les propositions concernant les phénomènes de dynamiques représentationnelles reviendrait alors surtout à positionner les questions de changement dans une orientation croisant de manière non restrictive les aspects à la fois psychologique et social. Les perspectives concernant les problèmes de dynamique sont donc nombreuses et originales et confèrent à ce champ d'étude un avenir prometteur.

NOTES

[1] Pour une analyse détaillée de l'impact, sur la représentation de la psychanalyse, de ces différentes formes de communication voir Moscovici (1961, 1976).

[2] Pour ce qui regarde l'influence des pratiques nouvelles sur une représentation sociale, on peut cependant imaginer de traiter distinctement, donc de scinder en deux variables, les pratiques (admises versus contradictoires) et leur fréquence d'apparition. En effet, si l'absence de pratiques implique forcément qu'elle n'apparaissent jamais, des pratiques nouvelles par rapport à un objet peuvent être très fréquentes ou rares. De même, des pratiques anciennes peuvent se caractériser par des fréquences d'apparition différenciées. L'interaction de ces deux variables a été testée dans une étude sur la représentation d'Internet (Roussiau & Bonardi, 1999). On a répartit la population (102 étudiants en sciences sociales) en groupes distincts par le niveau de pratiques (non utilisation d'Internet, nouveaux utilisateurs [moins de 2 ans] et anciens utilisateurs [plus de 2 ans]), et la fréquence d'utilisation d'Internet (nulle, faible, moyenne ou élevée). Les résultats sont conformes aux attendus théoriques et font apparaître un lien entre la fréquence d'utilisation d'Internet et l'ancienneté des pratiques de la population.

[3] C'est nous qui rajoutons ce point.

[4] Le questionnaire utilisé pour l'analyse de cette représentation est construit autour de quatre champs thématiques apparus de façon récurrente dans des entretiens préliminaires, à savoir le droit des immigrés, les actions socio-culturelles, leurs conditions de séjour en France, et enfin des points plus généraux.

Chapitre 10
Quand les facteurs à l'origine de la dynamique représentationnelle sont provoqués

En matière de transformations, les recherches les plus récentes, uniquement expérimentales, visent explicitement le contrôle de variables indépendantes susceptibles d'induire des changements. A dire vrai, un très petit nombre d'études expérimentales traite actuellement de ces problèmes de dynamique représentationnelle. Se pose d'ailleurs à ce sujet la question de la pertinence de la méthode expérimentale par rapport à l'objet représentation sociale, question déjà soulevée par Moscovici (1988a) et résolue affirmativement pour ce qui concerne au moins l'approche de ses transformations. Deux principaux paradigmes théoriques ont été jusqu'ici utilisés pour ce faire, celui de l'influence sociale (Moscovici, 1979; Mugny & Perez, 1986) et celui de l'engagement (Festinger, 1957; Kiesler, 1971). Les premières expériences réalisées sont prometteuses, notamment pour ce qui a trait à la manière dont les individus procèdent pour réduire le conflit créé par une divergence entre leur représentation d'un objet et des messages ou des actes qui viennent la contredire.

1. INFLUENCE SOCIALE ET TRANSFORMATION DES REPRÉSENTATIONS SOCIALES

Nous avons vu l'importance du discours dans la sphère représentationnelle (Moscovici, 1961, 1976). Peu de travaux ont cependant emprunté la piste ainsi ouverte, et, dans la réflexion et les investigations se rapportant à la dynamique représentationnelle, la communication occupe une place quasi nulle. Pourquoi ce qui est accordé à la communication au niveau de la formation d'une représentation lui est-il dénié, apparemment sans remous, au niveau de sa transformation ? On rejoint ici la question, déjà formulée ailleurs, des éléments moteurs de la transformation d'une représentation, en se donnant pour objectif d'examiner les potentialités dynamogènes d'une communication. Le modèle le plus approprié à l'étude expérimentale des modifications induites dans une représentation par la communication est naturellement celui de l'influence sociale. Opérationnellement, il faut alors utiliser dans les recherches un (ou plusieurs) messages, et ce que l'on sait des processus d'influence sociale comme vecteurs de possibles modifications à l'intérieur d'une structure d'opinions. Rappelons que de multiples recherches, notamment sur les processus d'influence, les campagnes d'information ou la persuasion, montrent que les attitudes et les opinions sont modifiées par l'apport d'informations nouvelles.

Les travaux sur l'influence sociale ont mis en évidence l'impact différentiel de communications émises par des sources majoritaire et minoritaire. Plus précisément, le message émanant d'une source majoritaire a pour effet immédiat le changement (Moscovici & Mugny, 1987 ; Moscovici & Lage, 1976), celui provenant d'une source minoritaire a en revanche des effets différés, c'est-à-dire un effet indirect et latent, susceptible de s'imposer plus profondément et à plus long terme que le premier (Moscovici & Personnaz, 1980, 1986, 1991 ; Personnaz, 1981 ; Mugny, 1984-1985). La différence entre ces deux types d'effets s'origine dans les modalités d'action du conflit que génère chacune de ces influences. En effet, l'adoption d'opinions majoritaires ou minoritaires ne se situe pas au seul niveau intra-individuel, mais relève tout autant d'un processus catégoriel faisant jouer la comparaison sociale (Soubiale & Roussiau, 1997 ; 1999).

L'adhésion à un point de vue majoritaire suscite peu de changements profonds puisque l'individu n'a guère de motifs de craindre un écart de sa position par rapport aux normes dominantes (c'est pourquoi on parle de «conformisme» voire dans certains cas de «suivisme», c'est-à-dire d'une adhésion superficielle, sans changement profond ni durable). Adopter la position d'une minorité s'avère plus risqué car, si la majorité jouit le plus souvent de l'attribution de caractéristiques positives, il en va différemment de la minorité, au contraire porteuse d'attributs négatifs. L'étiquetage minoritaire fait encourir le risque de se voir attribuer les caractéristiques négatives ou péjoratives de la source. C'est bien là que réside la raison pour laquelle l'influence minoritaire ne peut se manifester de façon directe et explicite. Mais c'est aussi pourquoi, dans le cas où elle opère, elle aboutit à un effet plus durable et plus profond que l'influence majoritaire, c'est-à-dire quasiment à une «conversion». Le conflit qu'elle induit conduit l'individu cible de l'influence non seulement à réévaluer les attributs caractéristiques du style de comportement minoritaire (Perez & Mugny, 1987), mais également à intérioriser le conflit (Perez, Mugny, Roux & Butera, 1991). On comprendra alors que, si la comparaison sociale est largement en faveur de la majorité, le conflit sert la minorité si elle sait l'utiliser de façon pertinente. En effet, l'impact qu'elle est à même de provoquer ne peut se manifester que dans certaines conditions : 1. la minorité doit être consistante, ce qui revient à afficher un comportement qui puisse être perçu comme «synchronique» (les membres du groupe ont tous la même position) et «diachronique» (cette position est durable, stable au cours du temps); 2. bien qu'il lui soit profitable, le conflit qu'elle induit, pour être opérant, doit néanmoins se situer à un «niveau intermédiaire», c'est-à-dire n'être ni trop fort ni trop superficiel (Mugny & Perez, 1987), au risque sinon de déclencher un rejet de la source minoritaire; 3. l'intensité du conflit dont elle peut jouer est également fonction du degré de proximité entre elle et sa cible. Ainsi, un comportement minoritaire rigide favorisera l'impact de cette minorité lorsque celle-ci est catégorisée par la cible comme intra-groupe (c'est-à-dire appartenant au même groupe que cette cible). Mais ce comportement s'avère rapidement néfaste lorsque la minorité est catégorisée par la cible comme hors-groupe (appartenant à un groupe différent). L'adoption d'un comportement plus flexible est alors préférable dans ce cas (Mugny & Perez, 1986).

Pour ce qui concerne la transformation des représentations sous l'angle de la théorie du noyau central, on sait que l'on peut agir sur un ou plusieurs des éléments qui la constituent, de même que sur des éléments qui lui sont indispensables (éléments centraux) ou non (éléments périphériques). Aussi peut-on envisager qu'un message inducteur d'influence (c'est-à-dire en contradiction avec certains aspects d'une représentation) puisse s'attaquer non seulement à plusieurs éléments de cette représentation, mais encore à des éléments diversement positionnés dans la structure représentationnelle. La production des effets de changement serait alors conditionnée par cette structure représentationnelle dont les composantes risquent de réagir, chacune à leur manière et à leur rythme, au message contradictoire.

Globalement, deux séries de recherches traitant de la dynamique représentationnelle ont exploré un tel schéma.

1.1. Méthode procédurale et analyse de la dynamique représentationnelle

La première série s'inspire de l'approche Moscovicienne (1981) et utilise, pour analyser la structure représentationnelle, une méthode de repérage des éléments centraux.

Les résultats que nous rapporterons en premier lieu émanent de la recherche *princeps* (Aïssani, 1991a et b). La représentation-support était celle de la politique de l'immigration[1] du gouvernement socialiste à la fin des années quatre-vingt. Plus de 300 étudiants y ont participé, sélectionnés sur le fait qu'ils partageaient une même représentation de cette politique, caractérisée par son ouverture. En témoignent au premier chef les opinions désignées comme centrales, qui attribuent aux socialistes le dessein d'instaurer, pour les immigrés, les droits de vote et d'éligibilité. Les autres items, étiquetés comme périphériques, sont cependant séparés en deux groupes — périphérie positive et périphérie négative — selon leur connotation. Un même message inducteur d'influence, attribué à une source majoritaire versus minoritaire mais toujours intra-groupe, contredit des items centraux versus un item périphérique de la représentation. Cependant, il est clair que des modifications peuvent se produire ailleurs que sur les items contredits, soit à n'importe quel niveau de la zone centrale et/ou de la zone périphérique de la représentation. C'est pourquoi l'analyse des modifications obtenues prendra en considération l'ensemble des items composant la représentation. Les résultats montrent qu'une influence immédiate se manifeste au niveau des items centraux sous trois conditions : quand ils sont eux-mêmes contredits ; quand la source délivrant le message est une source intra-groupe majoritaire[2], ce qui va bien dans le sens des travaux réalisés sous le paradigme de l'influence sociale ; enfin, quand les deux précédents facteurs se conjuguent. De plus, l'attaque visant les éléments centraux ne reste pas sans écho au niveau de la périphérie négative puisqu'elle y produit des changements. En revanche, aucune influence différée de la minorité n'a été observée. Le seul mouvement constaté, quinze jours plus tard, indique en effet un retour de la représentation à l'état initial, tant en ce qui concerne les items centraux que ceux de la périphérie négative.

Une seconde expérience (Roussiau & Soubiale, 1996a et b) a été réalisée dans le même esprit. Elle s'origine dans les résultats surprenants de la précédente, et entre autre, dans le constat de l'inefficacité d'une attaque portant sur un seul élément périphérique. En effet, une telle résistance de la partie réputée molle de la structure d'une représentation est inattendue. Et d'ailleurs devrait-on parler de résistance de la cible ou de déficience de l'attaque ? Cela valait de reprendre le même ciblage de la périphérie mais en renforçant ou modulant l'attaque. Ceci a conduit au choix de deux éléments périphériques ayant la propriété d'être connexes sur le graphe de similitude et de deux autres éléments ne l'ayant pas. Le regain de pression, par rapport à l'expérience précédente, devait accroître les chances de changement, et la connexité entre deux éléments générer davantage de dommages sur l'environnement structurel que deux éléments non connexes. La représentation-support ici retenue est celle de l'Europe, promesse pour les uns, menace pour les autres. C'est sur cette base que la population (457 étudiants) interrogée au prétest se scinde en deux groupes, à l'intérieur desquels seront constitués deux échantillons expérimentaux. Les sujets de la présente expérience (114) sont les tenants de l'Europe prometteuse. Trois items occupent, dans leur représentation, la position centrale ; ils ont trait à des problèmes relatifs aux études et à la culture (alors que bien d'autres aspects, économiques, politiques, sociaux, etc., pouvaient prétendre à cette position et l'occupent effectivement dans d'autres catégories sociales, *cf.* Bonardi, Larrue & Marchand, 1995). La partie périphérique de la représentation a été décomposée suivant une logique thématique (correspondant à celle du questionnaire établi). Six thèmes circonscrivent donc six agrégats périphériques, institués en autant de points d'observation des éventuelles modifications.

Une analyse de variance globale, c'est-à-dire sur l'ensemble des éléments périphériques, met en évidence un effet d'influence immédiat, dans la condition où le texte inducteur était attribué à une source minoritaire, et ce quels que soient les éléments mis en cause : les sujets voient alors l'Europe sous des couleurs nettement plus sombres. Leur revirement est néanmoins de courte durée, puisqu'une comparaison entre le pré-test et le second post-test (un mois plus tard) ne présente plus de variations significatives. Cependant, des analyses de variance pratiquées séparément sur chaque agrégat thématique, permettent de localiser la sensibilité à l'influence des items relatifs à l'Europe universitaire et à l'Europe culturelle. Dans les deux cas, c'est la source minoritaire qui provoque l'influence immédiate, toujours dans le sens du message. Dans le premier cas seulement (Europe universitaire) on obtient un effet différentiel du ciblage, favorable à celui comportant deux éléments périphériques connexes. Toutefois, les items centraux qui, on s'en souvient, relèvent de ces mêmes thèmes, restent parfaitement inchangés : l'attaque en périphérie ne les affecte d'aucune manière et les oscillations produites à la périphérie ne se répercutent pas non plus jusqu'à eux.

La critique essentielle qu'appellent ces deux études vient du fait qu'on y a exclusivement utilisé une technique de repérage pour délimiter le système central de la représentation. Il est vrai qu'à l'époque l'arsenal méthodologique en était à ce point d'avancée et que l'identification réelle des éléments centraux n'était pas aisée. Néanmoins, ces premières recherche montrent des effets non négligeables des communications sur la structure représentationnelle, et l'on retiendra surtout le fait que l'on peut effectivement agir sur une représentation par la diffusion d'informations contradictoires avec cette représentation. Constat qui a ouvert une voie de recherche aujourd'hui en pleine expansion.

1.2. Méthode qualitative et analyse de la dynamique représentationnelle

La seconde série de recherches s'inscrit quant à elle dans les développement plus récents de la théorie de l'influence sociale (théorie de l'élaboration du conflit, Perez & Mugny, 1993) et utilise comme technique d'identification du système central, la mise en cause de ses éléments.

Dans les précédents travaux, l'un des problèmes soulevé concernait la nature des éléments du message transmis aux individus (éléments connexes dans la structure d'une représentation ou non connexes, proches ou éloignés du système central, inversion du sens d'un ou plusieurs éléments dans les messages, etc.). Ici, on analyse plutôt les particularismes de la source (positive ou négative, experte ou non, majoritaire ou minoritaire...) à l'origine d'un possible changement.

La recherche la plus caractéristique (Mugny, Moliner & Flament, 1997) propose à des individus un document sur la représentation du groupe idéal d'amis. Après une première phase d'identification des éléments centraux, les auteurs fournissent à leurs sujets les résultats d'une (prétendue) étude scientifique réalisée par un chercheur (source d'influence disposant d'une autorité épistémique). Ce document varie selon les groupes expérimentaux, d'une part, en fonction des éléments mis en cause, un élément central (absence de hiérarchie dans le groupe) ou un élément périphérique (opinions communes aux membres du groupe); d'autre part, en fonction de sa nature confirmatoire ou infirmatoire des positions des individus envers l'élément de représentation qu'il contient. Les résultats sont au mieux décrits par les auteurs comme suit : «(...) l'attitude à l'égard du leadership ou de la divergence d'opinion est plus positive après infirmation qu'après confirmation de la croyance, ce qui suggère qu'une influence a effectivement pris place dans les situations où un conflit a été introduit» (*id.*, p. 43). Par ailleurs, on observe que les sujets sont systématiquement moins disposés à accepter une contradiction portant sur un élément central de leur représentation, ce qui est cohérent avec l'idée qu'une telle contradiction génère en eux davantage de conflit (Mugny, Moliner & Flament, 1997). Mais le résultat principal est un impact non négligeable de l'infirmation de l'élément central (absence de leadership) après manipulation de celui-ci (affirmation de l'existence d'un leader dans le groupe). Le groupe d'amis reste idéal pour les sujets, malgré la présence d'un chef. Cette modification est cependant particulière, car elle s'apparente aux situations de transformations progressives et non brutales, «(...) les sujets de la condition d'infirmation sur le leadership continuant en termes absolus de préférer une absence de leadership» (Mugny et al, 1997, p. 46).

Néanmoins, on remarquera ici que seuls deux éléments d'une représentation plus globale sont mis en cause, et que les chercheurs n'examinent les changements intervenus dans la représentation qu'au niveau de ces seuls éléments. Les futures recherches gagneraient par conséquent à croiser les résultats obtenus pour ce qui regarde la nature (centrale ou périphérique) des éléments d'une représentation sociale les plus à même d'enclencher un changement sur la totalité de la représentation, avec ceux touchant à la nature spécifique de la source (majoritaire ou minoritaire).

1.3. Persuasion et dynamique représentationnelle

De nombreuses études ont montré les effets de la communication d'un message persuasif sur des opinions ou ensembles d'opinions (Yzerbyt & Corneille, 1994). Rapportées à la problématique des représentations sociales, elles permettent de se demander si l'univers d'opinions qui définit une représentation ne serait pas le lieu de phénomènes du même ordre. Nous avons vu précédemment les apports en matière de modifications de la structure d'une représentation sociale sous l'impact d'une influence idéologique ou culturelle. Ces recherches ont tenté de modifier les représentations sociales à partir des acquis des théories de l'influence majoritaire ou minoritaire (Aïssani, 1991a et b) ou de la théorie de l'élaboration du conflit (Mugny, Moliner & Flament, 1997). La recherche princeps en matière de persuasion appliquée au domaine des représentations sociales (Cassagne, Bonardi & Aïssani, 1990) s'inscrit dans l'histoire de la théorie du noyau central et utilise l'analyse de similitude pour décrire la représentation et en évaluer le changement. La manipulation de messages persuasifs visant des éléments repérés comme central pour l'un et périphérique pour l'autre, produit effectivement des modifications dans l'organisation structurale de la représentation, et il semble que la communication ait plus d'effet lorsqu'elle est dirigée sur les éléments du noyau central que lorsqu'elle concerne des éléments périphériques (Cassagne *et al.*, 1990). L'échafaudage théorique construit autour des théories de la persuasion est d'une rare richesse si l'on s'attache au grand nombre d'études réalisées dans ce domaine (*cf.* Eagly & Chaiken, 1993). D'une manière générale, «(...) la persuasion correspond à un acte communicationnel visant à modifier l'état mental d'un individu dans un contexte où celui-ci conserve, ou croit conserver, une certaine liberté. La liberté d'action de la cible est une composante essentielle de l'interaction persuasive. Le fait de recourir à la force physique ou à la menace marque l'abandon des prétentions de la source à pouvoir persuader la cible» (Yzerbyt & Corneille, 1994, p. 14-15). Sans revenir en détail sur les différentes étapes du processus de changement développé par ailleurs (*cf.* McGuire, 1985), un certain nombre de points-clefs identifient la nature du processus de persuasion. Il s'agit d'éléments concernant la source (crédibilité...), le message (nombre d'arguments, contenu...) et le récepteur (implication par rapport au message...). Des travaux se sont attachés à comprendre, autour de ces composantes, les facteurs permettant d'enclencher les modifications cognitives les plus importantes. Dans une recherche sur la transformation de la représentation de la voiture idéale, Guiziou (2000) s'intéresse au nombre d'arguments utilisés dans un message et à l'implication des individus par rapport au contenu du message. Le modèle théorique employé (ELM, voir Petty & Cacioppo, 1986) insistait notamment sur la longueur des messages utilisés. Il a ainsi établit que des sujets aux connaissances faibles sur un thème donné sont plus influençables par un message long que par un message court. De plus, quand les personnes sont peu impliquées par la thématique du message, la quantité d'arguments qu'il contient aura un impact important (Petty & Cacioppo, 1984). La recherche de Guiziou (2000) s'inscrivait dans l'approche théorique genevoise (Doise, 1990) des représentations sociales. Sa conception reposait sur un principe simple : dans une première étape, on demandait par écrit à des sujets de répondre librement à la question «à quoi vous fait penser la voiture idéale ?». Dans une seconde étape, des messages persuasifs étaient construits à partir d'informations propres au modèle ELM et à la structure de la représentation sociale mise en évidence par le traitement des données de la première étape. Deux message persuasifs ont été ainsi élaborés, qui se différenciaient par le nombre d'arguments qu'ils contenaient, mais tous deux concernaient un problème de société : la pollution (messages écologiques vantant les avantages d'une voiture non polluante). Trois conditions étaient étudiées, un groupe contrôle, c'est-à-dire non soumis à un message persuasif, un groupe soumis à un message persuasif long et un autre à un message court. Les résultats ont montré un effet sensible de la variable nombre d'arguments : dans la condition d'émission du message persuasif où le nombre d'arguments est élevé, les sujets ont été amenés à évoquer plus souvent les problèmes d'écologie que dans le cas de messages courts. Par contre, il n'y a pas ici d'effet de la variable implication. Les recherches croisant représentations sociales et persuasion (telle que définie ci-dessus) en sont à leurs débuts. Elles ouvrent néanmoins des perspectives théoriques prometteuses dans le champ de la dynamique représentationnelle, et s'inscrivent explicitement dans une approche expérimentale.

2. ACTES ENGAGEANTS ET TRANSFORMATION DES REPRÉSENTATIONS SOCIALES

L'idée de départ est fondamentalement la même que celle exprimée dans les travaux croisant influence sociale et transformation des représentations. Cependant, il s'agit ici non plus de soumettre des individus à des messages contredisant certains aspects d'une représentation, mais d'obtenir de leur part des comportements qui préludent à un changement cognitif et/ou comportemental. Les situations expérimentales nécessaires à l'obtention de ces effets s'inscrivent dans le paradigme de la Soumission Librement Consentie (Beauvois & Joule, 1981 ; Joule & Beauvois, 1987). Deux types d'actes peuvent y être sollicités :

– Des actes non problématiques (parce que allant dans le sens des opinions des individus ou, au moins, ne leur étant pas contraires) réalisés dans le cadre d'une soumission dite sans pression (Kiesler, 1971). Les effets comportementaux que l'on observe alors sont de deux ordres : tout d'abord, rendre la conduite concernée plus stable et plus résistante dans le temps ; ensuite rendre plus probable l'émission de nouvelles conduites allant dans le même sens. Sur le plan cognitif, les cognitions d'un individu engagé dans un acte non problématique deviennent plus résistantes au changement.

– Des actes à caractère problématique (qui vont à l'encontre des opinions des individus) réalisés dans le cadre d'une soumission forcée (Festinger, 1957), c'est-à-dire que l'individu est libre ou non de réaliser l'acte contre-attitudinel. Mais une fois réalisé, ce type d'actes peut engendrer des effets comportementaux — émission de comportements nouveaux — et/ou des effets cognitifs, c'est-à-dire des modifications portant sur les croyances, les opinions et les attitudes de l'individu. Dans le cas de libre choix de l'acte, les travaux ont surtout porté sur l'étude des conséquences cognitives de l'engagement ; c'est d'ailleurs là qu'intervient la théorie de la dissonance cognitive. On a ainsi constaté qu'un individu engagé par un acte problématique aura tendance à modifier les cognitions qui sont liées à l'acte qu'il vient de réaliser. Les études de dynamique représentationnelle réalisées sous cet angle, l'ont été, pour l'engagement, en situation de soumission forcée, et pour les représentations sociales, sous la perspective théorique du noyau central.

Le protocole global est le suivant : des actes engageant l'individu dans une voie contraire à certaines des opinions qui composent sa représentation ont été substitués, comme moteurs du changement représentationnel, aux pratiques sociales réelles. Il s'agit donc d'une transposition de la réalité (pratiques sociales) au laboratoire (actes engageants). Cet acte que le sujet produit en condition expérimentale est bien sûr éloigné des pratiques sociales réelles : il est limité au temps expérimental, sollicité dans un cadre artificiel et, à l'inverse des pratiques, il s'impose d'emblée et non en suivant un cheminement progressif, ce qui peut être, en revanche, le cas des pratiques dans la mesure où elles ne se transforment pas forcément du jour au lendemain. Cependant, l'acte engageant a l'avantage sur les pratiques d'être d'une précision conceptuelle et opérationnelle plus grande. Par ailleurs, on tient pour vraisemblable que certaines pratiques sociales puissent s'apparenter à des actes engageants, c'est-à-dire à des comportements émis librement mais soumis à des enjeux de pouvoir (Beauvois, 1994) et qui sont parfois également irrévocables et publics. Avec ce type de procédure, on touche au problème des rapports entre la sphère des comportements et la dynamique des représentations, puisque l'on met en relation un acte engageant et une structure d'opinions, et que l'on continue de tabler sur une mise en cause, par ciblage différencié, d'éléments centraux ou périphériques. La question sous-jacente reste fondamentalement la même : si l'acte engageant a un impact sur la représentation, dans quelle mesure la structure et les systèmes qui la composent s'en trouvent-ils modifiés ?

Nous présenterons ici quelques exemples des trois types de recherches existant actuellement sous cette orientation.

2.1. Approche procédurale et transformation des représentations sociales

Le premier type d'études interroge la complexité de la structure représentationnelle. Pour la mettre en évidence, on a utilisé une méthode de repérage du système central (l'analyse de similitude), car les arbres obtenus présentent les éléments du système périphérique sous une configuration originale qui permet empiriquement de sérier leur importance. De même, la mesure des changements obtenus après l'acte a été réalisée à l'aide d'analyses de similitude, à quoi s'ajoute une technique inductive (l'analyse de variance).

Dans une première recherche (Roussiau & Bonardi, 2000) portant sur la représentation de la politique et contredisant uniquement des éléments périphériques de la représentation, les sujets, des étudiants en sciences humaines, ont été amenés, en guise d'acte contradictoire, à signer une pétition. L'acte est donc public. Ce type d'engagement est souvent utilisé pour son efficacité dans les expérimentations sur l'engagement (Katzev & Wang, 1994). Après repérage des éléments centraux de la représentation, trois pétitions distinctes ont été soumises à trois groupes de sujets. La première contredit trois opinions périphériques connexes, c'est-à-dire liées entre elles sur le graphe de similitude; la seconde, trois opinions non connexes; la dernière repose sur une seule opinion. Les résultats montrent que, sous l'impact d'un acte public engageant, la zone centrale de la représentation se modifie beaucoup moins que le système périphérique, puisque, en différé (c'est-à-dire un mois plus tard), on ne constate aucun changement de cette zone centrale. De plus, et c'est un point important, c'est lorsque l'acte contredit trois opinions non connexes que l'on obtient le maximum de modifications à tous les niveaux de la représentation de la politique.

Une autre recherche (Roussiau & Bonardi, 2001) s'est donnée pour tâche de maximiser, d'une part, l'impact produit par la variable engagement — d'où le choix d'un engagement en groupe réputé plus puissant qu'un engagement de type individuel (Wang & Katzev, 1992) — et, d'autre part, les chances de changement dans la représentation par un choix d'opinions-cibles amenant des modifications majeures — c'est-à-dire, si l'on en croit les résultats de la recherche précédente, des opinions éparpillées dans l'armature de la représentation. Les sujets ont donc été engagés soit en groupe, soit individuellement à rédiger des textes contre-attitudinaux[3]. Après une phase de repérage de la zone centrale (technique des mots associés et analyse de similitude), on a inversé le sens d'une opinion du système central et de trois opinions non connexes du système périphérique. Cette fois-ci, on remarque que le système central est resté stable et que seule la périphérie a subi quelques changements. Les modifications obtenues sont donc mineures et, en fin de compte, la nature de l'engagement, individuel ou en groupe, intervient assez peu.

Si l'on résume l'ensemble des acquis de ce type de recherches, l'engagement des individus dans un acte contradictoire a un impact plus marqué lorsqu'il porte sur un groupe d'éléments périphériques non connexes plutôt que sur un élément isolé ou un ensemble d'éléments connexes. Ces résultats rejoignent pour partie les considérations de Flament (1987) et d'Aïssani (1991a) pour qui le taux de conflit suscité au sein d'une représentation, par les pratiques pour l'un, par des messages informatifs pour l'autre, par l'engagement dans un acte ici, dépend du nombre d'éléments mis en cause. Quant à l'efficace de la non-connexité des éléments contredits, la simple logique pousserait à envisager qu'une contamination en divers points de la périphérie en modifierait davantage l'organisation qu'un ensemble connexe plus homogène, puisque l'on admet d'ordinaire que, dans la structure représentationnelle, les items prennent sens par leurs liens directs avec d'autres items. Par contre, on peut également supposer que l'attaque efficace d'un «bloc» d'éléments puisse entraîner de plus larges modifications de la périphérie. On retrouverait alors, au niveau de ces associations périphériques, les propriétés de résistance et de stabilité accordées jusqu'ici aux seules structures centrales. Toutefois, malgré la logique apparente d'un tel fonctionnement, ces suggestions se doivent d'être davantage étayées, notamment en usant de techniques plus fiables d'identification de la centralité d'une représentation. De même, dans ce type d'études, la stabilité sémantique du système central, tout comme la difficulté à induire un changement durable, attestent des limites des rationalisations expérimentalement provoquées. En effet, un acte engageant le sujet à contredire des éléments de sa représentation reste sans impact sur le système central de celle-ci, lequel est peut être suffisamment protégé par le système périphérique pour n'être pas déstabilisé par ce type «d'attaque». Quant au système périphérique, il semble jouer assez efficacement son rôle de «pare-choc» (Flament, 1987).

En fin de compte, les modifications obtenues ne sont pas aussi globales et massives que celles auxquelles on était en droit de s'attendre eu égard aux recherches antérieures sur l'engagement comme sur les représentations sociales. Il est vrai que les nuances apportées dans ces recherches, pour ce qui regarde le choix des éléments périphériques à contredire, sont de nature à susciter de nouvelles interrogations : la périphérie est un lieu de mobilité certes, mais encore faut-il choisir les éléments qui vont être contredits de manière à obtenir un impact suffisant, et envisager de nuancer les choses, par exemple, en fonction du caractère évaluatif ou descriptif des éléments contredits.

2.2. Transformations des représentations et modèle bi-dimensionnel

C'est justement l'objet d'un autre type d'études, plus récent (Bonardi & Roussiau, 1997, 2000) utilisant le modèle bi-dimensionnel proposé par Moliner.

On poursuit ici l'analyse des conditions de transformations des représentations sociales, pensées au plan de leur structure, en introduisant l'idée de bi-dimensionnalité de la représentation. On trouve en effet, dans les recherches de Moliner (1995a, b, c, 1996), une occasion nouvelle de tester la résistance d'une structure représentationnelle, dissociée pour la circonstance en dimension structurelle ou descriptive (centralité et périphérie) et dimension évaluative. L'objectif étant ici d'employer ce modèle bi-dimensionnel pour tenter une transformation représentationnelle, les chercheurs ont opté pour l'un des objets déjà utilisé par Moliner (la représentation des études) et pour une population analogue à la sienne (étudiants fréquentant l'université depuis au moins 6 mois). L'engagement du sujet dans l'acte restait le moteur présumé du changement, et se concrétisait par la signature individuelle d'une pétition devant remonter jusqu'au ministre de l'éducation nationale. Cette pétition contredisait des éléments de représentation tour à tour choisis dans la zone centrale descriptive (un élément) ou évaluative (un élément) et dans la périphérie descriptive (un élément) ou évaluative (un élément). L'idée sous-jacente était que les aspects évaluatifs de la représentation sont plus susceptibles de modifications que ses aspects descriptifs, et que la périphérie l'est davantage que la centralité. Les 225 étudiants impliqués dans cette expérience ont été testés à deux reprises et à deux semaines d'intervalle à l'aide du même questionnaire que celui choisit par Moliner (1996). Mais ce questionnaire sert ici deux buts : déterminer la structure représentationnelle descriptive et évaluative à l'aide d'une technique de mise en cause, d'une part, observer les changements consécutifs à l'acte engageant sur ces deux dimensions de représentation, d'autre part.

Les effets recensés sur l'ensemble de l'expérience mettent à mal certains résultats antérieurs :

1. Côté structure, si les champs périphériques font l'objet de changements plus nombreux que les champs centraux (ce qui recoupe les résultats antérieurs en matière de représentations sociales), ces changements ne sont cependant pas plus imputables à la contradiction d'un élément périphérique qu'à celle d'un élément central (ce qui ne va pas dans le sens attendu). En effet, si l'on touche à la périphérie évaluative, c'est

entre autres, l'aspect central descriptif qui évolue ; si l'on touche à la centralité évaluative, le champ périphérique tout entier (versant description comme versant évaluation) s'en trouve bouleversé ; enfin, lorsqu'on met en cause le champ central descriptif, le changement s'observe sur certains éléments périphériques (descriptifs et évaluatifs).

2. Côté dimension évaluative, l'hypothèse d'une stabilité des modifications se trouve quelque peu malmenée, et, si les modifications obtenues sont plus nettes dans les groupes où l'on attaque des éléments périphériques (ce qui va dans le sens des résultats antérieurs), cela se produit à court terme comme à long terme.

En fin de compte, le travail sur deux dimensions de la représentation des études complexifie quelque peu le problème de sa transformation. Reste qu'une telle recherche devrait être reproduite dans ses effets pour que l'on puisse envisager alors d'expliquer les modifications obtenues.

2.3. Approche qualitative et transformation des représentations sociales

Un dernier type de recherches, toujours attaché aux transformations structurales, utilise le principe de réfutation, c'est-à-dire la technique de mise en cause, mais en observant les modifications des représentations au seul niveau des éléments qui sont mis en cause. Moliner, Joule et Flament (1995) ont ainsi travaillé sur la représentation sociale de l'entreprise en demandant à des sujets de rédiger un essai allant, pour une partie de la population à l'encontre d'un élément central de la représentation (« rentabilité » de l'entreprise), et pour l'autre d'un élément périphérique (nécessité d'un « travail d'équipe »). Deux autres groupes de sujets (groupes de contrôle) ne subissaient qu'une simple mise en cause de ces mêmes éléments de représentation sans être astreints à rédiger un essai.

Les résultats montrent que, dans les groupes ne rédigeant pas de texte en contradiction avec des éléments de représentation, la mise en cause d'un élément central conduit les sujets à rejeter l'objet de représentation, c'est-à-dire à considérer qu'ils n'ont pas affaire à une entreprise. Par contre, dans la condition avec rédaction d'un texte, la contradiction de l'élément central suscite un profil de réponse non attendu puisqu'il est proche de celui obtenu pour l'élément périphérique. Ces résultats curieux ont amené les auteurs à supposer qu'il y a eu glissement de sens : pour éviter un conflit socio-cognitif trop important, suscité en général par la mise en cause d'un élément central, les sujets ont argumenté non pas sur ce qui était évoqué dans la consigne, c'est-à-dire sur l'élément central « rentabilité » de l'objet « entreprise », mais sur un autre objet de représentation. C'est dire le coût élevé d'une restructuration représentationnelle lorsqu'on croise expérimentalement le paradigme de l'engagement et celui des représentations. Ceci laisse entrevoir que, tout acte qui engage suffisamment un individu est susceptible, au même titre que des pratiques sociales réelles, de déclencher des changements forts au niveau de la représentation. A ce titre, le cadre expérimental d'étude des représentations, tel que posé ici pourrait fort bien entraîner un type de modifications très rarement observé : une transformation brutale de la représentation.

NOTES

[1] Des analyses annexes sur l'image de la source montrent que la minorité a été d'emblée l'objet de discriminations de la part des cibles, ce qui explique pourquoi elle échoue à les influencer.

[2] Cette forme d'opérationalisation est classique en situation de soumission forcée. A titre d'exemple, dans l'étude de Brehm & Cohen (1962), on demandait à des étudiants de justifier par écrit l'intervention de la police sur un campus universitaire, moyennant rémunération de 10, 5, 1 ou 1/2 dollars. Les résultats, cohérents avec la théorie de la dissonance cognitive, ont montré que, les sujets fortement payés n'étant pas en état de dissonance, n'ont pas rationalisé leur comportement de soumission, ce qui, bien entendu, n'était pas le cas des sujets faiblement payés car en forte dissonance. Cette opérationalisation n'a pourtant guère été développée en situation de groupe. Dans une étude beaucoup plus récente (Pavin, 1992), les sujets, des enfants de CM1-CM2, devaient trouver 4 arguments justifiant le raccourcissement des grandes vacances, arguments allant à l'encontre de leurs conceptions. Les enfants étaient amenés soit individuellement, soit à plusieurs, à rédiger la lettre contenant ces arguments. Malheureusement, Pavin ne tient pas compte, dans ses analyses, de l'aspect individuel ou collectif de cette rédaction. L'étude du changement attitudinal faisant suite à la relation interpersonnelle aurait peut-être permis de mesurer des changements plus importants.

Chapitre 11
Dépendance ou interdépendance des champs représentationnels

1. QUELQUES ÉLÉMENTS DE PRÉSENTATION

La plupart du temps, les contenus de la représentation étudiée sont l'objet de descriptions détaillées qui la font apparaître comme une totalité organisée. Cela étant acquis, on est, tôt ou tard, amené à dépasser les limites, forcément arbitraires, d'une représentation donnée.

Que la représentation d'un objet le déborde de tous côtés et tienne à de multiples autres objets (Moscovici, 1961), cela est d'ores et déjà manifeste à la lecture de la première recherche relevant de ce domaine : la représentation de la psychanalyse est habitée par d'autres — celle de la société, de l'homme, de la femme, de la sexualité, etc., et finalement investie par des idéologies — politiques ou religieuses — où elles se rassemblent toutes (Moscovici, 1961). Dans le même ordre d'idées, Di Giacomo (1980), pour comprendre l'échec d'un mouvement étudiant dans une université belge, a analysé l'organisation d'un complexe de représentations associées au comité local de grève, d'une part, et aux étudiants eux-mêmes, d'autre part. Il constate, et trouve là l'explication recherchée, que les deux univers de représentation sont étrangers l'un à l'autre. Enfin, l'idée qu'existent des champs sémantiques reliant diverses représentations apparaît dans quelques rares travaux (Abric & Morin, 1990; Bourgeat, 1993), dans un certain nombre de définitions, de l'idéologie par exemple (Deconchy, 1989) et, plus récemment, dans la notion de thêmata proposée par Moscovici & Vignaux (1994).

Quelles que soient les avancées théoriques et méthodologiques impulsées par le modèle de Moscovici (1961) et par les travaux relatifs à la structure et au fonctionnement des représentations, le champ a longtemps été dominé par une approche focalisée sur leur autonomie, et, dans un grand nombre de cas, une telle question n'était même pas évoquée. Une représentation est en général dite autonome si elle possède une structure cohérente, qu'il s'agisse pour les uns d'un « système central » (théorie du noyau central) ou pour d'autres d'un « principe organisateur » (théorie des principes organisateurs). Mais on a finalement (*cf.* Flament, 1989) été amenés à revoir une telle position, et à admettre l'existence de deux types de représentations : celles qui sont autonomes, et dont le lieu de cohérence est à rechercher au niveau même de l'objet, et celles qui ne le sont pas parce que le lieu de cohérence est à rechercher dans la représentation d'autres objets plus ou moins liés au premier.

Rouquette (1994), considérant les choses sous un angle différent, propose la situation suivante : « il existe au moins deux représentations différentes d'un "même" objet social au même moment dans une même population, à la condition nécessaire et suffisante qu'on puisse considérer celle-ci comme étant composée de plusieurs "groupes" » (p. 177). Ceci a, pour l'auteur lui-même, deux implications :

– D'une part, deux sous groupes d'une même population ou d'une population *a priori* homogène, auront des représentations différentes de l'objet considéré s'il se différencient au moins par un critère psychosocial. Les recherches entreprises sur des populations supposées homogènes peuvent donc avoir négligé totalement le fait qu'il puisse y avoir en réalité deux représentations de l'objet ou deux matérialisations distinctes d'une même représentation. Est-il alors possible d'extrapoler vers l'idée que l'on observerait, par un travail sur la population globale, une seule représentation autonome, et, en différenciant deux sous-groupes, deux représentations soit distinctes et autonomes, soit non autonomes puisque manquant à la définition de cette autonomie que nous mentionnions ci-dessus.

– D'autre part, Rouquette avance que certains aspects de la représentation seront forcément communs aux deux groupes, si l'on se réfère à l'identité ou à l'homogénéité de la population de départ. Ce qui laisse supposer d'une manière ou d'une autre un critère de non-autonomie des représentations distinctes de chacun des sous-groupes.

– Rouquette ajoute enfin que « la transformation de l'une des représentations est susceptible d'entraîner la transformation de l'autre. En effet, la transformation d'une représentation est un événement cognitif qui retentit sur les relations entre les groupes, sur la composition des argumentaires, sur les pratiques et, par suite, sur les situations sociales rencontrées par l'ensemble de la population. Ces dernières peuvent être en retour modificatrices d'une représentation connexe» (*id.*, p. 178). Nous sommes alors en position d'adopter une vision théorique large, un principe établissant que «Afin d'étudier les représentations sociales de phénomènes spécifiques, on doit adopter une approche holiste, et regarder les représentations en termes de réseaux et d'interdépendances entre significations et symboles, plutôt que comme des significations et des symboles discrets et atomisés. Les représentations sociales du sida, de la psychanalyse ou du marxisme sont vraisemblablement enchâssées dans les réseaux d'autres représentations, par exemple de ce qui est moral ou immoral, de ce qui est risqué ou pas, etc.». Par conséquent, «on doit être sensible à l'existence d'interdépendances entre différentes représentations, et à la possibilité qu'elles ont d'avoir des centres communs» (Markova, 1999, p. 60).

Pour en revenir à l'existant, de l'avis de Flament, c'est certes sur les représentations autonomes «(...) qu'actuellement nous avons le plus de choses à dire. Peut-être aussi parce qu'il semble que l'objet d'une représentation sociale autonome est un objet social important» (1987, p. 206). Cependant, il est également évident que «dans la vie des groupes, les représentations sociales se déplacent, se combinent, entrent en rapport et se repoussent, quelques unes disparaissent, d'autres sont élaborées à leur place : chacune d'entre elles peut être comprise et expliquée seulement en partant d'une autre représentation (...) qui l'a fait naître» (Palmonari & Doise, 1986, p. 15). En fin de compte, le postulat de l'existence de représentations autonomes ne suffit pas pour approcher l'aspect «socialement important» du champ représentationnel. Il est cependant exact que l'étude des représentations sociales n'aurait pu échapper à cette focalisation d'un moment, puisqu'il fallait, dans un premier temps, se donner les moyens d'examiner la façon dont elles se structuraient et fonctionnaient. Ce problème ayant été (et étant encore) largement débattu, il apparaît maintenant tout aussi socialement important de comprendre quelle dynamique régit leurs interrelations.

2. INTERDÉPENDANCE DES CHAMPS REPRÉSENTATIONNELS

Nous prendrons l'exemple d'une série de recherches qui ont tenté d'aborder l'interdépendance des champs représentationnels, à la fois au niveau descriptif et à celui de leur dynamique (Bonardi, De Piccoli, Larrue & Soubiale, 1994; Bonardi, Roussiau & Larrue, 1998).

Le cadre de ces travaux peut être décrit succinctement par ses trois aspects principaux :

- un ensemble d'objets de représentation (Europe, Politique, Droite, Gauche) plus ou moins liés entre eux dans la réalité sociale ;
- deux échantillons de population (lycéens français et italiens) ;
- une visée longitudinale basée sur le fait que ces populations jeunes construisent progressivement leur représentation des objets choisis, parce que l'Europe est à l'époque plus une conception qu'une réalisation effective, et parce que ces jeunes ne sont pas systématiquement en âge de participer concrètement à la vie politique de leur pays.

Deux questions ont présidé à ces choix : certain éléments sémantiques peuvent-ils être communs à plusieurs représentations ? Et, si c'est le cas, que deviennent-ils quand ces représentations évoluent ?

Pour ce qui regarde le partage d'éléments communs à plusieurs représentations (Bonardi, De Piccoli, Larrue & Soubiale, 1994), nous donnerons un aperçu des résultats obtenus dans l'étude simultanée en Italie et en France, pour deux des objets de représentation : l'Europe et la politique, que nous choisissons ici en raison de leurs résonances éventuellement communes. L'Europe, en tant que réalité en cours de construction à la date de ces travaux, est objet de débats et d'initiatives d'ordre politique, elle peut donc être objet de représentation, que celle-ci soit évolutive ou en devenir n'enlevant rien à son efficace quotidienne. La technique de recueil utilisée est celle des associations libres (huit associations demandées à partir des termes inducteurs Europe et Politique). Et l'on a obtenu ici des correspondances sémantiques entre les représentations de l'Europe et de la politique, et ce dans l'échantillon italien aussi bien que dans l'échantillon français :

- Pour les lycéens italiens, ces deux représentations apparaissent comme dépositaires d'idéaux, qui, même s'ils se nuancent, n'en sont pas moins une composante commune aisément repérable. Elles suscitent également des évocations à connotations négatives (par exemple, références à la maffia et à la drogue). Enfin, elles se chargent de dénotations institutionnelles, spécifiées il est vrai, mais relevant d'une même approche. Ces recouvrements manifestes montrent que des registres cognitifs ou des modes de fonctionnements cognitifs similaires sont mobilisés ici et là.

- Pour l'échantillon français, les composantes des deux champs offrent moins de prise à une articulation possible. Cependant, les dénotations institutionnelles qui investissent assez puissamment la représentation de l'Europe se retrouvent aussi dans la représentation de la politique.

En fin de compte, cette recherche montre assez nettement que les deux objets sociaux sont pensés sous un même registre cognitif, connotatif ou dénotatif. Quand les jeunes se représentent la politique comme vecteur d'idéaux ou de fléaux, ils ont tendance à le faire également à propos de l'Europe. De même, quand les filets de leur représentation saisissent les aspects institutionnels de la politique, ils saisissent dans le même temps tous les aspects de la réalité européenne.

3. INTERDÉPENDANCE ET DYNAMIQUE REPRÉSENTATIONNELLE

Quant à l'évolution des représentations (Bonardi, Roussiau & Larrue, 1998; Larrue, Bonardi & Roussiau, 2000), les interrogations se sont portées sur l'évolution en parallèle de champs représentationnels proches. Soit le cas de l'échantillon français de la population globale de cette étude et les évocations suscitées par trois objets de représentation sociale, que l'on peut intuitivement dire liés entre eux : la politique, la droite et la gauche. Il fallait postuler au départ qu'existait bien une relation entre ces trois objets. Quant à leur évolution, l'option longitudinale, par reprise du questionnement sur trois années (1990 à 1992), permettait de viser à «contrôler les changements d'une représentation dans le temps» (De Rosa, 1995). Les résultats révèlent peu de relations entre les champs sémantiques issus des objets politique et droite d'une part, politique et gauche d'autre part. Il est vrai que la jeunesse des individus interrogés peut intervenir fortement dans ces résultats. La plupart d'entre eux ne sont pas encore amenés à développer des pratiques politiques, du simple fait qu'ils ne sont pas encore en âge de voter. Cependant, sur ce plan, on est en mesure de distinguer deux sous groupes de sujets : ceux que l'on pourrait dire intéressés par (ou au fait de) la chose politique, sont capables de tisser des liens entre la politique généralement entendue, et les courants de gauche et de droite qui la particularisent. D'autres pourtant ne présentent pas un tel profil. Pour ces derniers, on peut alors parler d'absence de représentation des objets considérés ou de représentation insuffisamment construite.

En revanche, on relève une très forte interdépendance des champs pour les objets droite et gauche. C'est ainsi qu'une partie des individus qui, à propos de la droite, prennent pour référentiels les systèmes idéologiques et économiques poursuivent sur la même lancée en décrivant la gauche, et se retrouvent donc massivement dans les champs sémantiques constituées autour du socialisme et du communisme. D'autres individus, tout aussi cohérents dans leurs associations, sortent eux complètement du champ de la politique, et le font simultanément à propos de la droite et de la gauche, et donc aussi au niveau de l'appréhension pertinente, c'est-à-dire sous l'angle politique, de ces mêmes objets. Par exemple, ils parlent de main droite ou gauche, de conduite à droite ou à gauche suivant les pays, de localisation (droite ou gauche) de certains organes du corps humain, etc. Il y a donc une réelle interdépendance des champs représentationnels, et celle-ci se poursuit dans l'évolution des objets sur les trois années prises en compte. Cependant, le phénomène ici simplement décrit, demanderait des confirmations ultérieures et devrait faire l'objet de manipulations expérimentales. En l'état actuel, il reste à approfondir davantage cette idée d'objets de représentation liés entre eux, car, «si la notion d'autonomie des représentations sociales (...) permet une première approche de ce problème, elle gagnerait à être complétée par d'autres notions visant à mieux comprendre comment le sujet passe, dans certains cas à préciser, d'une représentation à l'autre et comment il articule (...) plusieurs représentations sociales. Il serait peut-être intéressant (...) de se centrer sur ce qu'on pourrait appeler un système de délimitation des représentations sociales : sur la base de quels mécanismes socio-cognitifs l'individu découpe-t-il le réel en représentations autonomes...» (Singery-Bensaïd, 1994, p. 215-216). En tout état de cause, ces premiers résultats soulignent l'arbitraire et le danger d'un découpage du tissu de la pensée sociale en objets distincts, que l'on isole par là-même de tous les autres, et en particulier de ceux qui lui sont proches. Une représentation est certes une totalité organisée, mais plusieurs représentations sociales peuvent probablement aussi composer, à un autre niveau, une totalité organisée.

Ce qui conduit au constat suivant : « La comparaison synchronique des représentations ne peut rendre compte de leur différenciation diachronique; elle ne fait qu'enregistrer des états, dont il est facile d'établir les proximités, mais non de comparer les genèses » (Rouquette, 1994, p. 181).

Conclusion

Nous achèverons notre examen du domaine des représentations sociales par deux remarques.

Le choix d'une coupe longitudinale non exhaustive et portant prioritairement le regard sur la dimension sociale des représentations — ou s'attachant à mettre en exergue les aspects «sociaux» des différentes orientations — s'est fait au détriment des aspects représentationnels plus cognitifs ou mentaux. Pour ce faire, une large place a été accordée dans cet ouvrage à d'autres disciplines que la seule psychologie sociale. Ceci nous a paru nécessaire au vu de la complexité du domaine. Le choix d'une définition ouverte de la notion, croisé avec une liberté dans les méthodologies d'approche, tel fut le défi proposé par Moscovici dès le début de son travail. Ce choix tant ambigu qu'ambitieux a fait du domaine des représentations sociales ce qu'il est aujourd'hui : un paysage étendu mais aux facettes multiples. Evoluer en ces lieux, c'est s'exposer sans cesse à une vision sous des angles inédits, à la découverte de nouveaux détails. Et c'est bien le point fort actuel de cette théorie si particulière. Cependant, une focalisation exclusive sur les avancées les plus récentes risque de faire oublier que le paysage représentationnel dans son entier évolue à l'aune des changements sociaux. La théorie des représentations en psychologie sociale se doit donc à la fois de faire constamment référence au caractère social de ces représentations et de coordonner ses efforts à ceux d'autres disciplines.

A l'intérieur même de la psychologie sociale, le parti-pris cognitif et expérimental actuel devrait permettre des avancées considérables pour ce qui regarde les mécanismes de fonctionnement des représentations et les modalités de leur genèse comme de leur évolution. En quelque sorte, on découvrira par là de nouvelles facettes de notre paysage représentationnel. Mais, dans le même temps, tout travail expérimental nécessite de restreindre considérablement — au profit d'un gain en précision — le domaine à étudier, d'opérationnaliser au plus près et au plus précis, les modalités représentationnelles soumises à vérification d'hypothèses. Ce travail est particulièrement délicat lorsqu'il s'agit des représentations sociales, dans la mesure où le champ qu'elles couvrent est à la fois très large et peu susceptible d'être précisément délimité, ou, plus exactement, s'il peut l'être, cela se fait toujours au détriment d'une grande richesse. Quoi de plus ordinaire et de plus efficace dira-t-on, puisque l'expérimentation comble largement ce déficit par la précision des mécanismes qu'elle met au jour ? Cependant, c'est bien en gardant un œil fixé sur le paysage représentationnel global que les chercheurs nourrissent leur réflexion et tirent des opérationnalisations fructueuses pour explorer de nouveaux aspects. Et les travaux actuels attachés à la dynamique des représentations fournissent de nombreux exemples de la validité d'une telle démarche. Nous avons largement souligné à ce propos les références les plus récentes à des aspects sociaux, contextuels ou situationnels sans lesquels une représentation sociale est d'abord malaisé : intervention d'une dimension normée ou normative, enchevêtrement versus autonomie de la représentation de certains objets, aspects évaluatifs ou descriptifs, zones évolutives, etc.

En second point, on remarquera que notre approche de la notion de représentation sociale accentue la grande ouverture du domaine en évoquant un certain nombre de questions encore sans réponse. Cet état de fait nous semble hautement stimulant pour des chercheurs, mais, dans le même temps, la multiplication des points de vue, l'impossible choix d'une option théorique ou méthodologique au détriment d'une autre, les incompatibilités apparentes ou réelles, et en tout cas inévitables, entre les orientations des recherches actuelles, peuvent donner l'image d'une grande errance ou d'un manque de cohérence. C'est semble-t-il le prix à payer pour la mise en représentation du domaine des représentations sociales telle que nous l'avons souhaitée dans cet ouvrage. La diversification exponentielle des objets de représentation, et surtout des méthodologies d'approche et savoirs théorisés, ne place pas les chercheurs devant un choix simple et ce d'autant plus que l'on ne peut encore apprécier toute la portée des options en présence. C'est donc, à notre sens, en regardant la forêt que l'on pourra se faire une meilleure idée de l'arbre, en conservant visibles toutes les alternatives, que l'on pourra former le projet d'en apprendre davantage sur la pensée sociale telle qu'elle se formalise à travers les représentations sociales.

Bibliographie

Abdi, H. (1987). *Introduction au traitement statistique des données expérimentales*. Grenoble : Presses Universitaires de Grenoble.

Abric, J.C. (1971). «Experimental study of group creativity : task representation, group structure and performance». *European Journal of Social Psychology*, *1*, 3, 311-326.

Abric, J.C. (1976). *Jeux, conflits et représentations sociales*. Thèse de doctorat non publiée, Université d'Aix-en-Provence.

Abric, J.C. (1981). *Voyages interurbains et représentation sociale : l'exemple des correspondances en chemin de fer*. Colloque : Towards a social psychology of the environment. Paris.

Abric, J.C. (1984). «L'artisan et l'artisanat : analyse du contenu et de la structure d'une représentation sociale». *Bulletin de Psychologie*, *366*, 861-876.

Abric, J.C. (1987). *Coopération, compétition et représentation sociale*. Fribourg : Delval.

Abric, J.C. (1989). «L'étude expérimentale des représentations sociales». Dans D. Jodelet (Ed.), *Les représentations sociales*, Paris : Presses Universitaires de France.

Abric, J.C. (1994a). «Les représentations sociales : aspects théoriques». Dans J.C. Abric (Ed.), *Pratiques Sociales et Représentations*, Paris : Presses Universitaires de France.

Abric, J.C. (1994b). «L'organisation interne des représentations sociales : système central et système périphérique». Dans C. Guimelli (Ed.), *Structures et transformations des représentations sociales*, Neuchâtel/Paris : Delachaux & Niestlé.

Abric, J.C. (1994c). «Introduction». Dans J.C. Abric (Ed.), *Pratiques Sociales et Représentations*, Paris : Presses Universitaires de France.

Abric, J.C. (1996). «De l'importance des représentations sociales dans les problèmes de l'exclusion sociale». Dans J.C. Abric (Ed.), *Exclusion sociale, insertion et prévention*, Saint-Agne : Eres.

Abric, J.C. & Mardellat, R. (1983). *Les représentations sociales de l'artisan et de l'artisanat*. Etude réalisée pour le Centre d'Étude et de Perfectionnement de l'Artisanat et des Métiers (CEPAM). Etudes et Recherches du GIFRESH.

Abric, J.C. & Morin, M. (1990). «Recherches psychosociales sur la mobilité urbaine et les voyages interurbains». *Les Cahiers Internationaux de Psychologie Sociale*, *5*, 11-35.

Abric, J.C. & Tafani, E. (1995). «Nature et fonctionnement du noyau central d'une représentation sociale : la représentation de l'entreprise». *Les Cahiers Internationaux de Psychologie Sociale, 28,* 22-30.

Abric, J.C & Vacherot, G. (1976). «Méthodologie et étude expérimentale des représentations sociales. Tâche, partenaire et comportement en situation de jeu». *Bulletin de Psychologie, 29,* 735-736.

Ackermann, W. & Zigouris, R. (1966). *Représentation et assimilation des connaissances scientifiques.* Paris : CERP/AFPA.

Aebischer, V. (1985). *Les femmes et le langage. Représentations sociales d'une différence.* Paris : Presses Universitaires de France.

Aebischer, V., Baudet, J., Bursch, P. & Valabrègue, C. (1985). «Projet de recherche pour une orientation des filles vers un avenir professionnel dans le domaine scientifique ou technique». Dans C. Valabrègue (Ed.), *Fille ou garçon. Education sans préjugés,* Paris : Magnard.

Aebischer, V., Deconchy, P. & Lipiansky, E.M. (1991). *Idéologies et représentations sociales.* Fribourg : Delval.

Aiello-Vaisberg, T.M. (1996). *«La victime innocente» : représentations d'adolescents brésiliens sur le malade mental par l'usage du procédé de dessins/histoire.* Troisième conférence internationale sur les représentations sociales, Aix-en-Provence.

Aissani, Y. (1991a). *Etude expérimentale de la transformation d'une représentation sociale sous influence majoritaire et minoritaire.* Thèse de doctorat non publiée, Université de Toulouse Le Mirail.

Aïssani, Y. (1991b). «Etude expérimentale et transformation d'une représentation sociale dans le champ politique». *Revue Internationale de Psychologie Sociale, 4, 3-4,* 279-303.

Aïssani, Y. & Bonardi, C. (1991). «Evolution différentielle des éléments périphériques et centraux d'une représentation sociale : les apports de l'analyse de similitude». *L'Année Psychologique, 91,* 397-418.

Aissani, Y., Bonardi, C. & Guelfucci, B. (1990). «Représentation sociale et noyau central : problèmes de méthode». *Revue Internationale de Psychologie Sociale, 3,* 335-336.

Alonso, A. (1990). «L'utilisation du modèle des Schèmes Cognitifs de Base pour la transcription de micro-expertises». *Nouvelles Etudes Psychologiques, 4, 1,* 45-62.

André, Y. (1989). «Les cartes mentales». Dans Y. André, A. Bailly, R. Ferras, J.P. Guérin & H. Gumuchian (Eds), *Représenter l'espace,* Paris : Anthropos.

André, Y., Bailly, A., Ferras, R., Guérin, J.P. & Gumuchian, H. (1989). *Représenter l'espace.* Paris : Anthropos.

Andriamifidisoa, I. (1982). *La transformation d'une représentation : exemple des relations sociales à Madagascar.* Thèse de doctorat non publiée, Université d'Aix-en-Provence.

Angermeyer, M. (1992). «"Trop de stress!" Comment les patients atteints de psychoses fonctionnelles se représentent les causes de leur maladie». Dans U. Flick (Ed.), *La perception quotidienne de la santé et de la maladie,* Paris : L'Harmattan.

Ansart, P. (1990). *Les sociologies contemporaines.* Paris : Seuil.

Apfelbaum, E. (1967). «Représentations du partenaire et interactions à propos d'un dilemme du prisonnier». *Psychologie Française, 12,* 18-25.

Apostolidis, T. (2000). «Le rapport au sexuel et la "sémiotique" de l'amour : marquage socio-culturel et climats relationnels». *Journal des Anthropologues, 82-83,* 339-356.

Augé, M. (1974). *La construction du monde.* Paris : Maspéro.

Augoustinos, M. & Walker, I. (1995). *Social cognition : an integrated introduction.* London : Sage.

Autrement (revue Autrement) (1995). *Penser la Terre.* Paris : Autrement.

Bailly, A. (1987). «Des images mentales de Fribourg : trois images pour deux groupes culturels». *Cahiers de l'Institut de Géographie de Fribourg*, 5, 99-108.

Bailly, A. & Beguin, H. (1995). *Introduction à la géographie humaine*. Paris/Milan/Barcelone : Masson.

Barbichon, G. (1972). «La diffusion des connaissances scientifiques et techniques». Dans S. Moscovici (Ed.), *Introduction à la psychologie sociale*, Paris : Larousse.

Barbichon, G. & Moscovici, S. (1965). «Diffusion des connaissances scientifiques». *Social Science Information*, 4, 1, 7-22.

Barjonet, P.E. (1980). «Représentations sociales de l'intervention de l'Etat dans le champ de la sécurité routière». Actes du colloque de Royaumont : *Transports et société*. Paris : Economica.

Bataillon, C. (1999). *Pour la géographie*. Paris : Flammarion.

Beauvois, J.L. (1984). *La psychologie quotidienne*. Paris : Presses Universitaires de France.

Beauvois, J.L. (1994). *Traité de la servitude libérale*. Paris : Dunod.

Beauvois, J.L. & Joule, R.V. (1981). *Soumission et idéologie*. Paris : Presses Universitaires de France.

Beauvois, J.L. & Monteil, J.-M. (1991). «Introduction». *Psychologie Française, 6-1*, 3-4.

Benzecri, J.P. & Benzecri, F. (1980). *Pratique de l'analyse des données, 1 : analyses de correspondance, exposé élémentaire*. Paris : Dunod.

Berdoulay, A. (1988). *Des mots et des lieux*. Paris : Editions du Centre National de la Recherche Scientifique.

Berger, P. & Luckman, T. (1986). *La construction sociale de la réalité*. Paris : Méridien Klincksieck.

Berque, A. (1982). *Vivre l'espace au Japon*. Paris : Presses Universitaires de France.

Berque, A. (1995). *Les raisons du territoire*. Paris : Hazan.

Bidard, C., Guadarini, V., Louis-Palluel, J. & Vergès, P. (1991). *Structuration d'une aire urbaine : l'impact des images locales (La Zone Ouest de Marseille)*. Centre de Recherche en Ecologie Sociale. Programme mutations économiques et urbanisation. Document : laboratoire de l'EHESS, associé au CNRS. URA 1251. Aix-en-Provence.

Boltanski, L. (1971). *Consommation médicale et rapport au corps*. Paris : CSE.

Boltanski, L. (1982). *Les cadres. La formation d'un groupe social*. Paris : Minuit.

Boltanski, L. (1990). *L'amour et la justice comme compétences*. Paris : Metailié.

Boltanski, L. & Thévenot, L. (1991). *De la justification. Les économies de la grandeur*. Paris : Gallimard.

Bonardi, C., Cassagne, J.M. & Lefbvre, A. (1992). *Identité de la Région Midi-Pyrénées*. Rapport au conseil Régional de Midi-Pyrénées. GRICC Productions et URA CNRS 259. Université de Toulouse Le Mirail.

Bonardi, C., De Piccoli, N., Larrue, J. & Soubiale, N. (1994). «Dipendenza o interdipendenza delle rappresentazioni sociali : la rappresentazione dell'europa e quella della politica». *Giornale Italiano di Psicologia, XXI*, 3, 399-419.

Bonardi, C., Larrue, J. & Marchand, P. (1995). «Approche sociocognitive d'une dynamique représentationnelle : rôle des conduites sociales et de l'idéologie politique». *Revue Internationale de Psychologie Sociale*, 8, 2, 107-134.

Bonardi, C., Larrue, J. & Roussiau, N. (1998). *Analyse de l'interaction de la zone centrale et des zones potentielles de changement d'une représentation sociale*. Deuxième colloque international de psychologie sociale de langue française, Torino, Italie.

Bonardi, C. & Roussiau, N. (1997). *Engagement et transformation des représentations sociales : les apports du modèle bi-dimensionnel*. Septièmes tables rondes : cognitions et conduites sociales, Valencia, Espagne.

Bonardi, C. & Roussiau, N. (1999). *Les représentations sociales*. Paris : Dunod.

Bonardi, C. & Roussiau, N. (2000). «Engagement et transformation des représentations sociales : les apports du modèle bi-dimensionnel». Dans J.L. Beauvois, R.V. Joule & J.M. Monteil (Eds), *Perspectives Cognitives et Conduites Sociales*, Rennes : Presses Universitaires de Rennes.

Bonardi, C., Roussiau, N. & Larrue, J. (1998). «Approche sociocognitive d'une dynamique représentationnelle et de ses déterminants». *Cahiers Internationaux de Psychologie Sociale*, 2, 38, 12-34.

Bonnemaison, J. (1986). *Les fondements d'une identité : territoire, histoire et société dans l'archipel de Vanuatu*. Paris : Orstom.

Bonte, P. & Izard, M. (1992). *Dictionnaire de l'ethnologie et de l'anthropologie*. Paris : Presses Universitaires de France.

Boudon, R. (1967). *L'analyse mathématique des faits sociaux*. Paris : Plon.

Boudon, R. (1973). *L'inégalité des chances*. Paris : Armand Colin.

Boudon, R. (1979). *La logique du social. Introduction à l'analyse sociologique*. Paris : Hachette.

Boudon, R. (1984). *La place du désordre, critiques des théories du changement*. Paris : Presses Universitaires de France.

Boudon, R. (1986). *L'idéologie ou l'origine des idées reçues*. Paris : Fayard.

Boudon, R. (1989). «Explication, interprétation, idéologie». Dans *Encyclopédie philosophique universelle. I. L'univers philosophique*, Paris : Presses Universitaires de France.

Boudon, R. & Bourricaud, F. (1985). *Le dictionnaire critique de la sociologie*. Paris : Presses Universitaires de France.

Boudon, R. & Lazarsfeldt, P. (1966). *L'analyse empirique de la causalité*. Paris/La Haye : Mouton.

Bourdieu, P. (1965). *Un art moyen*. Paris : Minuit.

Bourdieu, P. (1971). «Le marché des biens symboliques». *L'année Sociologique*, 22, 52-84.

Bourdieu, P. (1972). *Esquisse d'une théorie de la pratique*. Genève : Droz.

Bourdieu, P. (1977). «La production de la croyance : contribution à une économie des biens symboliques». *Actes de la Recherche en Sciences Sociales*, 13, 3-43.

Bourdieu, P. (1979). *La distinction, critique sociale du jugement*. Paris : Minuit.

Bourdieu, P. (1980). *Le sens pratique*. Paris : Minuit.

Bourdieu, P. (1982). *Ce que parler veut dire. L'économie des échanges linguistiques*. Paris : Fayard.

Bourdieu, P. & Passeron, J.C. (1970). *La reproduction*. Paris : Minuit.

Bourdieu, P., Passeron, J.C. & Chamboredon, J.C. (1968). *Le métier de sociologue, préalables épistémologiques*. Paris : Mouton/Bordas.

Bourdieu, P. & Wacquant, L. (1992). *Réponses*. Paris : Seuil.

Bourgeat, G. (1993). *Le bien être chez soi : représentation sociale complexe ou complexes de représentations sociales*. Thèse de doctorat non publiée, Université d'Aix-en-Provence.

Brehm, J.W. & Cohen, A.R. (1962). *Exploration in cognitive dissonance*. New York : Wiley.

Brunet, R. (1990). Le déchiffrement du monde. Dans R. Brunet (Ed.), *Géographie universelle*. Volume 1. Paris : Hachette/Reclus.

Brunet, R. & Dollfus, O. (1990). «Mondes nouveaux». Dans R. Brunet (Ed.), *Géographie universelle*. Volume 1. Paris : Hachette/Reclus.

Capozza, D., Robusto, E., Squarza, R. & De Carlo, N.A. (1995). «La représentation de l'argent». *Textes sur les représentations sociales*, 4, 1, 185-104.

Cassagne, J.M., Bonardi, C. & Aïssani, Y. (1990). «Transformation d'une représentation sociale sous l'effet d'une communication persuasive». Dans *La recherche en psychologie en Europe. Demandes sociales et réseaux scientifiques*. Actes du colloque international du 25-27 Janvier 1990. Toulouse.

Cerclé, A. & Somat, A. (1999). *Manuel de psychologie sociale*. Paris : Dunod.

Cham's (association) (1992). *Géographie économique et représentations sociales*. Paris : Anthropos.

Charpigny, F., Grenouiller, A.M. & Martin, J.B. (1986). *Marius Champailler, paysan de Pélussin*, Aix en Provence : Edisud/editions du Centre National de la Recherche Scientifique.

Cherkaoui, M. (1997). «Le réel et ses niveaux : peut-on toujours fonder la macrologie sur la micrologie?». *Revue Française de Sociologie*, XXXVIII, 491-524.

Chombart de Lauwe, M.J. (1963). *La femme dans la société. Son image dans différents milieux sociaux*. Paris : Editions du Centre National de la Recherche Scientifique.

Chombart de Lauwe, M.J. (1976). «L'interaction de l'enfant et de l'environnement. Objet de recherche et révélateur social». *Bulletin de Psychologie*, XXIX, 954-969.

Chombart de Lauwe, M.J. (1979, 1re éd. 1971). *Un monde autre : l'enfance. De ses représentations à son mythe*. Paris : Payot.

Cicourel, A.V. (1979). *La sociologie cognitive*. Paris : Presses Universitaires de France.

Clémence, A., Doise, W. & Lorenzi-Cioldi, F. (1994). «Prises de position et principes organisateurs des représentations sociales». Dans C. Guimelli (Ed.), *Structures et transformations des représentations sociales*, Neuchâtel/Paris : Delachaux & Niestlé.

Codol, J.P. (1969). «Note terminologique sur l'emploi de quelques expressions concernant les activités et processus en psychologie sociale». *Bulletin de Psychologie*, 23, 63-71.

Codol, J.P. (1970a). «Influence de la représentation d'autrui sur l'activité des membres d'un groupe expérimental». *L'Année Psychologique*, 70, 131-150.

Codol, J.P. (1970b). «La représentation du groupe : son impact sur les comportements des membres d'un groupe et sur leur représentation de la tâche, d'autrui et de soi». *Bulletin de Psychologie*, 24, 111-122.

Codol, J.P. (1972). *Représentations et comportements dans les groupes restreints*. Thèse de doctorat non publiée, Université d'Aix-en-Provence.

Codol, J.P. (1974). «On the system of representations in a group situation». *European Journal of Social Psychology*, 4, 343-365.

Codol, J.P. (1984). «On the system of representation in an artificial social situation». In R.M. Farr & S. Moscovici (Eds), *Social representations*, Cambridge/Paris : Cambridge University press/MSH.

Codol, J.P. & Flament, C. (1971). «Représentation de structures sociales simples dans lesquelles le sujet est impliqué». *Cahiers de Psychologie*, 14, 3, 203-218.

Cooper, J. & Croyle, R.T. (1984). «Attitudes and attitude change». *Annual Review of Psychology*, 35, 395-426.

Corcuff, P. (1995). *Les nouvelles sociologies*. Paris : Nathan.

Courtial, J.P. & Kerneur, I. (1996). «Les représentations de la recherche dans un domaine de la psychologie de l'éducation». *Textes sur les Représentations Sociales*, 5, 2, 127-144.

Da Nobrega, C. (1996). *Représentation sociale de la folie : la construction de l'altérité sur la figure du fou*. Troisième conférence internationale sur les représentations sociales, Aix-en-Provence.

Debarbieux, B. (1989). «Représentation de la haute montagne et nomination du territoire». Dans Y. André, A. Bailly, R. Ferras, J.P. Guérin & H. Gumuchian (Eds), *Représenter l'espace*, Paris : Anthropos.

Deconchy, J.P. (1980). *Orthodoxie religieuse et sciences humaines*. Paris/La Haye : Mouton.

Deconchy, J.P. (1989). *Psychologie sociale. Croyances et idéologies*. Paris : Meridien Kincksiek.

Deconchy, J.P. (1990). «La représentation de la causalité biologique». Dans X. Seron (Ed.), *Psychologie et cerveau*, Paris : Presses Universitaires de France.

Deconchy, J.P. (1993). «Un paradoxe : la moindre capacité des "croyants" (versus "non croyants") à décrypter un stimulus iconique référé à une causalité "miraculeuse" (versus une causalité "technologique")». Dans J.L. Beauvois, R.V. Joule & J.M. Monteil (Eds), *Perspectives cognitives et conduites sociales*, Neuchâtel : Delachaux & Niestlé.

Deconchy, J.P. (1999). «Psychologie sociale des processus idéologiques». Dans J.L. Beauvois, N. Dubois & W. Doise (Eds), *La construction sociale de la personne*, t. 4, Grenoble : Presses Universitaires de Grenoble.

Degenne, A. (1985). «Présentation de l'analyse de similitude». *Informatique et Sciences Humaines, 15, 67*, 7-26.

Degenne, A. & Vergès, P. (1973). «Introduction à l'analyse de similitude». *Revue Francaise de Sociologie, 14*, 471-512.

Degrada, E., Ercolani, A.P., Areni, A. & Sensales, G. (1987). «La rappresentazione del computer in gruppi diversi della popolazione». *Rassegna di Psicologia, 2/3*, 5-24.

Deschamps, J.C. & Doise, W. (1975). «Evolution des représentations inter-sexes entre 7 et 13 ans». *Revue Suisse de Sociologie, 1*, 107-128.

De Rosa, A.M. (1987). «The social representations of mental illness in children and adults». In W. Doise & S. Moscovici (Eds), *Current issues in european social Psychology*, Cambridge/Paris : Cambridge University press/MSH.

De Rosa, A.M. (1988). «Sur l'usage des associations libres dans l'étude des représentations sociales de la maladie mentale». *Connexions, 51*, 28-50.

De Rosa, A.M. (1995). «Le "réseau d'associations" comme méthode d'étude dans la recherche sur les représentations sociales : structure, contenus et polarité du champ sémantique». *Les Cahiers Internationaux de Psychologie Sociale, 28*, 96-122.

De Rosa, A.M. & Smith, A.H. (1998). «Représentations sociales polémiques et styles d'influence minoritaire, la communication publicitaire de Benetton». *Bulletin de Psychologie, 51 (4), 436*, 399-416.

Di Giacomo, J.P. (1980). «Intergroup alliances and rejections within a protest movement». *European Journal of Social Psychology, 10*, 329-344.

Di Giacomo, J.P. (1981a). «Aspects méthodologiques de l'analyse des représentations sociales». *Cahiers de Psychologie Cognitive, 1*, 397-422.

Di Giacomo, J.P. (1981b). «Commentaires à propos de l'analyse de similitude... de Cl. Flament». *Cahiers de Psychologie Cognitive, 1*, 429-432.

Di Méo, G. (1991). *L'homme, la société, l'espace*. Paris : Anthropos.

Dobry, M. (1986). *Sociologie des crises politiques*. Paris : Presses de la FNSP.

Doise, W. (1972). «Relations et représentations intergroupes». Dans S. Moscovici (Ed.), *Introduction à la psychologie sociale*, Paris : Larousse.

Doise, W. (1979). *Expériences entre groupes*. Paris : Mouton.

Doise, W. (1982). *L'explication en psychologie sociale*. Paris : Presses Universitaires de France.

Doise, W. (1984). «Les relations entre groupes». Dans S. Moscovici (Ed.), *Psychologie sociale*, Paris : Presses Universitaires de France.

Doise, W. (1985). «Les représentations sociales : définition d'un concept». *Connexions, 45*, 242-251.

Doise, W. (1986). «Les représentations sociales : définition d'un concept». Dans W. Doise & A. Palmonari (Eds), *L'étude des représentations sociales*, Neuchâtel/Paris : Delachaux & Niestlé.

Doise, W. (1989). «Attitudes et représentations sociales». Dans D. Jodelet (Ed.), *Les représentations sociales*, Paris : Presses Universitaires de France.

Doise, W. (1990). «Les représentations sociales». Dans R. Ghiglione, C. Bonnet & J.F. Richard (Eds), *Traité de psychologie cognitive*, Tome 3, Paris : Dunod.

Doise, W. (1992). «L'ancrage dans les études sur les représentations sociales». *Bulletin de Psychologie, XLV, 405*, 189-195.

Doise, W., Clémence, A. & Lorenzi-Cioldi, F. (1992). *Représentations sociales et analyse des données*. Grenoble : Presses Universitaires de Grenoble.

Doise, W., Deschamps, J.C. & Mugny, G. (1978). *Psychologie sociale expérimentale*. Paris : Armand Colin.

Doise, W. & Devos, T. (1999). «Identité et interdépendance : pour une psychologie sociale de l'union européenne». *Psychologie et Société, 1*, 11-23.

Domergue, A. (1995). «Pratiques nouvelles et transformation des représentations sociales. Essai d'application d'un modèle théorique». *Bulletin de Psychologie, XLVIII, 421*, 693-703.

Domo, J. (1982). *Identité culturelle et représentation sociale : culture du mil et culture du riz au Cameroun*. Thèse de doctorat non publiée, Université d'Aix-en-Provence.

Doraï, M. (1989). «Représentation sociale et stéréotypie». Dans J.L. Beauvois, R.V. Joule & J.M. Monteil (Eds), *Perspectives cognitives et conduites sociales*, Tome 2, Fribourg : Delval.

Douglas, M. (1989). *Ainsi pensent les institutions*. Paris : Uscher.

Downs, R.M. & Stea, D. (1977). *Maps in minds : reflections on cognitive mappings*. New York : Harper and Row.

Dubet, F. & Martucelli, D. (1998). «Sociologie de l'expérience scolaire». *L'Orientation Scolaire et Professionnelle, 27, 2*, 169-187.

Durkheim, E. (1893). *De la division du travail social*. Paris : Presses Universitaires de France.

Durkheim, E. (1895). *Les règles de la méthode sociologique*. Paris : Flammarion.

Durkheim, E. (1898). «Représentations individuelles et représentations collectives». *Revue de métaphysique et de morale, 6*, 273-302.

Durkheim, E. & Mauss, M. (1968). «De quelques formes primitives de classification. Contribution à l'étude des représentations collectives». Dans M. Mauss, *Essais de sociologie*, Paris : Minuit.

Duru, M. (1990). *L'école des filles : quelle formation pour quels rôles sociaux*. Paris : l'Harmattan.

Eagly, A.E. & Chaiken, S. (1993). *The psychology of attitudes*. Orlando : Harcourt Brace Jovanovich College Publishers.

Echebarria, A., Elejabarrieta, F., Valencia, J. & Villarreal, M. (1992). «Représentations sociales de l'Europe et identités sociales». *Bulletin de Psychologie, XLV, 405*, 280-288.

Echebarria-Echabe, A. & Gonzalez-Castro, J.L. (1993). «Social representations of power and democracy, attitudes toward elections and voting behaviour». *Revue Internationale de Psychologie Sociale, VI (2)*, 21-46.

Elias, N. (1981). *Qu'est-ce que la sociologie*. Paris : Pandora.

Evans-Pritchard, A.E. (1968). *Les Nuers*. Paris : Gallimard.

Farr, R.M. (1981). *The social origins of the human mind. A historical note. Understanding*. London : Academic Press.

Farr, R. (1994). «Attitudes, Social Representations and Social Attitudes». *Papers on Social Representations, 3, 1*, 33-37.

Farr, R.M. & Moscovici, S. (1984). *Social representations*. Cambridge : Cambridge University Press.

Faucheux, C. & Moscovici, S. (1968). «Self-esteem and exploitative behaviour in a game against chance and nature». *Journal of Personality and Social Psychology, 8, 1*, 83-88.

Faye, J.P. (1973). *La critique du langage et son économie*. Paris : Galilée.

Festinger, L. (1957). *A theory of cognitive dissonance*. Evanston : Illinois.

Fischer, G.N. (1983). *Le travail et son espace*. Paris : Dunod.

Fischer, G.N. (1992). *Psychologie sociale de l'environnement*. Toulouse : Privat.

Filipp, S.H., Aymanns, P., Ferring, D., Freudenberg, E. & Klauer, T. (1987). «Element subjektiver krankheistheorien : ihre bedeutung für die krankheitswältingung». *Soziale interaktion und rehabilitation von krebskranken Forschungsbericht, 15*, 12-24.

Flament, C. (1962). «L'analyse de similitude». *Cahiers du Centre de Recherche Opérationnelle, 4*, 63-97.

Flament, C. (1971). «Image des relations amicales dans les groupes hiérarchisés». *L'Année Psychologique, 71*, 117-125.

Flament, C. (1981a). «L'analyse de similitude, une technique pour les recherches sur les représentations sociales». *Cahiers de Psychologie Cognitive, 1*, 375-395.

Flament, C. (1981b). «Sur le pluralisme méthodologique dans l'étude des représentations sociales». *Cahiers de Psychologie Cognitive, 1*, 423-429.

Flament, C. (1982). «Du biais d'équilibre structural à la représentation du groupe». In J.P. Codol & J.P. Leyens (Eds), *Cognitive analysis of social behavior*, La Haye/Boston/Londres : Martinus Nijhoff.

Flament, C. (1986). «L'analyse de similitude, une technique pour les recherches sur les représentations sociales». Dans W. Doise & A. Palmonari (Eds), *L'étude des représentations sociales*, Neuchâtel : Delachaux & Niestlé.

Flament, C. (1987). «Pratiques et représentations sociales». Dans J.L Beauvois, R.V Joule & J.M. Monteil (Eds). *Perspectives cognitives et conduites sociales*, Tome 1, Fribourg : Delval.

Flament, C. (1989). «Structure et dynamique des représentations sociales». Dans D. Jodelet (Ed.), *Les représentations sociales*, Paris : Presses Universitaires de France.

Flament, C. (1994a). «Structure, dynamique et transformation des représentations sociales». Dans J.C. Abric (Ed.), *Pratiques Sociales et Représentations*, Paris : Presses Universitaires de France.

Flament, C. (1994b). «Aspects périphériques des représentations sociales». Dans C. Guimelli (Ed.), *Structure et transformations des représentations sociales*, Neuchâtel/Paris : Delachaux & Niestlé.

Flament, C. (1999). «La représentation sociale comme système normatif». *Psychologie et Société, 1*, 29-53.

Frémont, A. (1976). *La région, espace vécu*. Paris : Presses Universitaires de France.

Frémont, A. (1981). «Flaubert géographe». *Revue Etudes Normandes, 1*, 49-63.

Furnham, A. & Taylor, D.-M. (1990). «Lay theories of homosexuality : aetiology, behaviour and "cures"». *British Journal of Social Psychology, 29*, 135-147.

Gaido, L. (1989). «La montagne, un produit à vendre». Dans Y. André, A. Bailly, R. Ferras, J.-P. Guérin & H. Gumuchian (Eds), *Représenter l'espace*, Paris : Anthropos.

Gallais, J. (1967). *Le delta intérieur du Niger*. Etude de géographie régionale. Dakar : IFAN.

Gallais, J. (1984). *Hommes du sahel*. Paris : Flammarion.

Galli, I. & Nigro, G. (1987). «The social representations of radioactivity among italian children». *Social Science Information, 25*, 535-549.

Galli, I. & Nigro, G. (1990). «Les représentations sociales : la question de la genèse». *Revue Internationale de Psychologie Sociale, 3, 3*, 429-450.

Galli, I. & Nigro, G. (1992). « La représentation sociale du pouvoir chez les enfants ». *Bulletin de Psychologie*, 45, 217-222.

Garfinkel, H. (1967). *Studies in ethnomethodology*. Englewood Cliffs : Prentice Hall.

Gati, I. & Benyamini, Y. (1987). « Perception of occupations : aspects versus dimensions ». *Journal of Vocational Behavior*, 22, 309-327.

Geertz, C. (1966). « Religion as a cultural system ». In M. Banton (Ed.), *Anthropological approaches to the study of religion*, London : Tavistock publications.

Geipel, R. (1987). *Society and uncertainty*. Karlsruhe : Bayerische Rückversicherung.

Gergen, K.J., Gergen, M.M. & Jutras, S. (1992). *Psychologie sociale*. Paris : Vigot.

Gervet, J. (1991). « Systèmes (théorie générale des) ». Dans *Le Grand dictionnaire de la Psychologie*, Paris : Larousse.

Ghiglione, R., Kekenbosch, C. & Landré, A. (1995). *L'analyse cognitivo-discursive*. Grenoble : Presses Universitaires de Grenoble.

Ghiglione, R., Landré, A., Bromberg, M. & Molette, P. (1998). *L'analyse automatique des contenus*. Paris : Dunod.

Ghiglione, R., Matalon, B. & Bacri, M. (1985). *Les dires analysés, l'analyse propositionnelle du discours*. Paris : Presses Universitaires de Vincennes.

Giddens, A. (1984). *La construction de la société*. Paris : Presses Universitaires de France.

Gilbert, A. (1986a). « L'analyse de contenu des discours sur l'espace : une méthode ». *Le Géographe Canadien*, 30, 1, 13-25.

Gilbert, A. (1986b). « L'idéologie spatiale ». *L'Espace Géographique*, 1, 57-66.

Gilly, M. (1980). *Maître-élève. Rôles institutionnels et représentations*. Paris : Presses Universitaires de France.

Godelier, M. (1982). *La production des grands hommes*. Paris : Fayard.

Godelier, M. (1984). *L'idéel et le matériel. Pensée, économie, sociétés*. Paris : Fayard.

Gorin, M. (1980). *A l'école du groupe : heurs et malheurs d'une innovation éducative*. Paris : Dunod.

Grize, J.B. (1989). « Logique naturelle et représentations sociales ». Dans D. Jodelet (Ed.), *Les représentations sociales*, Paris : Presses Universitaires de France.

Grize, J.B., Vergès, P. & Silem, A. (1987). *Salariés face aux nouvelles technologies*. Centre régional de publication de Lyon : Editions du Centre National de la Recherche Scientifique.

Guichard, J. (1995). « Quels cadres conceptuels pour quelle orientation à l'aube du XXIe siècle ? ». *L'Orientation Scolaire et Professionnelle*, 24, 1, 55-67.

Guichard, J. & Bidot, H. (1989). « Filières scolaires et représentations professionnelles des lycéens ». *Revue Internationale de Psychologie Sociale*, 2, 4, 483-509.

Guichard, J. & Cassar, O. (1992). « Study stream and the categorization of occupations. Social habitus and cognitive schemes ». Paper for the IIIrd symposium on adolescence, Bologna (Italia). Paris : *Documents du service de recherche de l'INETOP*.

Guichard, J., Devos, P., Bernard, H., Chevalier, G., Devaux, M., Faure, A., Jellab, M. & Vanesse, V. (1994a). « Les activités culturelles et de loisirs des adolescents : une approche de la diversité des habitus sociaux ». *L'Orientation Scolaire et Professionnelle*, 23, 4, 381-407.

Guichard, J., Devos, P., Bernard, H., Chevalier, G., Devaux, M., Faure, A., Jellab, M. & Vanesse, V. (1994b). « Diversité et similarité des représentations professionnelles d'adolescents scolarisés dans des formations différentes ». *L'Orientation Scolaire et Professionnelle*, 23, 4, 409-437.

Guichard, J., Devos, P., Bernard, H., Chevalier, G., Devaux, M., Faure, A., Jellab, M. & Vanesse, V. (1994c). « Habitus culturels des adolescents et schèmes représentatifs des professions ». *L'Orientation Scolaire et Professionnelle*, 23, 4, 439-464.

Guimelli, C. (1989). «Pratiques nouvelles et transformation sans rupture d'une représentation sociale : la représentation de la chasse et de la nature». Dans J.L. Beauvois, R.V. Joule & J.M. Monteil (Eds), *Perspectives cognitives et conduites sociales*, Tome 2, Fribourg : Delval.

Guimelli, C. (1990). «Représentations sociales, noyau central et schèmes cognitifs de base». *Nouvelles Etudes Psychologiques, 4, 1*, 27-44.

Guimelli, C. (1994a). «Transformation des représentations sociales, pratiques nouvelles et schèmes cognitifs de base». Dans C. Guimelli (Ed.), *Structures et transformations des représentations sociales*, Neuchâtel/Paris : Delachaux & Niestlé.

Guimelli, C. (1994b). «La fonction d'infirmière. Pratiques et représentations sociales». Dans J.C. Abric (Ed.), *Pratiques sociales et représentations*, Paris : Presses Universitaires de France.

Guimelli, C. (1994c). «Introduction». Dans C. Guimelli (Ed.), *Structures et transformations des représentations sociales*, Neuchâtel/Paris : Delachaux & Niestlé.

Guimelli, C. (1994d). *Structures et transformations des représentations sociales*. Textes de base. Neuchâtel/Paris : Delachaux & Niestlé.

Guimelli, C. (1999). *La pensée sociale*. Paris : Presses Universitaires de France.

Guimelli, C. & Jacobi, D. (1990). «Pratiques nouvelles et transformation des représentations sociales». *Revue Internationale de Psychologie Sociale, 3*, 307-334.

Guimelli, C. & Rouquette, M.L. (1992). «Contribution du modèle associatif des schèmes cognitifs de base à l'analyse structurale des représentations sociales». *Bulletin de Psychologie, XLV, 405*, 196-202.

Guingouain, G. & Le Poultier, F. (1994). *A quoi sert aujourd'hui la psychologie sociale ? Demandes actuelles et nouvelles réponses*. Rennes : Presses Universitaires de Rennes.

Guiziou, A. (2000). *Représentation sociale et persuasion : l'impact d'un message persuasif sur la représentation sociale de la voiture idéale*. Mémoire de maîtrise de psychologie non publié, Université de Rennes II.

Gumuchian, H. (1989). «Les représentations en géographie : définitions, méthodes et outils». Dans Y. André, A. Bailly, R. Ferras, J.P. Guérin & H. Gumuchian (Eds), *Représenter l'espace*, Paris : Anthropos.

Gumuchian, H. (1991). *Représentations et aménagement du territoire*. Paris : Anthropos.

Haas, V. (1997). «Etude comparative de cartes mentales des habitants de Vichy et d'Amiens. Mise en évidence de marqueurs sociaux et historiques». *Troisième Colloque Jeunes Chercheurs en Psychologie Sociale*, Aix-en-Provence : Actes du colloque, 74-75.

Haas, V. & Jodelet, D. (1999). «Pensée et mémoire sociale». Dans J.P. Pétard (Ed.), *Psychologie Sociale*, Rosny : Bréal.

Hall, E.T. (1966). *La dimension cachée*. Paris : Seuil.

Harding, J. (1985). «Les jeunes filles et les femmes dans l'enseignement scientifique secondaire et supérieur : peu d'élues». *Perspectives, XV, 4*, 605-617.

Harlen, W. (1985). «Les filles et l'enseignement des sciences au niveau primaire : sexisme, stéréotypes et remèdes». *Perspectives, XV, 4*, 591-603.

Héritier, F. (1979). «Symbolique de l'inceste et de sa prohibition». Dans M. Izard & P. Smith (Eds), *La fonction symbolique*, Paris : Gallimard.

Herzlich, C. (1969). *Santé et maladie. Analyse d'une représentation sociale*. Paris : EHESS.

Herzlich, C. (1972). «La représentation sociale». Dans S. Moscovici (Ed.), *Introduction à la psychologie sociale*, Tome 1, Paris : Larousse.

Herzlich, C. & Pierret, J. (1988). «Une maladie dans l'espace public, le sida dans six quotidiens français». *Annales, 5*, 1109-1134.

Hewstone, M., Jaspars, J. & Lalljee, M. (1982). «Social representations, social attribution and social identity : the intergroup images of "public" and "comprehensive" schoolboys». *European Journal of Social Psychology*, *12*, 241-269.

Howell, D.C. (1998). *Méthodes statistiques en sciences humaines*. Bruxelles : De Boeck Université.

Huteau, M. (1982). «Les mécanismes psychologiques de l'évolution des attitudes et des préférences vis-à-vis des activités professionnelles». *L'Orientation Scolaire et Professionnelle*, *11*, *2*, 107-125.

Huteau, M. & Vouillot, F. (1988). «Représentations et préférences professionnelles», *Bulletin de Psychologie*, *XLII*, *388*, 144-153.

Ibanez, T. (1989). «Faire et Croire». Dans J.L. Beauvois, R.V. Joule & J.M. Monteil (Eds), *Perspectives cognitives et conduites sociales*, Tome 2, Fribourg : Delval.

Jahoda, G. (1989). *Psychologie et anthropologie*. Paris : Armand Colin.

Jodelet, D. (1976). *La représentation sociale du corps*. Paris : Cordes.

Jodelet, D. (1982). *Système de représentation du corps et groupes sociaux*. Paris : Cordes.

Jodelet, D. (1985). *Civils et bredins : rapport à la folie et représentations sociales*. Thèse de doctorat d'état, Université de Paris : EHESS.

Jodelet, D. (1984a). «Réflexions sur le traitement de la notion de représentation sociale en psychologie sociale». *Communication Information*, *VI*, *2/3*, 15-41.

Jodelet, D. (1984b). «Représentation sociale : phénomènes, concept et théorie». Dans S. Moscovici (Ed.), *Psychologie sociale*, Paris : Presses Universitaire de France.

Jodelet, D. (1989a). «Les représentations sociales, un domaine en expansion». Dans D. Jodelet (Ed.), *Les représentations sociales*, Paris : Presses Universitaires de France.

Jodelet, D. (1989b). *Folies et représentations sociales*. Paris : Presses Universitaires de France.

Jodelet, D. (1991). «L'idéologie dans l'étude des représentations sociales». Dans V. Aebischer, J.P. Deconchy & E.M. Lipiansky (Eds), *Idéologies et représentations sociales*, Cousset : Delval.

Joule, R.V. (1989). «Quand les conduites résistent aux approches cognitives». Dans J.L. Beauvois, R.V. Joule & J.M. Monteil (Eds), *Perspectives cognitives et conduites sociales*, Tome 2, Fribourg : Delval.

Joule, R.V. & Beauvois, J.L. (1987). *Petit traité de manipulation à l'usage des honnêtes gens*. Grenoble : Presses Universitaires de Grenoble.

Kaës, R. (1968). *Images de la culture chez les ouvriers français*. Paris : CUJAS.

Kaës, R. (1976). *L'appareil psychique groupal. Construction du groupe*. Paris : Dunod.

Kaës, R. (1989). «Psychanalyse et représentations sociales». Dans D. Jodelet (Ed.), *Les représentations sociales*, Paris : Presses Universitaires de France.

Kalaora, B. (1997). «Quand l'environnement devient affaire d'Etat». Dans M. Abélès & H.P. Jeudy (Eds), *Anthropologie du politique*, Paris : Armand Colin.

Katerelos, I. (1993). *Pratiques, conditionalité et sous structuration au sein des représentations sociales*. Thèse de doctorat non publiée, Université d'Aix en Provence.

Katzev, R. & Wang, T. (1994). «Can commitment change behavior? A case of study of environmental actions». *Journal of Social Behavior and Personality*, *9*, *1*, 13-26.

Kiesler, C.A. (1971). *The Psychology of Commitment. Experiments linking behavior to belief*. New York : Academic Press.

Kilani, M. (1992). *Introduction à l'anthropologie*. Genève : Payot.

Kroeber, A.L. & Kluckhohn, C. (1952). *Culture, a critical review of concepts and definitions*. London : Vintage Books.

Laburthe-Tolra, P. & Warnier, J.P. (1993). *Ethnologie-Anthropologie*. Paris : Presses Universitaires de France.

Laplantine, F. (1987). *Clés pour l'anthropologie*. Paris : Seghers.

Laplantine, F. (1989). «Anthropologie des systèmes de représentations de la maladie : de quelques recherches menées dans la France contemporaine réexaminées à la lumière d'une expérience brésilienne». Dans D. Jodelet (Ed.), *Les représentations sociales*, Paris : Presses Universitaires de France.

Lafaille, R. (1989). «Départ : géographie et poésie». *Le Géographe Canadien*, *33*, 2, 118-130.

Lafaye, C. & Thévenot, L. (1993). «Une justification écologique? Conflits dans l'aménagement de la nature». *Revue Française de Sociologie*, *34*, 4, 13-34.

Larrue, J. (1978). *La représentation de la culture dans les divers groupes sociaux*. Thèse de doctorat non publiée, Paris : Université René-Descartes.

Larrue, J., Bonardi, C. & Roussiau, N. (2000). «Etude des liens entre plusieurs objets de représentations sociales». *Anuario de Psicologia*, *31*, 3, 19-37.

Larrue, J., Cassagne, J.M., Domenc, M. & Guelfucci, B. (1985). «L'union de la gauche en France aux lendemains de sa rupture. Analyse d'une représentation sociale chez quelques adhérents du parti communiste». *Informatique et Sciences Humaines*, *67*, 67-84.

Le Bouedec, G. (1984). «Contribution à la méthodologie d'étude des représentations Sociales». *Cahiers de Psychologie Cognitive*, *4*, 245-272.

Lévi-Strauss, C. (1955). *Tristes tropiques*. Paris : Plon.

Lévi-Strauss, C. (1962). *La pensée sauvage*. Paris : Plon.

Lévi-Strauss, C. (1982). *Textes sur Claude lévi-Strauss*. Paris : Gallimard.

Lévi-Strauss, C. (1985). *La potière jalouse*. Paris : Plon.

Le Wita, B. (1988). *Ni vue ni connue, approche ethnologique de la culture bourgeoise*. Paris : MSH.

Lipiansky, M. (1979). *L'âme française ou le national-libéralisme*. Paris : Anthropos.

Lorenzi-Cioldi, F. & Joye, D. (1988). «Représentations sociales de catégories socio-professionnelles : aspects méthodologiques». *Bulletin de Psychologie*, *XL*, *383*, 377-390.

Lynch, K. (1976). *L'image de la cité*. Paris : Dunod.

McGuire, W.J. (1985). «Attitudes and attitudinal change». Dans G. Lindsey & E. Aronson (Eds), *The handbook of social psychology*, Reading : Addison-Wesley.

Maffesoli, M. (1988). *Le temps des tribus*. Paris : Méridien/Klincksieck.

Maître, J. (1972). «Psychanalyse et sociologie religieuse». *Archives de Sociologie des Religions*, *33*, 134.

Maître, J. (1975). «Sociologie de l'idéologie et entretien non directif». *Revue Française de Sociologie*, *XVI*, 22-31.

Malinowski, B. (1963). *Les argonautes du pacifique occidental*. Paris : Gallimard.

Mamontoff, A.-M. (1996). «Intégrations des Gitans : apport des représentations sociales». Dans J.-C. Abric (Ed.), *Exclusion sociale, insertion et prévention*, Saint-Agne : Eres.

Mannheim, K. (1954). *Idéologie et utopie*. Londres : Routledge and Kegan Paul.

Marconis, R. (1996). *Introduction à la géographie*. Paris : Armand Colin.

Markova, I. (1999). «Sur la reconnaissance sociale». *Psychologie et Société*, *1*, 55-80.

Markova, I. (2000). «A theoretical perspective on themata». *Actes de la cinquième conférence internationale sur les représentations sociales*, Montréal, 29 août/2 septembre, Canada.

Markova, I. & Wilkie, P. (1987). «Representation, concept and social change : the phenomenon of AIDS». *Journal for the Theory of Social Behavior*, *17*, 389-409.

Marro, C. (1989). «Les projets professionnels d'élèves de seconde envisageant une orientation scientifique». *L'Orientation Scolaire et Professionnelle*, *18*, 3, 251-262.

Marro, C. & Vouillot, F. (1991). «Représentation de soi, représentation du scientifique type et choix d'une orientation scientifique chez des filles et des garçons de seconde». *L'Orientation Scolaire et Professionnelle*, *20*, 3, 303-323.

Mauss, M. (1947). *Manuel d'ethnographie*. Paris : Payot.

Michelat, G. & Simon, M. (1977). *Classes, religion et comportements politiques*. Paris : Editions sociales.

Milgram, S. & Jodelet, D. (1976). «Psychological maps of Paris». In H.M. Proshansky (Ed.), *environmental psychology : people and their physical settings*, New York : Holt, Rinehert and Winston.

Moles, A. & Rohmer, E. (1977). *Psychologie de l'espace*. Paris : Castermann.

Moles, A. & Rohmer, E. (1985). *Labyrinthes du vécu*. Paris : Méridiens.

Moliner, P. (1988). *La représentation sociale comme grille de lecture. Etude expérimentale de sa structure et aperçu sur ses processus de transformation*. Thèse de doctorat non publiée, Université d'Aix-en-Provence.

Moliner, P. (1989). «Validation de l'hypothèse de noyau dans les représentations sociales». *Bulletin de Psychologie, 387*, 759-762.

Moliner, P. (1992a). *La représentation sociale comme grille de lecture*. Aix-en-Provence : Presse Universitaires de Provence.

Moliner, P. (1992b). «Structure de représentation et structure de schèmes». *Les Cahiers Internationaux de Psychologie Sociale, 14*, 48-52.

Moliner, P. (1992c). «Représentations sociales : schèmes conditionnels et schèmes normatifs». *Bulletin de Psychologie, XLV, 405*, 325-329.

Moliner, P. (1993a). «L'induction par scénario ambigu : une méthode pour l'étude des représentations sociales». *Revue Internationale de Psychologie Sociale, 6, 2*, 7-21.

Moliner, P. (1993b). «Cinq questions à propos des représentations sociales». *Les Cahiers Internationaux de Psychologie Sociale, 20*, 5-14.

Moliner, P. (1994). «Les méthodes de repérage et d'identification du noyau des représentations sociales». Dans C. Guimelli, *Structure et transformations des représentations sociales. Textes de base en sciences sociales*, Neuchâtel/Paris : Delachaux & Niestlé.

Moliner, P. (1995). «Noyau central, principes organisateurs et modèle bidimensionnel des représentations sociales, vers une intégration théorique?». *Les Cahiers Internationaux de Psychologie Sociale, 28*, 44-55.

Moliner, P. (1996). *Images et représentations sociales. De la théorie des représentations à l'étude des images sociales*. Grenoble : Presses Universitaires de Grenoble.

Moliner, P., Joule, R.V. & Flament, C. (1995). «Essai contre-attitudinal et structure des représentations sociales». *Les Cahiers Internationaux de Psychologie Sociale, 8, 1*, 44-55.

Montant, H. (1991). «Vide social». *Le Monde, 185*, 14-15.

Monteil, J.M. & Martinot, D. (1991). «Le soi et ses propriétés : analyse critique». *Psychologie Française, 36, 1*, 55-66.

Morin, M. (1984). «Représentations sociales et évaluation des cadres de vie urbains». *Bulletin de Psychologie, 37*, 823-832.

Morin, M. (1994). «Entre représentations et pratiques : le sida, la prévention et les jeunes». Dans J.C. Abric (Ed.), *Pratiques Sociales et Représentations*, Paris : Presses Universitaires de France.

Morin, M. (1999). «Emergence du sida et transformation des représentations sociales». Dans M.L. Rouquette (Ed.), *La genèse des représentations sociales*, Montréal : Editions Nouvelles.

Morin, M. & Vergès, P. (1992). «Enquête sur une représentation en voie d'émancipation : le sida pour les jeunes». *Cahiers Internationaux de Psychologie Sociale, 15*, 46-75.

Morval, J. (1981). *Introduction à la psychologie de l'environnement*. Bruxelles : Mardaga.

Moscovici, S. (1961, 1976). *La psychanalyse, son image et son public*. Paris : Presses Universitaires de France.

Moscovici, S. (1979). *Psychologie des minorités actives*. Paris : Presses Universitaires de France.

Moscovici, S. (1981). « On social representations ». In J.P. Forgas (Ed.), *Social cognition : perspectives on everyday understanding*. London : Academic Press.

Moscovici, S. (1984a). « The phenomenon of social representations ». In R. Farr & S. Moscovici (Eds), *Social representations*, Cambridge : Cambridge University Press.

Moscovici, S. (1984b), « Le domaine de la psychologie sociale ». Dans S. Moscovici (Ed.), *Psychologie Sociale*, Paris : Presses Universitaires de France.

Moscovici, S. (1986), « L'ère des représentations sociales ». Dans W. Doise & A. Palmonari (Eds), *L'étude des représentations sociales*, Neuchâtel/Paris : Delachaux & Niestlé.

Moscovici, S. (1987), *Les représentations sociales*. Actes du deuxième colloque sur la didactique de l'histoire et de la géographie. Paris : INRS.

Moscovici, S. (1988a), « Notes towards a description of social representation ». *European Journal of Social Psychology*, *18*, 211-250.

Moscovici, S. (1988b). *La machine à faire des dieux*. Paris : Fayard.

Moscovici, S. (1989). « Des représentations collectives aux représentations sociales : éléments pour une histoire ». Dans D. Jodelet (Ed.), *Les représentations sociales*, Paris : Presses Universitaires de France.

Moscovici, S. (2000). « Les formes élémentaires de l'altruisme ». *Sciences humaines*, *103*, 22-25.

Moscovici, S. & Lage, E. (1976). « Studies in social influence III : Majority versus minority influence in a group ». *European Journal of Social Psychology*, *6*, 149-174.

Moscovici, S. & Mugny, G. (1987). « Comparaison et construction sociale de la réalité ». Dans S. Moscovici & G. Mugny (Eds), *Psychologie de la conversion. Etude sur l'influence inconsciente*, Fribourg : Delval.

Moscovici, S. & Personnaz, B. (1980). « Studies in social influence V : Minority influence and conversion behavior in a perceptual task ». *Journal of Experimental Social Psychology*, *16*, 270-282.

Moscovici, S. & Personnaz, B. (1986). « Studies on latent influence using spectrometer method I : Psychologisation effect upon conversion by a minority and a majority ». *European Journal of Social Psychology*, *16*, 345-360.

Moscovici, S. & Personnaz, B. (1991). « Studies in social influence VI : Is Lenin orange or red ? ». *European Journal of Social Psychology*, *21*, 101-118.

Moscovici, S. & Vignaux (1994). « Le concept de Thêmata ». Dans C. Guimelli (Ed.), *Structure et transformations des représentations sociales*, Neuchâtel/Paris : Delachaux & Niestlé.

Mugny, G. (1984-85). « Complaisance et conversion dans le "paradigme de Asch" ». *Bulletin de Psychologie*, *38*, 49-61.

Mugny, G. & Carugatti, F. (1985). *L'intelligence au pluriel : les représentations sociales de l'intelligence et de son développement*. Fribourg : Delval.

Mugny, G., Moliner, P. & Flament, C. (1997). « De la pertinence des processus d'influence sociale dans la dynamique des représentations sociales : une étude exploratoire ». *Revue Internationale de Psychologie Sociale*, *10*, *1*, 31-50.

Mugny, G. & Perez, J.A. (1986). *Le déni et la raison : psychologie de l'impact social des minorités*. Fribourg : Delval.

Mugny, G. & Perez, J.A. (1987). « Comparaison et construction sociale de la réalité ». Dans S. Moscovici & G. Mugny (Eds), *Psychologie de la conversion. Etude sur l'influence inconsciente*, Fribourg : Delval.

Neyrand, G. (1985). « Femme privé/homme public : les tendances de la représentation publicitaire. Un exemple d'application de l'analyse de similitude ». *Informatique et Sciences Humaines*, *66*, 121-135.

Palmonari, A. & Doise, W. (1986). «Un nouveau champ d'études. Caractéristiques des représentations sociales». Dans A. Palmonari & W. Doise (Eds), *L'étude des représentations sociales*, Neuchâtel/Paris : Delachaux & Niestlé.

Parsons, T. (1952). *The social system*. London : Tavistock.

Pavin, C. (1992). *Le paradigme des grandes vacances : rationalisation versus consistance cognitive chez des enfants placés en situation de soumission forcée*. Thèse de doctorat non publiée, Université de Grenoble.

Pedroarena, M. (1991). *Représentations et orientations : les sciences au féminin*. Mémoire de CAFCO. Paris : INETOP.

Perez, J.A. & Mugny, G. (1987). «Paradoxical effects of categorization in minority influence : when being an out-group is an advantage». *European Journal of Social Psychology*, *17*, 157-169.

Perez, J.A. & Mugny, G. (1993). *Influences sociales*. Neuchâtel/Paris : Delachaux & Niestlé.

Perez, J.A., Mugny, G., Roux, P. & Butera, F. (1991). «Influences *via* la comparaison sociale, influences *via* la validation». Dans J.L. Beauvois, R.V. Joule & J.M. Monteil (Eds), *Perspectives cognitives et conduites sociales. Quelles cognitions, quelles conduites?*, Tome 3, Fribourg : Cousset, Delval.

Personnaz, B. (1981). «Study on social influence using spectrometer method I : Dynamics of the phenomena of conversion and covertness in perceptual responses». *European Journal of Social Psychology*, *11*, 431-438.

Petonnet, C. (1982). *Espaces habités. Ethnologie des banlieues*. Paris : Galilée.

Petty, E.E. & Cacioppo, J.T. (1984). «The effects of involvment on responses to argument quantity and quality : central and peripherical routes to persuasion». *Journal of personality and Social Psychology*, *46*, *1*, 69-81.

Petty, E.E. et Cacioppo, J.T. (1986). «The elaboration likelihood model of persuasion». In L. Berkowitz (Ed.), *Advances in experimental social psychology*, Vol. 19, New York : Academic Press.

Pharo, P. (1993). *Le sens de l'action et de la compréhension d'autrui*. Paris : l'Harmattan.

Piaget, J. & Inhelder, B. (1947). *La représentation de l'espace chez l'enfant*. Paris : Presses Universitaires de France.

Pinchemel, P. & Pinchemel, G. (1997). *La face de la terre*. Paris : Armand Colin.

Plante, A. (1989). *Le langage FX, la programmation en faisceaux*. Montréal : Document du centre d'analyse de textes par ordinateur, UQAM, Juin 1989. Version 2.1.

Plon, M. (1972). «Jeux et conflits». Dans S. Moscovici (Ed.), *Introduction à la psychologie sociale*, Paris : Larousse.

Poncioni, P. (2000). «Les éboueurs de la société. Représentations sociales des policiers de Rio de janeiro sur leur métier». *Actes de la cinquième conférence internationale sur les représentations sociales*, Montréal, 29 août/2 septembre, Canada.

Quaglino, G.P. (1979). *Relazioni tra gruppi e percezione sociale*. Studi di ricerche di psicologia. Universita di Torino.

Ramos, J.M. (1987). «Revue d'arguments sur une question délicate : la représentation sociale du temps». *Temporalistes*, *6*, 19-23.

Rapoport, A. (1972). *Pour une anthropologie de la maison*. Paris : Dunod.

Rateau, P. (1995a). «Le noyau central des représentations sociales comme système hiérarchisé. Une étude sur la représentation du groupe». *Les Cahiers Internationaux de Psychologie Sociale*, *26*, 29-52.

Rateau, P. (1995b). «Dimension descriptive, fonctionnelle et évaluative des représentations sociales - une étude exploratoire». *Textes sur les Représentations Sociales*, *4*, *2*, 133-146.

Rateau, P. (1995-1996). «Hiérarchie du système central des représentations sociales et processus de rationalisation de la mise en cause de ses éléments». *Bulletin de Psychologie, XLIX*, 422, 73-87.

Rateau, P. (1999). «Les effets d'un conflit d'identification idéologique sur la structure d'une représentation sociale». *Les Cahiers Internationaux de Psychologie Sociale*, 42, 90-101.

Rateau, P. (2000). «Idéologie, représentation sociale et attitude : étude expérimentale de leur hiérarchie». *Revue Internationale de Psychologie Sociale*, 13, 1, 29-58.

Reclus, E. (1875-1894). *Nouvelle géographie universelle*. Paris : Hachette.

Reinert, M. (1978). *Présentation d'un programme de classification. Application à une analyse de contenu*. Thèse de doctorat non publiée, Université de Paris VI.

Reinert, M. (1990). «ALCESTE, une méthodologie d'analyse des données textuelles et une application : Aurélia de Gérard de Nerval». *Bulletin de Méthodologie Sociologique*, 26, 24-54.

Reinert, M. (1993). «Les "mondes lexicaux" et leur "logique" à travers l'analyse statistique d'un corpus de récits de cauchemars». *Langage et Société*, 66, 5-39.

Retaillé, D. (1997). *Le monde du géographe*. Paris : Presses de la Fondation nationale des Sciences politiques.

Richard, M. & Garnier, C. (2000). «Représentations sociales et pratiques préventives : un modèle d'action». *Actes de la cinquième conférence internationale sur les représentations sociales*, Montréal, 29 août/2 septembre, Canada.

Robert, P. & Faugeron, C. (1978). *La justice et son public. Les représentations sociales du système pénal*. Paris : Masson.

Rouquette, M.L. (1990). «Sur la composition des schèmes». *Nouvelles Etudes Psychologiques*, 4, 1, 17-25.

Rouquette, M.L. (1994). *Sur la connaissance des masses*. Grenoble : Presses Universitaires de Grenoble.

Rouquette, M.L. (1996). «Rumeurs, représentations sociales et délinquances». Dans J.C. Abric (Ed.), *Exclusion sociale, insertion et prévention*, Saint-Agne : Eres.

Rouquette, M.L. (1997). «La structure et le sens des représentations sociales : réponses à quelques question d'A. Clémence». *Textes sur les Représentations Sociales*, 6, 1, 89-92.

Rouquette, M.L. & Garnier, C. (1999). *La genèse des représentations sociales*. Montréal : Editions Nouvelles.

Rouquette, M.L. & Rateau, P. (1998). *Introduction à l'étude des représentations sociales*. Grenoble : Presses Universitaires de Grenoble.

Roussiau, N. (1996a). *Représentation sociale et théorie de l'engagement. La représentation sociale de la politique : étude expérimentale de ses transformations*. Thèse de doctorat non publiée, Université de Toulouse Le Mirail.

Roussiau, N. (1996b). «Engagement comportemental et transformation du système central et périphérique d'une représentation sociale». *Journal International de Psychologie, 31 (1/3)*, 448.

Roussiau, N. (1998). «Représentation sociale de l'argent chez les décideurs financiers, les travailleurs sociaux et les personnes démunies». Dans C. Roland-Lévy & P. Adair (Eds), *Psychologie Economique : théories et applications*, Paris : Edition Economica.

Roussiau, N. & Bonardi, C. (1999). «Socials practices and socials representations of Internet. Pratiques sociales et représentations sociales d'Internet». In P. Marquet, S. Mathey, A. Jaille & E. Missen (Eds), *Internet-Based teaching and learning*, Strasbourg : Edition Peter Lang.

Roussiau, N. & Bonardi, C. (2000). «Dissonance cognitive et étude de la transformation d'une représentation sociale. Le cas de la politique». *Anuario de Psicologia*, 31, 1, 30-42.

Roussiau, N. & Bonardi, C. (2001). «Structure et dynamique représentationnelle. La représentation de la politique». *Bulletin de Psychologie*, *54*, 88-100.

Roussiau, N., Chalmin & M. Lecaillon, J. (2000). «Les représentations comparées de la qualité du séjour hospitalier chez les patients et les soignants». *Psychologie du Travail et des Organisations*, *3-4*, 14-31.

Roussiau, N., Gauthier, J., Jougla, F. & Dupuy, R. (1998). «Représentations sociales, conflits et fonction identitaire dans le changement organisationnel chez les infirmières». Dans A. Rondeau (Ed.), *Gestion des paradoxes dans les organisations. Changement organisationnel*, Lausanne : Edition Lena.

Roussiau, N., Jmel, S. & Saint-Pierre, J. (1997). «Apport des modèles graphiques gaussiens en analyse de similitude». *Textes sur les Représentations Sociales*, *6*, *1*, 59-71.

Roussiau, N. & Le Blanc, A. (2001). «Représentations sociales du travail et formations scolaires ou professionnelles des lycéens». *L'orientation scolaire et professionnelle*.

Roussiau, N. & Soubiale, N. (1995-1996). «Approche expérimentale de la modification d'une représentation sociale sous l'effet de la communication d'un message». *Bulletin de Psychologie*, *XLIX*, *422*, 88-99.

Roussiau, N. & Soubiale, N. (1996a). «Etude de la transformation de la représentation sociale de l'Europe sous impact majoritaire et minoritaire». *Anuario de Psicologia*, *70*, 19-43.

Roussiau, N. & Soubiale, N. (1996b). «Changement de la représentation sociale de l'Europe chez des étudiants Français». *Abstract XIII th. Congress of the International Association for Cross-Cultural Psychology*.

Saarineen, T.S. (1989). «Images du monde à travers les cartes mentales». Dans Y. André, A. Bailly, R. Ferras, J.P. Guérin & H. Gumuchian (Eds), *Représenter l'espace*, Paris : Anthropos.

Salmaso, P. & Pombeni, L. (1986). «Le concept de travail». Dans W. Doise & A. Palmonari (Eds), *L'étude des représentations sociales*, Neuchâtel/Paris : Delachaux & Niestlé.

Sansot, P. (1972). *Poétique de la ville*. Paris : Méridien/Klincksieck.

Schank, R.C. & Abelson, R.P. (1977). *Scripts, plans, goals and understanding : an inquiry into human knowledge structures*. Hillsdalle : Erlbaum.

Simmel, G. (1984). *Les problèmes de la philosophie de l'histoire*. Paris : Presses Universitaires de France.

Simpson-Housley, P. & De Man, A.F. (1987). «The psychology of geographical desasters». *Geographical Monographies*, *18*.

Singéry-Bensaid, M. (1985). «La représentation d'objets sociaux multidimensionnels». *Bulletin de Psychologie*, *37*, 833-842.

Singéry-Bensaid, M. (1994). «Représentations sociales et projet de changement technologique en entreprise». Dans J.C. Abric (Ed.), *Pratiques sociales et représentations*, Paris : Presses Universitaires de France.

Solaux, G. (1999). «L'éducation à l'orientation : les directives ministérielles et l'état de la recherche». *L'Orientation Scolaire et Professionnelle*, *28*, *2*, 299-325.

Soubiale, N. & Roussiau, N. (1997). *Social representation of religion (islam) and stereotype of its members (muslims)*. Fifth European Congress of Psychology, Dublin.

Soubiale, N. & Roussiau, N. (1999). «Social representation of Islam and changes in the stereotype of muslims». *Psicologia*, *14*, *3*, 191-202.

Soubiale, N. & Roussiau, N. (à paraître). «Social categorization and change in the stereotype of an ethnic and religious category». *Psychologia*.

Sperber, D. (1982). *Le savoir des anthropologues*. Paris : Hermann.

Sperber, D. (1989). «L'étude anthropologique des représentations : problèmes et perspectives». Dans D. Jodelet (Ed.), *Les représentations sociales*, Paris : Presses Universitaires de France.

Themel, M., Wagner, W., Verma, J. & Duveen, G. (1996). «Forms of magical thinking about genetically altered food stuff». *Actes de la troisème conférence internationale sur les représentations sociales*, Aix-en-provence, 27 septembre/30 septembre, France.

Thévenot, L. (1994). «Le régime de Familiarité». *Genèse*, 17, 36-47.

Tolman, E.C. (1948). «Cognitive maps in rats and men». *Psychological Review*, 55, 189-208.

Trognon, A. & Larrue, J. (1988). «Les représentations sociales dans la conversation». *Connexions*, 51, 51-70.

Tuan, Y.F. (1977). *Space and place*. Londres : Edward Arnold.

Turco, A. (1985). *Geografie della complessita interpretendo il Senegal*. Milano : Unicopoli.

Tyrlik, M. & Macek, P. (2000). «Understanding social representations through dialogue». *Actes de la cinquième conférence internationale sur les représentations sociales*, Montréal, 29 août/2 septembre, Canada.

Vergès, P. (1985). «Interprétation au premier degré. L'analyse de similitude au plus près des propriétés mathématiques». *Informatique et Sciences Humaines*, 15, 67, 27-40.

Vergès, P. (1989). «Représentation sociale de l'économie : une forme de connaissance». Dans D. Jodelet (Ed.), *Les représentations sociales*, Paris : Presses Universitaires de France.

Vergès, P. (1992), «L'évocation de l'argent : une méthode pour la définition du noyau central d'une représentation». *Bulletin de Psychologie*, XLV, 405, 203-209.

Vergès, P. (1994). «Approche du noyau central : propriétés quantitatives et structurales». Dans C. Guimelli (Ed.), *Structure et transformations des représentations sociales*, Neuchâtel/Paris : Delachaux & Niestlé.

Vergès, P. (1995). «Représentations sociales partagées, périphériques, indifférentes, d'une minorité : méthodes d'approche». *Les Cahiers Internationaux de Psychologie Sociale*, 28, 77-95.

Vergès, P. (1996). «Bibliographie des représentations sociales». *Troisième rencontre sur les représentations sociales*, Aix-en-Provence, 142 p.

Viaud, J. (1996). *Changement des représentations sociales ou déplacement social des sujets dans l'espace des représentations? Etude longitudinale des représentations sociales de l'économie*. Thèse de doctorat non publiée, Université de Paris V.

Viaud, J. (1999). «Principes organisateurs et représentations sociales de l'économie : genèse et dynamique». *Revue Internationale de Psychologie Sociale*, 12, 2, 79-105.

Vidal de la Blache, P. (1922). *Principes de géographie humaine*. Paris : Armand Colin.

Vurpillot, E. (1991). «Schème». Dans *Le Grand dictionnaire de psychologie*, Paris : Larousse.

Wagner, W. (1994). «Fields of research and socio-genesis of social representations : a discussion of criteria and diagnostics». *Social Science Information*, 33, 2, 199-228.

Wang, T.H & Katzev, R.D. (1992). «Group commitment and resource conservation : two field experiments on promoting recycling». *Journal of Applied Social Psychology*, 20, 4, 265-275.

Weber, M. (1964). *Les sectes protestantes et l'esprit du capitalisme*. Paris : Plon.

Weber, M. (1965). *Essais sur la théorie de la science*. Paris : Plon.

Wicker, J. (1969). «Attitudes versus Actions : the Relationship of Verbal and Overt Behavioral Responses to attitude objects». *Journal of Social Issues*, XXV, 4, 41-78.

Windisch, U. (1982). *Pensée sociale, langage en usage et logiques autres*. Lausanne : L'Age d'Homme.

Windisch, U. (1989). «Représentations sociales, sociologie et sociolinguistique». Dans D. Jodelet (Ed.), *Les représentations sociales*, Paris : Presses Universitaires de France.

Yapo, Y. (1993). «La ruralité comme objet de représentation : noyaux structurants, fondements cognitifs et sociaux». *Les Cahiers Internationaux de Psychologie Sociale*, 20, 15-38.

Yzerbyt, V. & Corneille, O. (1994). *La persuasion*. Neuchâtel/Paris : Delachaux & Niestlé.

Pour avoir accès au réseau représentations sociales sur Internet :
1) http : //www.swp.uni-linz.ac.at/srnet.htm
2) http : //www.swp.uni-linz.ac.at/content/societal.societal.htm

Pour avoir accès à la revue sur réseau :
1) http : //www.swp.uni-linz.ac.at/psr.htm
2) http : //www.swp.uni-linz.ac.at

Table des matières

Introduction 7

PREMIÈRE PARTIE
LES REPRÉSENTATIONS DANS LE CHAMP
DES SCIENCES SOCIALES

Chapitre 1
Les représentations du point de vue de la psychologie sociale............ 15
1. Qu'est-ce qu'une représentation sociale?.. 15
2. Genèse et mise en place d'une représentation sociale....................... 20
3. Nosographie descriptive des objets de représentation sociale 23

Chapitre 2
Sociologie et psychologie sociale dans l'étude des représentations 29
1. Sociologie et psychologie sociale : l'héritage du découpage
   durkheimien 29
   1.1. *Opposition des approches structurale et individualiste* 30
   1.2. *Les sociologies constructivistes*... 40
2. Sociologie et psychologie sociale : traitement de la notion
   de représentation... 44
   2.1. *L'orientation sociologique de Durkheim* 44
   2.2. *Moscovici et les représentations en psychologie sociale* 47
3. Sociologie et psychologie sociale : deux styles de recherches 48
   3.1. *Le sociologue Angermeyer (1992) et la représentation
        des causes de la maladie* 48
   3.2. *Sida et représentations sociales (Morin, 1994, 1999)* 52

Chapitre 3
Anthropologie et psychologie sociale dans l'étude des représentations.. 57
1. Anthropologie et psychologie : convergences et ruptures 57
2. Anthropologie et psychologie sociale : interface de la notion
   de représentation sociale 58

3. Anthropologie et psychologie sociale : une méthodologie d'approche
   commune pour l'étude des représentations sociales?................................ 62
      3.1. *L'observation participante* 62
      3.2. *L'enquête* 64
4. Modes d'exploration des représentations : deux exemples de recherches   65
      4.1. *La représentation sociale de la maladie en anthropologie*
         (Laplantine, 1989) 65
      4.2. *Approche psychosociale de la maladie mentale*
         (Jodelet, 1983, 1989b) 66

Chapitre 4
**Géographie humaine et psychologie sociale dans l'étude
des représentations**... 73
1. Géographie humaine et psychologie : convergences et ruptures............ 73
      1.1. *La problématique de l'espace* 74
      1.2. *Représentations, images et espace*... 75
2. Géographie humaine et psychologie sociale : traitement de la notion
   de représentation... 80
3. Géographie humaine et psychologie sociale : une méthodologie
   d'approche commune?... 87
      3.1. *Le laboratoire* 88
      3.2. *Le terrain : approche discursive*... 88
      3.3. *L'iconographie* 90
4. Quelques exemples de recherches... 91
      4.1. *Occupation humaine de l'espace : études géographiques*....... 91
      4.2. *Cartes, images et représentations : une approche
         psychosociale* 94

DEUXIÈME PARTIE
LES REPRÉSENTATIONS EN PSYCHOLOGIE SOCIALE

Chapitre 5
Principes organisateurs de représentations sociales 105
1. Présentation.. 105
2. Les émanations méthodologiques du « modèle » des principes
   organisateurs 107
      2.1. *Le processus d'objectivation : méthodes d'investigation
         et de traitement des données*... 108
      2.2. *Les principes organisant les variations individuelles :
         méthodes d'investigation et de traitement des données*........... 113
      2.3. *L'ancrage : méthodes d'investigation et de traitement
         des données* 116

Chapitre 6
Le noyau central des représentations... 119
1. Perspectives théoriques... 119
      1.1. *La centralité d'une représentation : noyau, zone ou système?* . 119
      1.2. *Que contient le système central?* 120

1.3. *A quoi sert le système central ?*	121
1.4. *Le système périphérique*	123
1.5. *En résumé*	126
2. Comment repérer et identifier des éléments centraux ?	126
2.1. *Les méthodes de repérage du système central*	126
2.2. *Les méthodes d'identification du système central*	139
2.3. *Croisement des méthodes de repérage et d'identification : la représentation identitaire des gitans (Mamontoff, 1996)*	142

Chapitre 7
Croisements et perspectives 147

1. Théorie des principes organisateurs ou théorie du noyau central : faut-il choisir ?	147
2. Le modèle bi-dimensionnel	149
2.1. *Les apports des travaux de Moscovici (1961)*	150
2.2. *Les perspectives ouvertes par la théorie du noyau central*	151
2.3. *Le modèle bi-dimensionnel : niveau opératoire*	153
3. Approche déclarative : le modèle des schèmes cognitifs de base	155
3.1. *Les perspectives théoriques de l'approche déclarative : les schèmes cognitifs de base*	155
3.2. *Méthode d'investigation*	157
4. Perspectives structurales dans la théorie du noyau central	161
4.1. *Peut-on parler d'une hiérarchisation des composants du système central d'une représentation ?*	161
4.2. *Réflexion autour des notions d'inconditionnalité et de normalité*	163
4.3. *Le système périphérique est-il hiérarchisé ?*	164
4.4. *Limites et perspectives*	169

TROISIÈME PARTIE
DYNAMIQUE ET TRANSFORMATION DES REPRÉSENTATIONS

Chapitre 8
Position du problème et premières recherches 175

Chapitre 9
Quand les facteurs à l'origine de la dynamique représentationnelle sont invoqués 179

1. Communications et représentations sociales	179
1.1. *Communications interindividuelles et quotidiennes*	179
1.2. *Communications médiatiques*	181
2. Impact des pratiques sociales sur les représentations	185
3. Pratiques sociales, idéologie, niveau d'information et représentations sociales	192
3.1. *Pratiques sociales, idéologie et représentations sociales*	194
3.2. *Pratiques sociales, idéologie, niveau d'information et représentations sociales*	198
4. Ancrage et transformation des représentations sociales	200

Chapitre 10
Quand les facteurs à l'origine de la dynamique représentationnelle sont provoqués.. 203
1. Influence sociale et transformation des représentations sociales............ 203
    1.1. *Méthode procédurale et analyse de la dynamique représentationnelle*.. 206
    1.2. *Méthode qualitative et analyse de la dynamique représentationnelle*.. 208
    1.3. *Persuasion et dynamique représentationnelle*........................... 209
2. Actes engageants et transformation des représentations sociales........... 211
    2.1. *Approche procédurale et transformation des représentations sociales*... 212
    2.2. *Transformations des représentations et modèle bi-dimensionnel*... 215
    2.3. *Approche qualitative et transformation des représentations sociales*... 216

Chapitre 11
Dépendance ou interdépendance des champs représentationnels........ 219
1. Quelques éléments de présentation.. 219
2. Interdépendance des champs représentationnels................................... 221
3. Interdépendance et dynamiques représentationnelles............................ 223

Conclusion.. 225

Bibliographie.. 227

CHEZ LE MÊME ÉDITEUR

PSYCHOLOGIE ET SCIENCES HUMAINES
collection publiée sous la direction de MARC RICHELLE

1 Dr Paul Chauchard : LA MAITRISE DE SOI. *9ᵉ éd.*
7 Paul-A. Osterrieth : FAIRE DES ADULTES. *21ᵉ éd.*
9 Daniel Widlöcher : L'INTERPRETATION DES DESSINS D'ENFANTS. *13ᵉ éd.*
11 Berthe Reymond-Rivier : LE DEVELOPPEMENT SOCIAL DE L'ENFANT ET DE L'ADOLESCENT. *13ᵉ éd.*
22 H.T. Klinkhamer-Steketée : PSYCHOTHERAPIE PAR LE JEU. *4ᵉ éd.*
24 Marc Richelle : POURQUOI LES PSYCHOLOGUES? *6ᵉ éd.*
25 Lucien Israel : LE MEDECIN FACE AU MALADE. *5ᵉ éd.*
26 Francine Robaye-Geelen : L'ENFANT AU CERVEAU BLESSE. *2ᵉ éd.*
27 B.F. Skinner : LA REVOLUTION SCIENTIFIQUE DE L'ENSEIGNEMENT. *3ᵉ éd.*
29 J.C. Ruwet : ETHOLOGIE : BIOLOGIE DU COMPORTEMENT. *3ᵉ éd.*
38 B.-F. Skinner : L'ANALYSE EXPERIMENTALE DU COMPORTEMENT. *2ᵉ éd.*
40 R. Droz et M. Rahmy : LIRE PIAGET. *7ᵉ éd.*
42 Denis Szabo, Denis Gagné, Alice Parizeau : L'ADOLESCENT ET LA SOCIETE. *2ᵉ éd.*
43 Pierre Oléron : LANGAGE ET DEVELOPPEMENT MENTAL. *2ᵉ éd.*
45 Gertrud L. Wyatt : LA RELATION MERE-ENFANT ET L'ACQUISITION DU LANGAGE. *2ᵉ éd.*
49 T. Ayllon et N. Azrin : TRAITEMENT COMPORTEMENTAL EN INSTITUTION PSYCHIATRIQUE
52 G. Kellens : BANQUEROUTE ET BANQUEROUTIERS
55 Alain Lieury : LA MEMOIRE
58 Jean-Marie Paisse : L'UNIVERS SYMBOLIQUE DE L'ENFANT ARRIERE MENTAL
59 Jacques Van Rillaer : L'AGRESSIVITE HUMAINE
61 Jérôme Kagan : COMPRENDRE L'ENFANT
62 Michel S. Gazzaniga : LE CERVEAU DEDOUBLE
64 X. Seron, J.L. Lambert, M. Van der Linden : LA MODIFICATION DU COMPORTEMENT
65 W. Huber : INTRODUCTION A LA PSYCHOLOGIE DE LA PERSONNALITE. *7ᵉ éd.*
66 Emile Meurice : PSYCHIATRIE ET VIE SOCIALE
67 J. Château, H. Gratiot-Alphandéry, R. Doron et P. Cazayus : LES GRANDES PSYCHOLOGIES MODERNES
68 P. Sifnéos : PSYCHOTHERAPIE BREVE ET CRISE EMOTIONNELLE
69 Marc Richelle : B.F. SKINNER OU LE PERIL BEHAVIORISTE
70 J.P. Bronckart : THEORIES DU LANGAGE
71 Anika Lemaire : JACQUES LACAN. *8ᵉ éd. revue et augmentée.*
72 J.L. Lambert : INTRODUCTION A L'ARRIERATION MENTALE
73 T.G.R. Bower : DEVELOPPEMENT PSYCHOLOGIQUE DE LA PREMIERE ENFANCE. *4ᵉ éd.*
74 J. Rondal : LANGAGE ET EDUCATION
75 Sheila Kitzinger : PREPARER A L'ACCOUCHEMENT
76 Ovide Fontaine : INTRODUCTION AUX THERAPIES COMPORTEMENTALES
77 Jacques-Philippe Leyens : PSYCHOLOGIE SOCIALE. *nouvelle édition 1997*
78 Jean Rondal : VOTRE ENFANT APPREND A PARLER *3ᵉ éd.*
79 Michel Legrand : LE TEST DE SZONDI
80 H.J. Eysenck : LA NEVROSE ET VOUS
81 Albert Demaret : ETHOLOGIE ET PSYCHIATRIE
82 Jean-Luc Lambert et Jean A. Rondal : LE MONGOLISME. *4ᵉ éd.*
83 Albert Bandura : L'APPRENTISSAGE SOCIAL
84 Xavier Seron : APHASIE ET NEUROPSYCHOLOGIE
85 Roger Rondeau : LES GROUPES EN CRISE?
86 J. Danset-Léger : L'ENFANT ET LES IMAGES DE LA LITTERATURE ENFANTINE

87 Herbert S. Terrace : NIM. UN CHIMPANZE QUI A APPRIS LE LANGAGE GESTUEL
88 Roger Gilbert : BON POUR ENSEIGNER?
89 Wing, Cooper et Sartorius : GUIDE POUR UN EXAMEN PSYCHIATRIQUE
90 Jean Costermans : PSYCHOLOGIE DU LANGAGE
91 Françoise Macar : LE TEMPS, PERSPECTIVES PSYCHOPHYSIOLOGIQUES
92 Jacques Van Rillaer : LES ILLUSIONS DE LA PSYCHANALYSE. 4e éd.
93 Alain Lieury : LES PROCEDES MNEMOTECHNIQUES
94 Georges Thinès : PHENOMENOLOGIE ET SCIENCE DU COMPORTEMENT
95 Rudolph Schaffer : COMPORTEMENT MATERNEL
96 Daniel Stern : MERE ET ENFANT, LES PREMIERES RELATIONS. 3e éd.
97 R. Kempe & C. Kempe : L'ENFANCE TORTUREE
98 Jean-Luc Lambert : ENSEIGNEMENT SPECIAL ET HANDICAP MENTAL
99 Jean Morval : INTRODUCTION A LA PSYCHOLOGIE DE L'ENVIRONNEMENT
100 Pierre Oleron et al. : SAVOIRS ET SAVOIR-FAIRE PSYCHOLOGIQUES CHEZ L'ENFANT
101 Bernard I. Murstein : STYLES DE VIE INTIME
102 Rondal/Lambert/Chipman : PSYCHOLINGUISTIQUE ET HANDICAP MENTAL
103 Brédart/Rondal : L'ANALYSE DU LANGAGE CHEZ L'ENFANT. 2e éd.
104 David Malan : PSYCHODYNAMIQUE ET PSYCHOTHERAPIE INDIVIDUELLE
105 Philippe Muller : WAGNER PAR SES REVES
106 John Eccles : LE MYSTERE HUMAIN
107 Xavier Seron : REEDUQUER LE CERVEAU
108 Moreau/Richelle : L'ACQUISITION DU LANGAGE. 5e éd.
109 Georges Nizard : ANALYSE TRANSACTIONNELLE ET SOIN INFIRMIER
110 Howard Gardner : GRIBOUILLAGES ET DESSINS D'ENFANTS, LEUR SIGNIFICATION. 3e éd.
111 Wilson/Otto : LA FEMME MODERNE ET L'ALCOOL
112 Edwards : DESSINER GRACE AU CERVEAU DROIT. 9e éd.
113 Rondal : L'INTERACTION ADULTE-ENFANT
114 Blancheteau : L'APPRENTISSAGE CHEZ L'ANIMAL
115 Boutin : FORMATION ET DEVELOPPEMENTS
116 Húsen : L'ECOLE EN QUESTION
117 Ferrero/Besse : L'ENFANT ET SES COMPLEXES
118 R. Bruyer : LE VISAGE ET L'EXPRESSION FACIALE
119 J.P. Leyens : SOMMES-NOUS TOUS DES PSYCHOLOGUES?
120 J. Château : L'INTELLIGENCE OU LES INTELLIGENCES?
121 M. Claes : L'EXPERIENCE ADOLESCENTE
122 J. Hayes et P. Nutman : COMPRENDRE LES CHOMEURS
123 S. Sturdivant : LES FEMMES ET LA PSYCHOTHERAPIE
124 A. Pomerleau et G. Malcuit : L'ENFANT ET SON ENVIRONNEMENT
125 A. Van Hout et X. Seron : L'APHASIE DE L'ENFANT
126 A. Vergote : RELIGION, FOI, INCROYANCE
127 Sivadon/Fernandez-Zoïla : TEMPS DE TRAVAIL, TEMPS DE VIVRE
128 Born : JEUNES DEVIANTS OU DELINQUANTS JUVENILES?
129 Hamers/Blanc : BILINGUALITE ET BILINGUISME
130 Legrand : PSYCHANALYSE, SCIENCE, SOCIETE
131 Le Camus : PRATIQUES PSYCHOMOTRICES
132 Lars Fredén : ASPECTS PSYCHOSOCIAUX DE LA DEPRESSION
133 Mount : LA FAMILLE SUBVERSIVE
134 Magerotte : MANUEL D'EDUCATION COMPORTEMENTALE CLINIQUE
135 Dailly/Moscato : LATERALISATION ET LATERALITE CHEZ L'ENFANT
136 Bonnet/Tamine-Gardes : QUAND L'ENFANT PARLE DU LANGAGE
137 Bruyer : LES SCIENCES HUMAINES ET LES DROITS DE L'HOMME
138 Taulelle : L'ENFANT A LA RENCONTRE DU LANGAGE
139 de Boucaud : PSYCHOLOGIE DE L'ENFANT ASTHMATIQUE
140 Duruz : NARCISSE EN QUETE DE SOI
141 Feyereisen/de Lannoy : PSYCHOLOGIE DU GESTE
142 Florin et al. : LE LANGAGE A L'ECOLE MATERNELLE

143 Debuyst : MODELE ETHOLOGIQUE ET CRIMINOLOGIE
144 Ashton/Stepney : FUMER
145 Winkel et al. : L'IMAGE DE LA FEMME DANS LES LIVRES SCOLAIRES
146 Bideau/Richelle : PSYCHOLOGIE DEVELOPPEMENTALE
147 Schmid-Kitsikis : THEORIE CLINIQUE ET FONCTIONNEMENT MENTAL
148 Guggenbühl/Craig : POUVOIR ET RELATION D'AIDE
149 Rondal : LANGAGE ET COMMUNICATION CHEZ LES HANDICAPES MENTAUX
150 Moscato et al. : FONCTIONNEMENT COGNITIF ET INDIVIDUALITE
151 Château : L'HUMANISATION OU LES PREMIERS PAS DES VALEURS HUMAINES
152 Avery/Litwack : NEE TROP TOT
153 Rondal : LE DEVELOPPEMENT DU LANGAGE CHEZ L'ENFANT TRISOMIQUE 21
154 Kellens : QU'AS-TU FAIT DE TON FRERE?
155 Rondal/Henrot : LE LANGAGE DES SIGNES. 2e éd.
156 Lafontaine : LE PARTI PRIS DES MOTS
157 Bonnet/Hoc/Tiberghien : AUTOMATIQUE, INTELLIGENCE ARTIFICIELLE ET PSYCHOLOGIE
158 Giovannini et al. : PSYCHOLOGIE ET SANTE
159 Wilmotte et al. : LE SUICIDE
160 Giurgea : L'HERITAGE DE PAVLOV
161 Ionescu : MANUEL D'INTERVENTION EN DEFICIENCE MENTALE N° 1
162 Ionescu : MANUEL D'INTERVENTION EN DEFICIENCE MENTALE N° 2
163 Pieraut-Le Bonniec : CONNAITRE ET LE DIRE
164 Huber : PSYCHOLOGIE CLINIQUE AUJOURD'HUI
165 Rondal et al. : PROBLEMES DE PSYCHOLINGUISTIQUE
166 Slukin : LE LIEN MATERNEL
167 Baudour : L'AMOUR CONDAMNE
168 Wilwerth : VISAGES DE LA LITTERATURE FEMININE
169 Edwards : VISION, DESSIN, CREATIVITE. 3e éd.
170 Lutte : LIBERER L'ADOLESCENCE
171 Defays : L'ESPRIT EN FRICHE
172 Broome Walace : PSYCHOLOGIE ET PROBLEMES GYNECOLOGIQUES
173 Aimard : LES BEBES DE L'HUMOUR
174 Perruchet : LES AUTOMATISMES COGNITIFS
175 Bawin-Legros : FAMILLES, MARIAGE, DIVORCE
176 Pourtois/Desmet : EPISTEMOLOGIE ET INSTRUMENTATION EN SCIENCES HUMAINES. 2e éd.
177 Sloboda : L'ESPRIT MUSICIEN
178 Fraisse : POUR LA PSYCHOLOGIE SCIENTIFIQUE
179 Ruffiot : PSYCHOLOGIE DU SIDA
180 McAdams/Deliège : LA MUSIQUE ET LES SCIENCES COGNITIVES
181 Argentin : QUAND FAIRE C'EST DIRE...
182 Van der Linden : LES TROUBLES DE LA MEMOIRE
183 Lecuyer : BEBES ASTRONOMES, BEBES PSYCHOLOGUES : L'INTELLIGENCE DE LA 1re ANNEE
184 Immelmann : DICTIONNAIRE DE L'ETHOLOGIE
185 Collectif : ACTEUR SOCIAL ET DELINQUANCE
186 Fontana : GERER LE STRESS
187 Bouchard : DE LA PHENOMENOLOGIE A LA PSYCHANALYSE
188 Chanceaulme : MOURIR, ULTIME TENDRESSE
189 Rivière : LA PSYCHOLOGIE DE VYGOTSKY
190 Lecoq : APPRENTISSAGE DE LA LECTURE ET DYSLEXIE
191 de Montmolin/Amalberti/Theureau : MODELES DE L'ANALYSE DU TRAVAIL
192 Minary : MODELES SYSTEMIQUES ET PSYCHOLOGIE
193 Grégoire : EVALUER L'INTELLIGENCE DE L'ENFANT
194 Gommers/van den Bosch/de Aguilar : POUR UNE VIEILLESSE AUTONOME
195 Van Rillaer : LA GESTION DE SOI
196 Lecas : L'ATTENTION VISUELLE

197 Macquet : TOXICOMANIES ET FORMES DE LA VIE QUOTIDIENNE
198 Giurgea : LE VIEILLISSEMENT CEREBRAL
199 Pillon : LA MEMOIRE DES MOTS
200 Pouthas/Jouen : LES COMPORTEMENTS DU BEBE : EXPRESSION DE SON SAVOIR ?
201 Montangero/Maurice-Naville : PIAGET OU L'INTELLIGENCE EN MARCHE
202 Colin A. Epsie : LE TRAITEMENT PSYCHOLOGIQUE DE L'INSOMNIE
203 Samalin-Amboise : VIVRE A DEUX
204 Bourhis/Leyens : STEREOTYPES, DISCRIMINATION ET RELATIONS INTERGROUPES
205 Feltz/Lambert : ENTRE LE CORPS ET L'ESPRIT
206 Francès : MOTIVATION ET EFFICIENCE AU TRAVAIL
207 Houziaux : EDUCATION DU PATIENT ET ORDINATEUR
208 Roques : SORTIR DU CHOMAGE
209 Bléandonu : L'ANALYSE DES REVES ET LE REGARD MENTAL
210 Born/Delville/Mercier/Snad/Beeckmans : LES ABUS SEXUELS D'ENFANTS
211 Siguan : L'EUROPE DES LANGUES
212 de Bonis : CONNAITRE LES EMOTIONS HUMAINES
213 Retschitzki/Gurtner : L'ENFANT ET L'ORDINATEUR
214 Leyens/Yzerbyt/Schadron : STEREOTYPES ET COGNITION SOCIALE
215 Tiberghien : LA MEMOIRE OUBLIEE
216 Wynants : L'ORTHOGRAPHE, UNE NORME SOCIALE
217 Rondal : L'EVALUATION DU LANGAGE
218 Moreau : SOCIOLINGUISTIQUE, CONCEPTS DE BASE
219 Rouquette : LA CHASSE À L'IMMIGRÉ
220 Grubar/Duyme/Cote et al. : LA PRÉCOCITÉ INTELLECTUELLE DE LA MYTHOLOGIE À LA GÉNÉTIQUE. 2e éd.
221 Pomini et al. : THÉRAPIE PSYCHOLOGIQUE DES SCHIZOPHRÉNIES
222 Houdé et al. : DESCARTES ET SON ŒUVRE AUJOURD'HUI
223 Richelle : DÉFENSE DES SCIENCES HUMAINES
224 Leclercq : POUR UNE PÉDAGOGIE UNIVERSITAIRE DE QUALITÉ
225 Gillis : L'AUTISME ATTRAPÉ PAR LE CORPS
226 Pithon : LES TENDANCES ACTUELLES DE L'INTERVENTION PRÉCOCE EN EUROPE
227 Montangero : RÊVE ET COGNITION
228 Stern : LA FICTION PSYCHANALYTIQUE
229 Grégoire : L'ÉVALUATION CLINIQUE DE L'INTELLIGENCE DE L'ENFANT
230 Otte : LES ORIGINES DE LA PENSÉE
231 Rondal : LE LANGAGE : DE L'ANIMAL AUX ORIGINES DU LANGAGE HUMAIN
232 Gauthier : POUVOIR ET LIBERTÉ EN POLITIQUE - ACTUALITÉ DE SPINOZA
233 Zazzo : UNE MÉMOIRE POUR DEUX
234 Rondal : APPRENDRE LES LANGUES
235 Keller : PERCEVOIR : MONDE ET LANGAGE
236 Richard : PSYCHIATRIE GÉRIATRIQUE
237 Roussiau/Bonardi : LES REPRÉSENTATIONS SOCIALES

Manuels et Traités

Droz-Richelle : MANUEL DE PSYCHOLOGIE. 5e éd.
Rondal-Esperet : MANUEL DE PSYCHOLOGIE DE L'ENFANT. *Nlle éd.*
Rondal-Seron : LES TROUBLES DU LANGAGE. *Nlle éd.*
Fontaine-Cottraux-Ladouceur : CLINIQUES DE THERAPIE COMPORTEMENTALE. 2e éd.
Godefroid : LES CHEMINS DE LA PSYCHOLOGIE. 2e éd.
Seron-Jeannerod : NEUROPSYCHOLOGIE HUMAINE. 2e éd.